街頭的哲學

FILOSOFÍA EN LA CALLE

29個
熟悉的生活情境，
看見每個決定
背後的**倫理**和**邏輯**

Eduardo Infante

愛德華多·因凡特——著　黃新珍——譯

目錄

每當有人問起「哲學有什麼用」，一定要用挑釁的態度回答，因為這個問題既諷刺又刻薄。哲學對國家、教會來講都沒有用，這些機構有別的問題要擔心。哲學對任何當權者來說也毫無用處。哲學只會讓人難過——不會讓任何人感到悲傷或沮喪的哲學，就不叫哲學。哲學是對愚蠢的憎惡，讓愚蠢成為一件可恥的事。

總之，哲學會使思想變得有點挑釁、活躍和積極，同時解放自由，也就是讓人不把文化目的與國家、道德、宗教利益等混為一談。……無論再怎麼偉大的人，背後都有程度更大的愚蠢和卑鄙，多虧了哲學在各個時代阻止他們為所欲為。即便阻止他們的原因，只不過因為這些人顧忌人言可畏；但終究讓他們無法隨心所欲的犯蠢與做出卑劣的行為。

——吉爾・德勒茲（Gilles Deleuze），《尼采與哲學》

如何閱讀本書

這是一本讓你練習思考的書。

哲學起源於兩千多年前希臘街頭和廣場上的「思考練習」。這本書就是企圖恢復哲學最初的型態，創造一個虛擬廣場，讓讀者在此共同研討現代生活中切身相關的問題。

每章都會提出一個問題，舉出一些哲學觀點，供你作為解決問題的參考。但是每個問題絕對不止單一解方。因為這不是數學課本，而是哲學書籍，用意在幫助你練習思考。因此，書中不少互相矛盾的答案，得由你自己決定哪個才是你認為有理、且願意支持的觀點。

無論你處於哪個年齡層，只要你願意練習思考，歡迎你一起來貫徹哲學。就像希臘哲學家伊比鳩魯（Epicuro）的教誨：任何人，無論老少，都應該立刻參與哲學思考，因為照顧靈魂的健康永遠不嫌晚。

前言——從窗戶逃出洞穴的女孩

哲學不單是學校的一門科目，更是一門生活藝術，是困難時邁向幸福的苦行。

——瓦爾（Carlos García Gual）《古希臘哲學》

大約二十年前，我在一個高二課堂講解亞里斯多德的形上學。全班的課本規規矩矩地打開放在桌上，學生在底下猛抄筆記。我注意到教室最後座位的女孩正望著窗外的街道，注意力完全不在課堂上，連課本都沒打開！我放下粉筆走向她。

「窗外有什麼？喔！我想一定有比下星期的考試更重要的東西，對吧？」我語帶諷刺。

「人生。」她回答。

這兩個字的回答就像凝固的汽油彈那樣，對我造成極大的震撼！我發現我無意間已經把教室變成了柏拉圖寓言中的「洞穴」。這則著名寓言描寫一群從出生就被囚禁在洞穴中的人，他們見到的唯一風景就是洞穴的岩壁。洞穴外有一群人專門負責將物體陰影投射在壁上，而這些影子是這群囚犯唯一知道的「真實」，因為他們從未看過外面的世界。

某天，一個人被允許離開洞穴，這位獲得自由的人發現洞穴根本就是個巨大騙局，在洞穴裡學到的東西跟現實生活一點關係都沒有。這個人堪稱哲學家，他就算有機會逃脫，也認為有責任回到洞穴，解放自己的同伴。當時我審視教室，發現黑板上滿是奇怪的文字，就像投射在洞穴岩壁上的影子，而學生就是囚犯，一個個被拘禁在座位上，被迫不斷看向黑板。而我這幾個月來在黑板上寫著跟他們的生活幾乎（或完全）沒有關係的東西。

美國哲學家邁可・桑德爾（Michael Sandel）在獲得阿斯圖里亞斯親王獎（Premios Princesa de Asturias）時說了個故事：有位叫作雷金納爾多（Reginaldo）的人出生在里約熱內盧的貧民窟，以撿拾城市富人區垃圾桶的物品換錢維生。有一次他撿到了一本破損的書，雖然他不識字，但仍努力了解書上寫了些什麼。此舉被垃圾桶旁的豪宅主人瞧見了，主人詢問他在做什麼。原來豪宅主人是一位退休的哲學教授，他教雷金納爾多識字和哲學，而雷金納爾多很快就愛上了蘇格拉底。如今，雷金納爾多在貧民窟帶領辯論活動。

我也是因為相同的文字才愛上哲學：蘇格拉底一直以來都是人類、哲學家和教師的指標。哲學誕生於希臘街頭的討論，而非教室。蘇格拉底教導我們，要實踐哲學，就要在街頭廣場，大方與人討論何謂公平、不公平、真理或幸福。正如桑德爾所言：「哲學不限於教室，而存在於為追求大眾福祉的街頭和廣場。」不幸的是，我展開教學生涯之後，就忘了這種實踐性。身為教師，我們面臨「將教室變成洞穴」的危險，與學生真實的煩惱完全脫節。有些哲學教科書編寫得非常無聊，目的似乎在阻止學生思考。我幾乎要懷疑，培育一些會將晦澀內容死記硬背、考試時一股腦兒「吐」在考卷上，然後考完全忘光的年輕人，這種結果對某些人而言或許比較有用？

說不定對這些人而言，教出一批懂得質疑現況的年輕人反而不是好事。因此，哲學書給人的印象多半艱深困難，藉以隱藏其中包含的強大訊息。正規課程雖然選了某些主題，卻隱藏了另一些主題。奇怪的是，被排除在課本外的內容往往最具顛覆性，甚至有點危險。

正規課程給人的感覺好像只在意「形上學」，然而，形上學不但難以理解，更與多數人的日常生活毫無干係。因此我們得到以下結論：**哲學是西方貴族男性專門的學科，他們閒到花時間討論沒有人在意的議題**。但是，過去曾經有很長一段時間，哲學並非「雞蛋裡挑骨頭」，而是以**簡單清楚**的方式，與**所有人**談論日常事務或迫切緊急的問題。

蘇格拉底在街頭跟鄰居大談哲學，法國哲學家翁福雷（Michael Onfray）也提醒我們，哲學曾被視為「思考生活，活出思想」的一門學問，在當時可是非常受歡迎。美國哲學家納思邦（Martha Nussbaum）也持同樣觀點，她說，古希臘和羅馬人認為哲學並非為菁英培養智力的技巧，而是用來解決人們生活中的重大問題，是一門可以用來對抗不幸的藝術。這些哲學家無不關注普羅大眾日常或迫切的問題，包括對死亡的恐懼、愛與性、憤怒與攻擊性。

曾幾何時，原屬大眾的哲學被奪走，封閉在少數人或專家的書房，被書寫成只有這些人才能理解的拉丁文。接著，哲學論述出現越來越多的術語和專有名詞。就這樣，哲學現在成為高中的正規課程，老師在課堂上傳授某些必讀卻難懂的內容，而且沒人知道這些內容有什麼用。

在我被「人生」兩字當頭棒喝的隔天，我們闔上課本，擦掉黑板上密密麻麻的筆記，我帶著學生走向戶外，到公園上課。我問了他們：「什麼才是真正困擾你們的問題？」他們紛紛回答愛、死亡、害怕失敗、不公平、時間流逝、謊言、性、上帝、幸福、自殺、毒品、政治、沙文主義、暴力……然後，我們一起找尋可以提供這些問題答案的哲學家，針對這些問題進行對話。這樣的街頭哲學，向所有人展示了哲學如何改變生活的美妙意義。

本書談論的就是這些問題。

自從那一次到公園上課開始，每當有新的班級來上課，我總會想起那位從窗戶逃出洞穴的女孩。為了紀念她，我在教室裡留下一扇面向真實世界的窗戶。此外，我也開放自己使用多年的Twitter，我認為社群網路就是新世代的公眾廣場，線上論壇可以將哲學帶到眾人的目光之下，恢復這門課程原本不該失去的實用性。

一九七〇年代，有個攝影師拍下了法國哲學家傅柯（Michel Foucault）的照片。傅柯手持喇叭，在雷諾汽車工廠門口與罷工工人進行哲學交流。他用這種方式告訴世人，哲學也必須存在於各種場域。正如同當年哲學從巴黎大學的教室出走，被擴音喇叭帶到街頭，如今這個年代，我們的手機就是當時的擴音器。這本書就是讓哲學走上街頭的窗口，它是為了那位把我從洞穴中拯救出去的女孩而寫，同時獻給希望「思考生活，活出思想」的每一個人。

＃哲學挑戰 01　對另一半應該完全坦白嗎？

Kant　康德
Elizabeth Anscombe　伊莉莎白・安斯康姆
Sócrates　蘇格拉底
Jeremy Bentham　邊沁
J. S. Mill　彌爾
Philippa Foot　菲利帕・福特
Judith Jarvis Thomson　茱蒂絲・湯姆森
Michel Sandel　邁可・桑德爾

夏夜舞會上你寂寞難耐，酒精在血液中萬馬奔騰，最後你跟某個這輩子再也不會見到的人上了床。隔天早上叫醒你的是另一半發送給你的早安簡訊，訴說他有多麼愛你，多想念你……你該怎麼辦？該坦白，還是把秘密帶進棺材？不坦白就是欺騙嗎？說謊一律是不道德的？如果謊言會帶來正面影響，可以算是「正當」嗎？

如果你現在滿腦子問號，我建議你和幾位哲學家談談，他們在定義「謊言的道德價值」上投注了不少心力。聽聽他們的意見再做選擇，畢竟責任在你，後果也是你要承擔。

綠帽與責任

讓我們從**康德**說起，他被視為有史以來最偉大的哲學家。但如果不是他父母加班供他念書，他差點就當了皮匠。據說他記憶力好得驚人。某次會議上他鉅細靡遺描述了西敏橋的樣貌，聽眾中一位英國人詢問他是什麼時候去的英國？在哪裡讀建築？康德回答：「所有關於那座橋的知識，我都是從書本上讀來的。」

他的生活規律到誇張的程度，以至於鄰居會在他散步經過自家門口時把握機會調整時鐘。有次他失蹤了幾天，朋友都以為他出了事，結果在康德家裡找到他。那段時間，他就窩在家讀盧梭的作品。盧梭是他最喜歡的作家，康德說，每當拜讀盧梭的大作，都要讀上兩次，因為第一次總會對這位瑞士哲學家的優美文筆讚嘆不絕，以至於無法專注於內容。康德兩度差點結婚，但都在最後一刻退縮。他總說「結婚是好事，但不結婚更好！」儘管如此，至今仍有新婚夫妻在康德墳墓上擺放鮮花的傳統。

他大力支持啟蒙運動，對康德而言，啟蒙運動象徵的就是未成年者想脫離神和權威者的監護，並且勇敢獨立思考。如果你向這位在柯尼斯堡大學任教的老教授詢問意見，他可能會說：

你必須負起責任，也就是說，你得做正確的事，即便後果不利於你或你所愛之人的幸福。你當然可以逃避責任，但至少不要嘗試用「不履行道德義務才是正確的做法」來說服我，你只是為了不愧疚而自欺欺人。

你可能會問這位德國哲學家，在這個「偷吃」的例子中，如何得知你的「責任」為何？是坦誠以告，還是避免伴侶的痛苦？

康德發展出一套原則，這個規範能指導我們的行為，讓世界更美好，他稱之為「無上命令」。因為道德義務是一種強制形式，明確約束著所有人，既無條件，也無例外[1]。要了解你的道德義務，關鍵就在於「普遍性」。也就是說，如果你打算做的事，在同樣情況下，對任何人來說都是責任，你就會知道自己該做什麼了。想知道你的道德義務是什麼，不需參考任何道德或宗教，而是運用「理性」。所以，下次你想做「對」的事，就必須確保你可以說：「我希望在同樣情況下，每個

1　作者注：康德認為迫使我們執行某些行為的「命令」可以分為兩種：
一、假言命令：我們為了得到某些好處的情況下而受其支配的命令，所以會有例外。好比說，「如果你想要上天堂，就必須愛你的敵人」就是這種類型的命令，因為它並沒有「普遍性」，例如瑞典的黑金屬樂團 Dark Funeral 就可能不用遵守這點，因為樂團成員中完全沒有半個人對「靈魂是否能得救」這點感到絲毫的在意。
二、無上命令：絕對必須遵守的命令，既無條件，亦無例外，並且完全不允許任何無法被普遍化的行為。

人都能像我這樣做。」如此一來，我們每個人都是目的，而非他人手中的工具。

舉例來說，「說謊」永遠是不道德的，因為沒有人（在理智的情況下）會希望被他人欺騙。康德認為，我們自身的「人性」會迫使我們服從某些強制原則，也就是那些我們身為理性存在而應遵守之事。我們所參照的行事準則不僅適用於我們自己，也要適用於任何人。

現在，請將「無上命令」套用在你女友的綠帽上，並且回答下列問題：你希望伴侶對你不忠嗎？你希望他對你隱瞞嗎？你認為大家都說謊，世界會更美好嗎？如果你的答案是否定的，那麼你的義務就是請你的伴侶喝上一杯，看著他的雙眼，告訴他發生了什麼事。不過也不用說太多啦——「無上命令」可沒強迫你報告偷吃的細節。

如果你想成為一個好人，你必須履行你的義務，即便這個義務會令雙方痛苦，你們的關係也會受損，但至少你可以重新審視自己，再次獲得尊嚴。因為你是個理性又自主的存在。

綠帽與門口的殺人犯

等等！先別貿然跑去對你的伴侶套用「無上命令」，就算康德認為我們不該撒謊，但他也可能是錯的；即便坦白是你應該做的事，但你總會有時間承認錯誤。況且，在某些情況下，康德的道德觀與「無上命令」的應用的確非常困難。

想像一下，好友來敲你家大門，要求在你家躲一下，因為有個無情的殺人犯正在追殺他。對你來說，你希望成為一個道德上無可挑剔的人，因此毫不懷疑你的義務就是讓朋友躲進你家——到了這個階段，「無上命令」的應用沒有問題。

但是突然間，又有人敲門了。你發覺站你面前的就是那個殺人犯。他手上拿著電影《鬼店》（*The Shining*）主角傑克．尼克遜的大斧頭，質問你朋友是否在屋裡？你該說實話嗎？什麼才是正確做法？「無上命令」會要求你怎麼做？如果你覺得我舉的例子基本上不會發生，那麼請你看看電影《惡棍特工》（*Inglourious Basterds*）開頭的部分，外號「猶太獵人」的蘭達上校帶領德軍進入一戶農民的家中，這個法國農民把一家子猶太人藏在自家地窖。漢斯坐在農民家的餐聽，點燃了菸斗，這麼對農民說：

> 我的工作，是命令我的人進入你家搜查，然後才能把你的名字從名單上刪掉。所有違規行為我都會記錄下來，而我相信你一定有違規。除非你直接告訴我，我就不用記錄了。喔，補充一點，任何有助於我執行任務的資訊，都可以抵銷原有的懲罰，而且你還會得到適當的獎勵。

如果「無上命令」迫使我們無法取巧，那麼我們會得到一個結論：道義上，我們有義務向猶太獵人和斧頭殺人犯說實話。

這種困境的兩難在於，依照常識，這種情況下的正確作法是把「無上命令」先扔到牆角！但康德認為，就算是這麼極端的情況，我們也必須說實話。道德義務在任何情況都是有效的，就算會產生嚴重後果，也應該履行。如果我說了實話，而我朋友死了，那麼責任不在我，而是在殺手身上。因為我已經履行了道德義務，朋友的死並非我的錯。但假設我對殺人犯撒了謊，然後他就躲在門外，等我朋友走出去，一刀狠狠砍了我朋友，那麼，朋友之死就會讓我受到良心譴責。

謊言不見得有錯

哲學家**安斯康姆**認同康德的觀點，認為普遍的道德規範是存在的。這位思想家一生中始終堅持她認為正確的事，不計後果。一九五六年，她公開反對牛津大學授予美國前總統杜魯門榮譽學位，並主張杜魯門應對廣島和長崎投擲原子彈一事負責。她認為，人們為了達到自己的目的而決定殺害無辜，就等同謀殺！這位劍橋教授認同康德的觀點，即便最後的結果很正面（戰爭因此結束了），但仍然不該這麼做。

儘管如此，安斯康姆並不贊同「說實話是絕對道德準則」這個觀點，否則我們可以實驗一下：你一整天都只能說真心話，連「善意的謊言」都不能講！很可能過了今天，所有人都會覺得你沒血沒淚沒禮貌。所以安斯康姆並不認為「不說謊」是無上命令，因為它不具普遍性。

因此，在你還沒下定決心坦白之前，你還是得繼續思考。但是，與其思考該做什麼，安斯康姆認為你不如捫心自問：「什麼是好人？什麼因素使一個人成為好人？」嘗試找出你所認為的好人，這些人有什麼品格或特質，讓你意識到他們是好人。然後問自己，如果我在這種情況下說謊，是否符合這些品格？

哲學大師蘇格拉底極力捍衛正義、善和美德，但他並不認為只說實話就是正確的。根據《尤希迪莫斯篇》記載，蘇格拉底有一次跟鄰居交談，蘇格拉底問鄰居：「說謊是否不對？」鄰居回答：「當然不對！」於是蘇格拉底提出了下列情況：你想想，你有個朋友非常憂鬱，很有可能會自殺。如果我們為了預防憾事而把他的刀給藏起來，我們算是在欺騙他嗎？這種情況下，該誠實還是欺騙？蘇格拉底透過這些問題向鄰居證明了一件事：**沒有簡單的方法來告訴我們什麼才是正確的作為**。這位大師並非捍衛謊言，而是強調理性思考之必要。

我們多數人的生活都在腦中開著「自動駕駛」，理所當然認為我們對是非觀念非常清楚。但如果我們想成為好人，就必須花點時間來思考和質疑什麼才是正義。對蘇格拉底來說，擁有美麗、強壯或健康的外貌，都與「善」無關，因為人的高貴不在於身體，而在於靈魂。因此，如果你想成為更好的人，你應該少花點時間在健身房逼死自己，唯有「公義」才能使你的靈魂昇華。蘇格拉底會帶著狡詰的微笑望著你：如果你連正義是什麼都搞不清楚，又怎麼能實踐正義？你這個空心草包！你能在不懂醫學的情況下行醫嗎？你能在對音樂一無所知的情況下彈奏樂器嗎？

蘇格拉底相信，想成為好人，第一步是花時間了解什麼是正義。這位大師若發現有人想從教育中取消「道德」這門課程，他必定撫額長嘆。唯有實踐道德規範的人民，才能被稱為公正，而唯有公正的公民，才能建構一個公正的社會。對蘇格拉底來說，「道德」不在於記住一系列的規則之後機械化的應用，而在於學習如何在各種情況下思考何謂正確。我們應該教導年輕人如何思考，而非灌輸他們某種思想。

至於偷吃這回事，蘇格拉底不會因此就認為你是個「壞人」。你只是個無知的人，你只是道德上犯了錯，就像你數學考試答錯所以被當掉那樣。由於你缺乏對正義的認知，導致你選擇錯誤：你選擇了短暫的快樂，而非忠於自主所做的承諾。既然你已經犯下錯誤，那麼從現在開始，你最好花點時間思考一個正直的人會怎麼做。因為不公正會傷害靈魂，以至於那些犯下不公正錯誤的人，總是損失大於收穫。

至於是否應該承認罪行？你必須問自己：一個公正的人會怎麼做？他會用欺騙來逃避責任，或是承認錯誤？就像之前關於「憂鬱朋友」的問題，一個公正的人會欺騙朋友，是因為想挽救朋友的性命；而你因為偷吃而撒謊，是想解救你的另一半，還是你自己？

綠帽與幸福

現在，讓我們聽聽「效益主義之父」邊沁會對你說什麼。效益主義是道德哲學中很重要的思路。這位英國哲學家會告訴你，可千萬別聽信康德的話，除非你想讓問題變得更糟。

在繼續邊沁的提議前，讓我順便告訴你哲學史上最**重口味**的軼聞：邊沁是著名的倫敦大學學院（University College London）創始人之一，**至今**仍然持續參與學術委員會議。這怎麼可能？很簡單，這位哲學家臨終前在遺囑留下了明確的指示，要求防腐保存他的遺體，幫他穿上他最喜歡的衣服，並陳列在大學禮堂的展示櫃。

倫敦大學學院章程甚至明文規定，以邊沁屍體做成的木乃伊必須出席董事會議，雖然他已經無法發言，也沒有投票權了。假如你現在人在倫敦，想向他致意，記得，木乃伊的頭顱已經不屬於原來的主人，因為邊沁的頭顱最終還是慢慢腐爛了，所以被換成蠟製的。另一個換成蠟製頭顱的原因，是因為學生有時會把邊沁的頭顱偷走藏在校園裡，或用來當作足球踢，甚至成了一個傳統。

現在讓我們回到不忠的問題。木乃伊哲學家會提供你一個簡單的規則，以衡量什麼才是解決偷吃問題的正確作法，就是他所謂的「效益原則」。如果你想做對的事，你得考慮一個原則，那就是這件事必須讓所有關係人獲得最大程度的幸福。請你考慮兩個條件。第一，每個人的幸福都一樣重要，也就是說，你自身或你所愛的人，跟其他人擁有完全相同的價值。第二，你必須把幸福理解成「受行為影響的關係人的快樂最大化，痛苦最小化」。

為了簡化問題，邊沁設計出一套評量方法，用以計算某個行為能帶來幸福感的程度，從而衡量它的道德程度。這個計算只考慮到「強度」或「持續時間」等指標，因為對這位哲學家而言，各種愉悅感並沒有實質上的區別。例如，友誼帶給你的快樂，跟一頓美食所能產生的愉悅，本質上是相同的，只是程度不同。

也就是說，如果我們把「效益原則」應用在你惹出來的麻煩，那麼事情會變得非常簡單：你最好學邊沁在倫敦大學董事會上保持安靜，讓這一頁翻過去就算了吧！忘掉這一切，這樣你開心，別人也開心。因為你的坦白只會徒增世界上的痛苦，不但讓另一半心痛，包括你自己，連賣情人節禮物的商家也會因此生意遭殃。謊言本身並不邪惡，它的好壞取決於它所產生的後果。

為了證明這個論點，邊沁會邀請你看《再見列寧》（*Good bye, Lenin*）這部電影。故事訴說柏林圍牆倒塌的前幾天，一位懷抱共產主義思想並以此為傲的婦女陷入了昏迷。當她醒過來之後，醫生告訴她兒子，她必須好好休養，不能受到刺激。她兒子阿歷山大費盡心思讓母親不知道資本主義已經在她的國家取得勝利。這位婦女一直活在兒子用愛編織的謊言之中。

至於另一位哲學家彌爾，他同意邊沁的觀點，但他提出一些修正。彌爾認為，應該修改計算快樂的評量方式，不僅考慮幸福的「強度」，更要考慮「品質」。將所有愉悅視為本質相同是不對的，因為一定有某些樂趣超越其他樂趣。

而應用這個評量方法時，你必須追求**人類特有**的快樂。好比說，豬可以像人類一樣享受美食帶來的愉悅，但永遠無法享受跟朋友聊天的時光。所以彌爾建議，如果你能選擇，那麼身為人而不滿足，遠勝於身為豬而滿足；身為蘇格拉底而不滿足，遠勝於當個蠢蛋而滿足。

那麼，偷吃的問題該怎麼辦？好吧，彌爾會建議你不要對伴侶坦白，但要對發生過的事好好反省，試著從現在開始控制欲望，培養一些能讓你「變得更好」的快樂。下次去鎮上時，記得做做運動，看看書，找個有趣的人聊天，寫點東西，把你的欲火留在廁所就好。

電車與胖子

如果康德的「無上命令」會面臨「門口殺人犯」的兩難處境，那麼一定也會有人對「效益原則」的快樂量表提出質疑。第一位就是英國哲學家**福特**，他在一九六七年的文章中提出這樣的問題：想像一輛剎車失靈的列車正駛向五名鐵軌上的工人。你無法向他們發出警告，也無法停下列車，但是你可以拉動操縱桿，將列車切換到另一條只有一名工人的軌道。你該拉下操縱桿嗎？在這種兩難中，效益原則似乎行得通，因為正確做法或許是拉動操縱桿，以挽救更多人的生命。

但是美國哲學家**茱蒂絲．湯姆森**提出了問題的變形：你站在一座橋上，眼看著列車駛向五名工人。身為這方面的專家，你意識到只有一種方法可以阻止列車前進，就是把站在你身旁的可憐胖子推下去。雖然胖子會死掉，但有五名工人因此得救。你會推落胖子嗎？此時效益原則似乎就站不住腳了。常識告訴我們，在這種情況下，犧牲掉一條性命來挽救五個人的生命是不道德的。

哲學家**邁可．桑德爾**提出了另一種跟效益原則相悖的變體：假設你是一名外科醫生，你有五位病患正急切等待不同器官的移植，否則就會死亡。在隔壁房間，有一個還在沉睡但已康復的病患，而且他的器官非常健康。你能否殺了他來拯救另外五條性命？

這三道難題使你無法毫不猶豫地應用效益原則。而且，你似乎也無法驗證，如果一個行為對多數事件參與者產生好的影響，就是一個正確的行為。因此，你不該因為「結果對所有人來說是最好的」，就認為對你的伴侶說謊，才是正確的行為。

「無上命令」還是「效益原則」？責任還是幸福？現在輪到你選擇了。

#哲學挑戰 02 你應該服從權威嗎？

Tomás de Aquino 阿奎那
Thoreau 亨利・大衛・梭羅
Thomas Hobbes 霍布斯

想像一下，某天父母到你房間想跟你促膝談心。他們坐在你的床上，訴說他們有多愛你，你對他們而言多麼重要，並且為你的幸福憂心忡忡。當你忍不住請他們有話直說，他們脫口而出：希望你別跟你的另一半見面了，因為他們認為這段關係會對你造成不好的影響。再試想一個場景：上司把你叫進辦公室，命令你把一項（你們都心知肚明）爛到簡直就是詐欺的商品賣給客戶。你應該遵照他的指示嗎？要聽媽媽和上司的話，還是應該從心？

阿奎那可以在上述父母和上司的難題中幫上忙。他只花二十年就寫了一百三十部著作，涵蓋各種主題，其中包括「服從權威」。話說這位中世紀哲學家跟家裡也有些問題，他的父母企圖幫他決定未來。在他完成學業後，家裡要求他繼承叔叔卡西諾山的修道院院長。不過，這個日後成為當代重要哲學家的孩子決定不聽父母的話，而是像個普通修士那樣進入修道院，放棄家裡為他準備好的高階職位。阿奎那的家人非常反對這個決定，他的兄弟於是將他關進家裡的塔樓一年多，強迫他改變心意。

阿奎那的兄弟可是用盡手段想讓阿奎那「清醒」過來，甚至僱用了一名妓女來誘惑他。但當這個可憐女孩試圖脫掉阿奎那的僧袍，卻被他用一根燃燒的木棒所威脅。阿奎那的父母終究沒有達成目的，只好遂其所願。但願你的父母不要用上述那種「職業輔導SOP流程」對待你，還把你鎖在房間，直到你「清醒」。

我猜阿奎那一定長得又胖又害羞，因為他同學幫他取了「**啞巴傻牛**」的綽號，讓他成為被取笑的對象。看到了吧？霸凌並非你這一代才有的問題。阿奎那用堅定的態度面對騷擾，並重申尼采的名言「凡殺不死我的，必使我更強大」。從他身上，我們發現這句話蠻有道理的。某天，阿奎那的老師大阿爾伯特（Alberto Magno）無意間從地上撿起一些手稿，讀過之後大感訝異，他問學生：「這是誰寫的？」

這些同學們從不放過每次嘲笑阿奎那的機會，他們指著阿奎那大喊：「那是啞巴傻牛的！」大阿爾伯特打斷同學的嘲笑：「你們叫他啞巴傻牛，但我告訴你們，日後這頭傻牛的智慧牛哞聲，將被全世界聽到」。事實的確如此，阿奎那成為有史以來傑出的思想家，他的理論至今在哲學教室迴響，而那些羞辱他的人，我們連他們姓啥名誰都不知道。

好的，先把場景拉回到你的房間。父母離開後，房裡只剩你一人，你得面對問題，並且決定怎麼做。阿奎那會告訴你，世界上其實充斥著各種規則，這些規則往往互相矛盾。好比說，某權威對你下達的命令，很可能是另一方權威的禁令。以你的問題為例，如果你仔細思考，會發現你「應該」聽父母的話。但另一方面，你心中也會吶喊：明知不公平，就不該去做！該聽從權威還是理性？阿奎那認為，**如果你的理性認為是不公正的規定，那麼不遵從這些規定，無須良心不安。就算不服從，也是合法的**。

至於你的道德義務，就是對你父母宣告：你**出於良心**，要違抗他們的命令。即便此舉會給你帶來極大的麻煩，但沒有任何懲罰能嚇倒一位憑著良知行事的人。不過，你可別把「有良心」當成利益或私欲的藉口，如果你跟朋友借錢，可別告訴他，你不打算還他錢了，因為「償還債務有違你的良心」。但是，如果你覺得父母幫你決定應該愛誰、應該讀哪所學校，是一件很不公平的事，那你必須勇敢反抗，阿奎會與你同在，就像忠實的盟友那樣與你相伴。

如果你因此受到懲罰，除了可以跟父母引介阿奎那的思想，還可以舉出西班牙哲學家烏納穆諾（Miguel de Unamuno）的名言：「你們能征服，但不能說服！」這段話出於烏納穆諾在一九三六年十月用來回應西班牙外籍兵團的演講。就算很可能在你說完之後只換來一個大耳光，但你晚上睡覺時可以理直氣壯，心安理得。

以公平為原則

如果你決定反抗權威，那麼有位美國哲學家一定會支持你，那就是**梭羅**。梭羅出生於麻薩諸塞州一個名為康科特的小鎮，幾乎一輩子都沒有離開那裡。他曾語帶諷刺形容他的旅遊經歷：「我去過康科特旅行很多次。」但是他的思想卻藉由著作傳遍世界各地，甚至啟發了甘地和馬丁．路德等偉大的革命領導者。

梭羅不但是個自由主義者，還不怎麼聽話。他不喜歡權威，因此他這麼說：「最好的政府是無為而治，什麼都不管。」他的好友作家兼哲學家愛默生（Ralph Waldo Emerson）曾經如此形容他：「不管謊言或蠢事，他一定要提出公開譴責。對他來說，拒絕一件事易如反掌，但肯定一件事反而太費力氣。」環保運動尚未崛起時，他已經是非常了不起的大自然捍衛者。梭羅一生把「捍衛原住民的存續和權益」視為道德義務，並強烈主張廢奴。

此外，梭羅還為「偷懶」正名：從哈佛畢業時，他對著一群清教徒群眾發表演說，這群人深信必須工作到死，否則會被上帝用地獄之火煎熟！結果梭羅的演講主題竟是：我們應該扭轉天主十誡第三誡，一周只工作一天，休息六天。他從年輕時就不吝於宣揚他的想法，並且喜歡跟那些自以為是權威的人抬槓。他熱愛閱讀，有三個崇拜的偶像：詩人惠特曼（Walt Whitman）、印地安嚮導波利斯（Joe Polis），以及美國第一支武裝起義反對奴隸制度的領袖約翰．布朗（John Brown）。

梭羅是歷史上唯一在哈佛完成學業卻沒領到畢業證書的學生，原因是他拒絕支付給學校一筆費用——在一張有他名字的紙上蓋章的費用。這位哲學家認為，唸書期間已經支付給學校太多的錢，他諷刺的說「還是讓羊保有自己的皮就好！」（當時的文憑證書是用這些田園小動物的皮製成的）。由此可見，梭羅對頭銜根本毫不在乎，而且對自然和動物生命有著深切的尊重。

另一件趣事將他的思想——公民不服從——發揮得淋漓盡致。某天，一位收稅官上門要求他支付稅款，但梭羅拒絕繳稅。首先，他不希望自己的錢被用在一場不公平的非法戰爭，此役導致了許多年輕人喪生；其次，不繳稅是他對抗奴隸制度政府的方式。當他被威脅監禁，他竟平靜地回答：「一旦政府不公正，所有的正義者都該被關進監獄。」後來當局提出條件，如果他願意支付保釋金，就可以不用進牢房，不料梭羅斷然拒絕了！所幸他最後只被關了一晚，因為他姑姑最終支付了保釋金，梭羅對此還感到很不高興。

事後他解釋，他完全沒有**被囚禁**的感覺，還嘲諷地說打造那片關押他的高牆，根本是浪費石頭和水泥。注意囉，你如果被父母禁足，下一段內容可以派上用場。梭羅認為，如果獄卒以為他害怕被監禁，那可大錯特錯了！當他看著警衛費力鎖上牢門，他不禁笑了出來，因為那根本無法禁錮他的思想。正因國家無法觸及他的靈魂，因此才懲罰他的身體；那一刻，他失去了對國家權力的尊重，並開始同情國家權力。

如果你問梭羅，在什麼情況下，不服從權威是合法的？他會告訴你，如果法律不公，你就有義務進行反抗。你可以遵循以下原則：你首先是一個「人」，然後才是一個「公民」（放在上述例子則是：你首先是一個「人」，然後才是「為人子」）最理想的狀態不是培養對法律的尊重，而是培養對**正義**的尊重。你一生中唯一的義務，就是**始終做自己認為公平的事**。如果有人強迫你違背良心，即使是你父母、師長甚至警察，他們就是違法！那麼，你就要阻止這些不公正繼續下去，並確保你的順從不會造成你所不齒的傷害。

如果梭羅要傳訊息支持你的個人革命，那麼他會給你一段出自莎士比亞作品《約翰王》的文字：「你的血統太高貴了，怎能成為奴隸、成為受監管的下屬、成為溫順的僕人、成為工具？」

恐懼、狼、洗滌

湯瑪斯．霍布斯的看法跟阿奎那和梭羅完全不同。這位英國哲學家會勸你停止反抗，聽從經常在危急時刻救你一命的生物本能——**恐懼**。霍布斯以「恐懼之子」的綽號聞名於世（處於戰爭時，你會覺得這名字還不錯），而這個綽號的由來正是字面上的意思：恐懼導致了他的誕生。當時西班牙無敵艦隊即將攻打英國，全英國都認為西班牙軍艦靠港時，鮮血會像瀑布那樣流淌，大火將一切化為灰燼。

想像一下，如果此刻美國對我們宣戰，而且新聞報導說，幾天後，有史以來最強大的軍隊將帶著仇恨踏上你的國土，這種感覺大概就是當時英國人聽到西班牙腓力二世派遣軍艦的心情吧！霍布斯的母親當時已經懷孕，但離產期還有段時間，她因為太過恐慌而提早分娩，結果這個孩子長大後將捍衛哲學上最悲觀的論點。

事實上，霍布斯還將拉丁作家普勞圖斯（Plauto）的語錄「**人性惡如狼**」發揚光大，這句話用來形容沒有任何野獸比得過人類的殘酷。如果你問霍布斯對於反抗權威的看法，他會告訴你，最好聽從權威，就算那將迫使你做出不公義的事。要不是有「權威」的存在，這個世界會處於一種所有人對所有人的戰爭之中，霍布斯稱之為「**自然狀態**」。

電影《國定殺戮日》（*The Purge*）很可能是霍布斯所設想沒有權威的世界。背景設定在一個未來社會，每年固定一天准許所有犯罪活動，連殺人都可以。整個國家在這個所謂的「洗滌日」停止履行職責，所有人都可以犯罪，因而產生了許多殘酷的暴行。「強者生存」成了唯一的規則。

遺憾的是，無須在虛構小說中尋找霍布斯描述的「自然狀態」，其實二〇一七年，在巴西聖埃斯皮里圖州（Espírito Santo），就有八十七個人在警察罷工期間因為暴力而死亡。為了避免這種恐怖狀態，霍布斯認為：權威要有絕對的權力，要能隨心所欲。上位者無論是將權力用哪些地方，不管公平還是殘酷，都不重要，因為就算最糟糕的暴政，也比處於人類對立的戰爭之中要來得好。

沒錯，父母限制了你的自由，但他們也提供你安全的保障。這兩個價值是相互衝突的：更多的自由，代表更少的安穩；反之亦然。現在該你選擇了，你要安穩，還是自由？

#哲學挑戰03 另一半偷看我手機，有關係嗎？

J. S. Mill 彌爾
Lévinas 伊曼紐爾．列維納斯

你有另一半嗎？你們處於穩定的關係嗎？你們互相信任嗎？你完全信任他嗎？對方曾經要求看你手機裡的照片或簡訊嗎？你會答應這種要求嗎？你會把臉書密碼給他嗎？

想像一下，你跟另一半相約在義大利餐廳共享美味的比薩，你手上沾滿番茄醬和莫札瑞拉起司，興奮地聊起這週的生活。這段關係已經一年多，相處很自在，你喜歡跟他分享生活種種。不久，你起身去上廁所，回到座位時，你發現對方正在偷看你的手機，被你抓了個正著！你問他：「你在幹嘛？」他說：「沒什麼關係吧！我們是情侶應該互相信任，分享對方的一切。」他有權利這麼做嗎？為什麼「信任」就代表毫無保留？結束單身等於失去自由嗎？你的自由從哪裡開始，他自由的界線又在哪？有什麼比自由更具價值？

自由不屬於我

如果有哲學家認真思考過自由的重要，那一定是**彌爾**。這位思想家的童年過得蠻辛苦，因為他父親計畫把他培養成天才，於是讓他遠離其他的孩子，禁止他玩耍，幫他安排了補習，強迫他跟各領域優秀人士交談（包括醫生、音樂家、科學家和哲學家）。他父親幫他設計的嚴格學習計畫，很可能是彌爾捍衛自由高於一切價值的原因。

他父親成功將他變成了神童，彌爾六歲就寫了一部關於羅馬的故事，七歲可以閱讀希臘文的柏拉圖《對話錄》，十二歲在數學和經濟學方面已經知識淵博了。如果你跟彌爾比誰的學識豐富，你可能會嫉妒得要死，但你若繼續看下去，你會知道其實彌爾可能很嫉妒你。因為他二十歲就罹患了嚴重的憂鬱症，他感到孤獨又絕望，而他的所學並沒有幫助他面對磨難，直到女權哲學家泰勒（Harriet Taylor）的出現，愛情才重新燃起他的希望。後來，彌爾和泰勒結婚了，並且共同為受壓迫的人爭取自由。他們為婦女辯護，對抗父權制度、爭取婦女投票權、廢除奴隸制度、婦女工作權和勞工權益。

聽完上述介紹，現在回到你的手機、你女友，以及你的案發現場。彌爾很清楚，為了讓社會成員（當然包括你的另一半）獲得最大程度的幸福，必須尊重每個人，讓每個人獲得最大程度的自由。任何結構的社會，在不妨礙他人自由的前提下，每個人都必須是自由的。如此不但能確保個人的發展和幸福，也能確保所屬的社會亦是如此。因為成員越自由，這個社會就會發展得更多元。所以結論是，你不該允許伴侶偷看你的手機，此舉不但妨礙了你的自由，還會令你們的關係惡化。

你應該讓另一半了解，雙方越自由，關係就會幸福長久。如果對方試圖說明他的出發點是為你好、為了保護你或愛你，請先保持冷靜，不要陷入感情勒索的陷阱。你是絕對自由的，你理應是你的思想、身體和財產的唯一主宰，除非你只付了一半錢，否則他在你未允許的情況下，無權使用你的手機。

彌爾提出了「**傷害原則**」來判定在什麼情況下，一個人有權限制你的自由。結論是，只有在對他人或整體社會造成明顯的危害，才能限制其自由，否則無人可以干涉他人自由。因為，有益處或對你好，是非常主觀的判斷。（不妨想想，你去跳舞時，你媽會幫你挑哪件衣服穿？幸好最後還是你自己選吧？）

讓我們舉例說明「傷害原則」。假如我鄰居在家裡把雷鬼音樂開到最大聲，吵得我無法專心念書，雖然他是在自己家裡聽音樂，音響也是他買的，但他有權力這麼做嗎？我鄰居的行為已經不能算「私人」，因為影響到我。他未經我同意就強行播放「夏季最火舞曲精選」，恐怕已經對我造成不可逆的傷害。根據傷害原則，我鄰居沒有權力把整棟大樓的公共天井變成舞廳，所以我可以報案，讓國家維護我不想聽（他自以為是音樂，實為噪音）的自由。

如果你把傷害原則用在手機事件，你會發覺另一半在不經你同意的情況下，是無權偷看你的手機的。好啦，如果他不是背著你偷看，而是光明正大徵求你的同意呢？假設有一天，女友對你說，「我們在一起有段時間了，應該互相信任對方。你應該把手機給我看，證明你沒有什麼好對我隱瞞的。」你該怎麼辦？如果你問彌爾，他會建議你，你應該提醒另一半，你們雙方越自由，這段關係也會更加豐富和充實。但如果她試圖控制你，那麼傷害的不僅是你，也會傷害到她自己。假設你女友還是堅持看你的手機，認為「這樣才是愛我的表現」，你可以邀請她跟你一起欣賞西班牙詩人卡爾沃（Agustín García Calvo）的詩句：

我渴望的自由，有如小溪岩石間跳躍的水流。但不屬於我。
我喜愛的宏偉，有如山之春孕育生命。但不屬於我。
我喜愛的良善，有如平淡卻有益的麵包。但不屬於我。
我喜愛的高踞，有如往天際伸展的白楊。但不屬於我。
我喜愛的潔白，有如土地上的橙花。但不屬於我。
不屬於我，也不屬於上帝或任何人，甚至不屬於你。

學習輕撫

伊曼紐爾・列維納斯是一個在「與他人關係」議題有諸多思考的哲學家。因為他經歷了一些事（可說還蠻重大的事），讓他不得不思考「他者」的議題。

列維納斯出生在立陶宛的猶太家庭。高中畢業後本來想開一間書店，不過因為這傢伙還蠻聰明的，他家人就把他送到法國，跟最好的名師學哲學。列維納斯在法國待得很高興，決定入籍成為法國公民。時光匆匆，他日子過的順風順水，獲得各種獎項並開始出版作品，職業生涯非常成功。他也結婚了，還生了女兒。

在他人生的最高峰，二戰爆發了。他被派去盟軍擔任俄語和德語的口譯員，卻不幸被敵人抓走，關在漢諾威集中營。集中營的經歷讓他在處事的態度與思考上風格巨變，因為自那時起，他一直試圖了解「為什麼人類可以做到納粹黨的所作所為」。對列維納斯來說，集中營就像個工廠，用一種極為理性、有組織的作業方式來消除「他者」的不理性目的。

「他者」是誰？如果套用在你的情況，答案很明顯，這位「他者」有名有姓，而且就在你去廁所時，沒有經你允許就動了你的手機。「他者是什麼？」或「成為他者意味著什麼？」這種問題就比較難回答了，列維納斯很可能會告訴你，**「他者」是跟你觀念不合的人，不但想法不同、難以理解或同化，也無法控制**。

「他者」的存在讓人不安，通常還會產生衝突。為什麼會這樣？原因是我們拒絕接受彼此的差異，而且試圖摧毀它。想盡辦法讓「他者」變成我們所期待的樣子似乎是種本能，我們總期待對方放棄獨特性，成為我們自身的延伸。

有一部很精彩的公路電影叫《逍遙騎士》（*Easy Rider*），敘述了兩個年輕嬉皮騎著哈雷機車[2]從洛杉磯到紐奧良旅行的故事。在荒野之狼（Steppenwolf）的歌曲《*Born to Be Wild*》伴奏下，這兩個需要剪髮的痞子一起穿越美國。旅途中，他們遇到了一位有酒癮的律師（傑克．尼克遜大展精湛演技），加入他們的冒險。一行人越深入內陸，事態就越糟糕。他們不想惹麻煩，而且都是沉默又安靜的人，但光是他們的存在就讓別人看不慣了。有個令人難忘的場景是這樣的：三人露宿荒郊野外，倚著火堆取暖。

「他們就是會怕我們，這就是問題所在。你知道的嘛，連二流旅館都不願租房給我們，更不用說三流汽車旅館了。他們大概以為我們會割掉他們喉嚨什麼的。」一位騎士叼著菸說。

「他們才不是怕你們，他們怕的是你們所代表的意義。」傑克．尼克遜回答。

「是嗎？他們眼中的我們，只不過是兩個需要理個髮的痞子罷了。」

2 作者注：如果各位有機會到密爾沃基市旅行，千萬別忘了去哈雷博物館參觀，因為其中最有名的收藏，就是第一代《美國隊長》彼得．方達在影片中騎的那輛哈雷。

「不，他們眼中的你們，代表的是自由。」

「自由怎麼了？這國家不缺自由啊！」

「是啊，這國家不缺自由，但嘴巴講的自由和真正的自由根本兩碼子事。當你身處社會體制，就很難擁有真正的自由。當然，千萬別跟人說他們不自由，這會讓他們忙著追殺你，只為了證明他們擁有『真正』的自由。對啦，或許他們會跟你大聊什麼叫個體自由，可是當他們看到真正擁有自由的個體，又會嚇得半死。」

電影的結局令人不寒而慄。小鎮居民最終開槍打死了這兩個機車騎士，因為看不慣他們留長髮。為什麼我們會有這種行為？原因是，當生活中出現了「他者」，會使得我們很困惑，以至於我們嘗試著釐清，也就是想辦法讓「他者」符合我們的邏輯、思想和世界觀。我們假裝需要「他者」，而試圖釐清的同時也意味著想要控制。在無法控制的情況下，我們就會崩毀。

請注意，這就是伴侶在對你做的事。他跟你要帳號密碼，其實跟「情侶信任度提升」一點關係也沒有，而是想辦法同化你，摧毀你的獨特性。你那位口口聲聲非常愛你的伴侶要的是讓你快點適應他的世界、思想和規則。這有點像當年移民者的船抵達港口時，西班牙政府做的事：要求移民者適應。換句話說，我們摧毀「他者」特質，讓他者成為西班牙的一份子。

列維納斯會建議你向另一半解釋，面對「不同」（他者），其實有還有很多方式可以相處，不用急著摧毀。為了讓她更了解，你可以用「輕撫」來比喻——因為撫摸需要保持一定的距離。請發揮一下想像力：有個畫面是，一個小女孩用力抱住她的狗，緊的快把狗給勒死了（融合、佔有和征服）。想想另一個畫面：小女孩沿著狗兒的背脊輕柔撫摸（允許「他者」保有獨特性的接觸）。你會發現輕撫時，並沒有去控制或強迫他人來適應自己，反而承認其獨特性，那麼雙方的感覺都會很好。總之，告訴伴侶遠離你手機，學著好好輕撫你。

哲學挑戰04 為何霸凌？

Hannah Arendt 漢娜・鄂蘭
Hegel 黑格爾
Maquiavelo 馬基維利
Rousseau 盧梭

二〇一三年四月十一日，十四歲少女卡拉因為不堪忍受同學長期霸凌，在希洪跳海自殺。根據法院判決書記載，自二〇一二年底，卡拉就與同學的相處產生問題，主要是班上有些女生嘲笑卡拉外觀有輕微的缺陷（她患有輕微斜視），而且班上流傳著她與另一位女生發生關係的流言。她在社群媒體還收到謾罵的留言。到了二〇一三年，事件越演越烈。

在多數同學的漠視下，幾名女生在下課時間嘲弄卡拉，並鼓譟其他同學一起叫她「死拉子」，並至少有兩次尾隨卡拉到廁所，使她不得不將自己關進廁所以躲避欺凌。不過最後還是落得被同學們從門的上方將水潑下的下場。這兩名未成年施暴者被判處四個月社會勞動服務，以「提高同理心，控制衝動，並承擔行為後果」。

你或身邊的人被霸凌過嗎？如果有，我感到非常遺憾。有被霸凌經驗的人都可能自問：為什麼這種事會發生在我身上？我做錯了什麼？也許你已經對找答案感到絕望，這也難怪，因為人類邪惡的根源是哲學家一直以來面臨的重大議題。

地獄哲學

說到人類史上最邪惡的行為，你可能聯想到納粹大屠殺。德國第三帝國（納粹政權）在二戰時期制定了一項消滅歐洲猶太人的計畫，負責執行的是黨衛軍中校艾希曼（Adolf Eichmann），該計畫甚至有「最終解決方案」這種可怕稱號。

艾希曼設計了一套有系統的大規模處決方式，他不但在歐洲各處調動驅逐猶太人的行動，而且建造不少毒氣室。戰爭結束後，他在一位奧地利主教的幫助下逃至阿根廷，改名換姓，在一間賓士工廠擔任經理，但最終被以色列情報機構（俗稱摩薩德）查出下落。一九六〇年五月一日，一群以色列特工執行「加里巴迪行動[3]」，艾希曼在住家附近被綁架審問，直到確認身分後被下藥，以假身分帶出阿根廷。到了耶路撒冷，艾希曼接受了史上最有名的審判。

3 作者注：Operación Garibaldi，該行動名稱來自艾希曼當時隱名埋姓躲藏時的住所街道。

美國雜誌《紐約客》邀請原籍德國的猶太裔哲學家**漢娜．鄂蘭**報導艾希曼的審判[4]。她的報告成為最能體現「邪惡根源」的哲學著作。鄂蘭前往耶路撒冷跟這個怪物碰面，她想了解一個人為什麼能做這麼多壞事。就跟所有人的想法一樣，她預期自己會遇見一個邪惡的天才，一位將畢生精力奉獻給惡魔的超級大壞蛋。但令人驚訝的是，她面對的只是個普通人，甚至可說相當**單純**（我刻意不用「白癡」這個形容詞）。

鄂蘭無法理解這個普通小人物如何犯下可怕的罪行，他是怎麼做到的？最後她找到了解答：艾希曼決定**不思考**他在做什麼。這位黨衛軍中校的總是一再為自己辯護：「我只是履行職責，服從命令，並遵守德國法律」。艾希曼甚至愚蠢地用康德的「道德律令」為自己申辯。康德要是聽到這種事，大概會氣得把棺材蓋給掀了吧！

話說康德的陵墓修建於一九二四年，位於柯尼斯堡大教堂外某處角落，墓誌銘上寫著：「有兩樣東西，我對它們的思考越是深刻持久，它們在我心靈喚起的讚嘆和敬畏就越歷久彌新：一個是在我頭上浩瀚的星空；另一個是我心中的道德法則」。我想，艾希曼應該自以為遵守的是康德十分推崇的「道德律令」，而非德國法律。

鄂蘭從次審判中學到最重要的一課是：「放棄思考所造成的傷害，可能比人類天生具有的邪惡本能還要嚴重！」她甚至創造了「邪惡的平庸」一詞表達這種現象。鄂蘭並不是說邪惡造成的傷害無關緊要，而強調實施邪惡的人其實很平庸。假設我們今天想做好事，我們就必須思考該做些什麼，並且區分善惡對錯。另一方面，若想做壞事，只需要放棄思考和盲目服從就行了。

鄂蘭警告我們，艾希曼一點都不愚蠢，他只是「不懂思考」。一旦這個人不自我反省，便無法設身處地為人著想，這就是人類犯下可怕罪行的原因。「艾希曼審判中最嚴重的問題，就是很多人其實跟他一樣並非變態或虐待狂，而是非常正常、甚至平凡的人。」而艾希曼能施行那樣的屠殺，就只因為他得到了社會的支持，這個社會允許他逃避對自己行為負責的後果。

那麼，鄂蘭又怎麼解釋霸凌行為？霸凌會存在，正因我們創造了一個鼓勵我們不去思考行為後果的社會。舉例來說，如果各位觀察社會周遭，購買童工生產的產品的人並不覺得他們應該為剝削兒童承擔責任。當群體中的每個人不去思考欺凌會造成的後果，認為事不關己，而且覺得「默認」是不用負起道德責任的，那就可能發生霸凌行為。

那麼，要怎麼解決霸凌？下次你可以跟同學開誠布公討論此刻正發生的事，你們所期待的社會是什麼樣子？最重要的是，康德所謂的（不是艾希曼扭曲的）「勇於思考」！

4 作者注：電影《漢娜・鄂蘭》（*Hannah Arendt*，瑪格麗特・馮・卓塔於二〇一三年執導的傳記電影）巧妙將該思想家的報導搬上大螢幕。

不可避免的衝突

對於德國哲學家**黑格爾**而言，霸凌是無法避免的現象，因為「衝突」乃生活的一部分。我們不僅無法避免衝突，也不該避免它，因為它是推動歷史進步發展的動力。矛盾、對抗與鬥爭是人類與生俱來烙印在基因裡的特質，好比人類歷史就是祖先與某些人對抗過程的記錄。不信？請各位拿起歷史課本，計算一下歷史上的衝突時期延續了多久，再計算一下和平時期佔比多少。請問，哪邊比較久？

在重要的哲學著作《**精神現象學**》中，黑格爾將人類歷史描寫成偉大的冒險旅程。在旅程中，人類透過無可避免的鬥爭克服了各種困境。這部作品最著名的就是「主奴辯證法」，講述了歷史的開端是兩類人的意識產生了衝突。

黑格爾創造出著名的比喻來解釋人與人的關係相互對立的原因。人的出現是全宇宙歷史的里程碑：人類首次擁有「自我意識」，也就是說，人類知道自己在歷史和宇宙中的特殊地位。一旦有了自我意識，人就會尋求另一個人（同樣有自我意識）的「承認」，這意味著**每個人都希望「他人視自己為上級，並服從自己的命令」**。鬥爭之所以無可避免，正因大家都想爭取這種「承認」。這兩個人開始鬥個你死我活，當一方露怯害怕，事情就解決了。害怕死亡的一方會屈服成為奴隸，承認對方是主人。

對奴隸來說，恐懼感大於想被承認的欲望；而對主人來說，比起求生欲，他更想被承認。黑格爾利用歷史比喻來說明人類彼此的關係一直以來都是統治與被統治，因此霸凌根本不是什麼新鮮事，更不是怪現象。在所有人際關係中，總會出現兩種對立角色：一個主宰（主人），另一個臣服（奴隸）。所有「支配行為」皆是想得到認可。例如，要成為老闆，就要有一個承認他是老闆、並聽從他的員工；同樣的，老師需要學生的認可，教練需要球員的認可，警察需要公民的認可，牧師需要信徒的認可，政治領袖需要追隨者的認可，被愛者需要有人去愛，甚至騷擾他人者，也因為有人覺得被騷擾。

在電影《疤面煞星》（*Scarface*）中有一幕場景可作為黑格爾辯證法的範例。該片講述了古巴移民莫塔納的崛起，因為他足夠冷血，最後順利成為犯罪組織中強大的頭子。他當時正在餐廳吃飯，四周圍的人無不對他側目。他打破安靜大聲嚷道：

「你們看什麼？你們是一群該死的混球！知不知道為什麼？因為你們沒膽去幹心裡想做的事！你們需要像我這樣的人，這樣你們才能用該死的手指著我說『他是壞人』。哼！你們以為自己是什麼？好人？你們才不是，你們只是知道怎麼隱藏自己和說謊。我就沒有這個問題。我一向說實話。所以，向壞人道晚安吧！來啊！我告訴你，這是你們最後一次看到像我這種壞傢伙了。讓開！讓路給壞人，有壞人要過去，別擋路！」

統治結構始終存在於人際關係中，因為它是人類本質的一部分。例如，我們可以分析一下「夫妻關係」，它雖然看似平等，卻不可避免存在著試圖將自身意願強加於對方身上的情況。我們是在尋求愛情，還是希望對方只愛我們？在兩個自由意識的愛情關係中，愛的較多的那方總是弱勢[5]，而愛的較少的，則成為支配和操縱的一方。你越愛我，我就越能主宰你；你愛的越少，就越自由。在愛情角力中，總會有一方想操縱，而另一方最終屈服。

霸凌其實也是類似的角力。每當有欺凌情況發生，都是一方意識想主宰，而另一方因為害怕而屈服。如果從「主奴辯證」觀點來分析霸凌行為，可以觀察到霸凌者如何從受害者那裏尋求認可。欺凌通常發生在青少年時期，人在這個階段既沒安全感又懵懂無知，因此尋求「自我意識」的旅程往往艱辛。於是，霸凌者利用受害者來找尋他們的自我意識，同時讓自己感到強大。

但是，請注意黑格爾的警告：**獲得奴隸的承認，就落入了陷阱**。事實上，來自奴隸的承認有什麼價值？這個「認可」來自一個不自由的個體，他受到了壓迫而屈服，所以他的認可根本毫無價值可言。想像一下，你「強迫」某人愛你，那麼，這種愛有多少真實性？因此，主人在這場角力中同樣輸了，他跟奴隸一樣沒有得到認可。

而「主奴辯證」也說明，奴隸的臣服，是因為他的力量跟主人不成比例，如果情況翻轉，那麼受害者也可能變成霸凌者。如同羅馬尼亞哲學家蕭沆（Emil Cioran）所言：「任何情況下，都應該站在被壓迫的那方，就算他們是錯的。同時不要忘記，被壓迫者和壓迫者都是由同一塊泥土塑造出來的」。

統治本來就是人際關係的本質，我們無法在現實中消除衝突，但我們得接受並克服它，將這種本質進化成一個「國家保證所有人都享有自由，並保護我們的個人權利」的社會。如果國家合理運作，如果教師克盡職責，如果教育部及時採取行動，如果能訂立明確的霸凌防治法，那麼，卡拉就不會死了。

人性本惡

馬基維利是義大利佛羅倫斯的外交官，他的鉅著可謂一本講述如何在殘酷政界生存的教戰手冊。馬基維利所在的義大利，跟喬治．馬丁小說《冰與火之歌》中的宇宙觀非常類似：征戰不斷的小王國，正義由強國決定，聯盟和背叛的遊戲中，不是贏就是死。

馬基維利是個政治家，在那個年代，你如果不想提早退休，就得注意別人在你杯子倒了什麼飲料，以及你背後是誰。他見識了神聖天主教會的教皇宣戰，教皇的兒子用軍隊恐嚇百姓；以及那些不遵守盟約的國王，只要鄰國有機可乘，就趁機佔領併吞對方。馬基維利退休時（準確來說他

5 作者注：法國哲學家沙特（Jean-Paul Sartre）在他的著作《存在與虛無》中，將「主奴辯證」運用在戀愛關係。

是「**被**」退休，因為他老闆鬥輸了對手），他開始將職涯學到的一切寫下來，這本書就是《**君主論**》，是一本關於「在政治上取得成功」的教戰手冊。

拿破崙將此書翻譯成法文，不但仔細品讀，還在書頁注釋，彷彿和馬基維利對話一般。這位法國皇帝在筆記中甚至譴責了作者本人「輕率地告訴人民政治操縱的巨大秘密」。儘管他隨後又說，其實無妨，因為多數人都很愚蠢，就算讀完本書，也無法理解其深意，說不定還會以為政客是為他們服務。這位被暢銷作家貝雷茲－雷維特稱為「渾球」的法國皇帝是這麼說的：「這個世界由傻瓜組成，多數人很好騙，就算少數人產生懷疑，也不敢明說。」

馬基維利對人類看法很悲觀。他認為霸凌是人類天性中的「惡」所造成的必然結果。根據他的經驗，他定義了「人類」物種的十大特性：

- 儘管人類有好有壞，但混蛋總是多於好人。
- 人類有天生的惡意，可以控制，但無法根除。
- 人皆有人性和獸性。多數人的行為都可以用「順應動物本能」來解釋。人類有能力取得偉大成就，也有能力做最卑鄙無德之行為。
- 人類是忘恩負義、容易變心的偽善者，懦弱而貪婪。
- 人類自私，只關心自身利益。

- 人會裝模作樣，以掩飾真實的自我。
- 若有人需要你的幫助，他會變成你的朋友。當你毫無利用價值，你會被背棄。
- 人類會忘記父母親的逝世，卻忘不了財產的損失。
- 人類的智力和道德皆愚蠢至極，「人是如此簡單，總為了眼前的需求而屈服，以至於騙子總會遇到願意被欺騙的人」。
- 人類注定不斷犯下重複的錯誤。

以上就是這位哲學家對人性的描述。奇怪的是，在人類這個物種的兒童群體中，並沒有更多霸凌事件。

不是我，是社會

盧梭對人性就有不同的看法。對於電影工作者威爾斯（Orson Welles）來說，像盧梭這樣的瑞士哲學家對人性的看法與義大利哲學家截然不同，是理所當然的。在電影《黑獄亡魂》（*The Third Man*）的著名場景中，威爾斯所扮演的角色說：「波吉亞家族[6]控制了義大利三十年，他們帶來了戰爭、恐怖統治、殺人和血腥，但當時也是米開朗基羅、達文西和文藝復興的輝煌時期。而瑞士

6 譯注：波吉亞家族（Borgia）為義大利文藝復興時期惡名昭彰的顯赫家族。波吉亞家族流傳許多負面謠言，不過有歷史學家認為那多半出於其政治對手。該家族在文藝復興時期也積極贊助文化活動。

呢？他們有五百年的博愛、民主與和平，但他們創造了什麼？咕咕鐘而已！」

事實上，盧梭還是咕咕鐘的專家，因為他是日內瓦一名鐘錶匠的兒子。儘管他對人性抱持樂觀，但他可不是個天真的傻瓜（雖然威爾斯的電影是這麼看待瑞士人的）。盧梭的政治思想為史上最有名的革命領導者提供了理論基礎：一七八九年法國推翻了國王路易十六的革命。

盧梭到達巴黎後，因為主張「教育令人腐敗」而在法國知識分子中名聲鵲起。一個世紀後，愛爾蘭作家蕭伯納捍衛了相同的觀點，並聲稱盧梭也會認同：「我生下來時是很聰明的——是教育把我給毀了！」因為思想太具顛覆性，所以盧梭被逐出法國，不得不在英國尋求庇護。

對於這位瑞士哲學家來說，人類在自然狀態下（也就是經歷文明洗禮之前）都是善良、幸福和自由的。他的著作《社會契約論》開篇就說：「人生而自由，卻無往不處在枷鎖之中。那些自以為是一切的主人者，反而比一切更像奴隸。」對盧梭來說，人性本善，是社會使得人變得墮落。他在《愛彌兒》一書中分析了當時的教育模式，並提出看法：「原本一切皆良善，就像萬物在造物主手中被完成時一般，但所有的墮落皆來自於人類自己的作為。」

為什麼文明過程會導致墮落？我們如何失去曾經的天堂？有一天，在世上某個地方，有個人用圍欄圈起土地，並主張：「這是我的」，然後其他人首次產生嫉妒、佔有欲和自私的情緒。圈地者不知不覺中創造了文明。但隨著私有財產出現而產生了社會不平等，便成了社會弊端的根源。富人制定了法律來保護財產不受窮人的威脅。自那時起，地主就用他們的「正義」壓迫並騷擾那些一無所有的人。這就是「進步文明」不為人知的一面。

電影《上帝也瘋狂》（*The Gods Must Be Crazy*）的靈感就來自於盧梭的「高尚的野蠻人」論點，劇情一開始講述了與世隔絕的喀拉哈里沙漠中布希曼人的平靜生活：他們一定是世上最幸福的人，沒有犯罪、懲罰、暴力、法律、警察、法官、統治者或老闆。他們相信眾神只將有用的東西放在世界上供他們使用。他們的世界沒有邪惡和不道德。他們完全與世隔絕。這些住在喀拉哈里沙漠深處的原住民從未見過、更不知道文明人的存在……他們非常友善，從不懲罰兒童或對子女嚴厲的說話……這個種族與世上其他種族最大的不同之處，就是他們沒有「所有權」意識……他們活在一個祥和世界。

直至某天，一個被飛機駕駛丟棄的可樂瓶從天而降，改變了這一切。布希曼人認為這是上帝賜予的吉祥物，因為此物用途甚廣。但正如盧梭的警語，他們很快產生了衝突，因為每個人都想擁有這種特別的東西。善良的布希曼部落中首次出現了嫉妒、自私和不平等。部落中最勇敢的戰士決定把這個威脅到族人幸福的「不祥之物」送到世界盡頭，去還給眾神。

盧梭在《愛彌兒》一書中嚴厲批評教育制度。在文明社會，教育摧毀了孩子的善良本性，就像電影中的可樂瓶摧毀了布希曼人。這位哲學家研究了孩童們逐漸失去善良和純真的過程：這些孩童不是受教育，而是受「訓練」，他們不斷被懲罰、羞辱，被迫競爭，就像囚犯那樣被監視和評估。

成年人藉著年齡優勢，以教育對孩童施行暴政。

而霸凌，就是這種「災難性教育體制」的後遺症。教育失敗並非學生的錯，而是體制的錯。在一個將同伴視為競爭敵手的制度中，發生霸凌有什麼好奇怪的？對盧梭來說，要改變這個瘋狂社會，唯一的出路就是教育改革。我們必須建立「以學生為中心」的教育體系，讓他們能夠自由發展，考慮每個人的需求、興趣和差異，並以孩童的幸福和發展做為最終目標。

#哲學挑戰 05 千載難逢的機會，不作弊是傻瓜嗎？

Sócrates 蘇格拉底
Trasímaco 塞拉西馬柯
Antifonte 安提豐
Hipias 希庇亞
Emilio Lledó 埃米略・列多

今天可能不是你的幸運日。現在才早上八點十五分，而且第一節課就要考哲學。你因為前晚忙著搞社交所以沒空讀書，於是你開始禱告最好不要考亞里斯多德的「形上學」。

老師發考卷的手彷彿擁有殺伐決斷的威力，考卷傳下去之後，他一聲令下，你用汗濕的手翻開考卷時心中吶喊「靠！我就知道！」亞里斯多德的形上學向你磨刀霍霍。你盯著考卷，其實是在凝視永恆。過一會兒，監考老師坐下開始看報，教室裡充足的暖氣加上他剛好有些宿醉，因此幾分鐘之後，他很快進入了平靜的睡眠。老師都被摩耳甫斯（希臘神話中的夢神）擁在懷中了，這是你一生中唯一一次作弊機會；如果你不作弊，就是傻瓜嗎？

作不作弊，是個難題

我們討論的重點不是「你做不做得到」，有鑑於監考老師已經睡著，你甚至不用花太大力氣就可以抄好抄滿。這裡的問題是，你**該不該**這麼做。有件事可能讓你訝異，你知道對公元前五世紀雅典的哲學家來說，這個主題的討論非常流行嗎？並不是雅典的學生比現在的學生會作弊，而是在雅典的民主制度中，有兩種截然不同且相互矛盾的正義概念。

一邊是**蘇格拉底**。這位哲學家畢生致力於教育年輕人成為一個正義之人，對他來說，一名學生能夠成為正直的公民是如此重要，以至於他告誡學生，遭受不公之事，總比做出不公的行為來得好。另一邊則是詭辯學派，主要由外國智者組成，他們固定到雅典授課。不過，他們不是教導年輕人成為好公民，而是教導如何成功並獲得權力。辯士們是巡迴教師，教授演說和修辭。與蘇格拉底不同的是，辯士會收取學費。例如，普羅狄克斯（Pródico）就向他的學生收取每堂課四德拉克馬[7]（約一百三十歐元）的學費。

怎麼可能有人用「教別人說話」來致富？能言善道有什麼用？如果你想知道答案，我建議你去看《銘謝吸煙》（*Thank You for Smoking*）這部電影，這部片的主角尼克就相當於現代的辯士。他是菸草公司公關部主管，巧舌如簧，能把黑的說成白的。這部電影有一幕是尼克參加了一個電視節目，談論吸菸帶來的負面影響。節目主持人採訪了一位十五歲就開始吸菸的罹癌患者，儘管尼克看來毫無勝算，但他第一個發言。

尼克說：「這位青年的死亡對菸草公司有什麼好處嗎？這麼說聽起來很冷漠，但事實是，我們損失了一位客戶。所以敝公司不只希望、更高度期待他能夠長命百歲，好好抽煙！其實戒煙協會的那些人才希望他早點死掉，因為這樣他們的年度預算才能提高，這簡直是趁人之危！」

這類型的修辭讓蘇格拉底非常抓狂。這位哲學大師對於這種不求真相，而是用言語操縱說服的技巧非常憤怒。對蘇格拉底來說，法律是神聖不可違背的。而另一方面，辯士學派卻認為正義的觀念是相對的，也就是說，我們對於善和正義的理解，取決於我們生在哪個社會。國家不同，習俗就不同；習俗不同，法律就不同；法律不同，你對正義的定義也會隨之改變。

例如，鄰近的斯巴達有一條雅典人覺得非常可惡的法律。斯巴達的司法機構規定，孩子出生時，母親要把孩子浸泡在葡萄酒中沐浴。如果這個孩子夠強壯，通過了「耐受測試」，就進行下個檢查：父親會將嬰兒帶到長老院檢視，如果嬰兒身體畸形或太過虛弱，那麼這名「不合格」的嬰兒就會被扔到某座山腳下。

其實不用舉這麼猛的範例，就以西班牙來說好了，法律規定未滿十八歲未成年不得飲酒，也禁止他們購買含酒精飲料；但德國法律卻規定，十六歲就可以合法購買或飲用啤酒、香檳或葡萄酒。可見，在歐洲某些地區不合法的事，在另一個地區可能完全合法。

7 譯注：Drachma為古希臘和現代希臘的貨幣單位，直到二〇〇二年一月一日被正式流通的歐元取代。

作弊是明智的

讓我們回到考試作弊的話題，我猜你一定想盡快解決這個道德難題。讓我們先來看詭辯學派對於「違規的可能性」有何看法。

塞拉西馬柯出生於現今的土耳其，他從家鄉前往希臘，靠幫人撰寫講稿並教授演講而發了大財。就跟當時的許多辯士一樣，他上課收費不貲，最後成為雅典最富有的名人之一。塞拉西馬柯可能會跟你說（當然你得先付他錢）：務實點！別像個傻瓜，人家說什麼都信！快點抄吧，何必有心理負擔？這個世界不值得你活得誠實，因為正直的人總是會受到傷害，而不公平的人總是比較有利。規則只是權貴為自身利益而創造的工具。

另外，考試根本不是為了幫助你學習，而是要讓老師更輕鬆罷了！對一個教育體系來說，強迫你在試卷上機械性地回答問題，比起依照你需求和興趣來請你回答問題，更加簡單而實惠。也就是說，用同一份考卷一視同仁地評估每一個人的這種作法既省時又省力。你有沒有想過一件事：在教學過程中，到底誰應該被評估？評估的對象為什麼不是老師？由老師設計的這套考試系統，如果哪個環節出了問題，多半是學生的錯；那麼，又是誰選擇這種測驗方式？好玩的是，有權力決定這套測驗辦法的人，正好是獲利最大的人。規則永遠不公平，因為一定是強者受益，所以，你不作弊就是傻蛋。

關於這點，**安提豐**也抱持相同的意見。這位辯士會建議你，除非你覺得自己可能被抓到，才需要遵守規則。不要遵循「人制定的法」，你只需聽從「自然法則」。也就是說，你唯一要遵守的規則必須讓你能獲得快樂、規避痛苦，除非這個原則與人類制定的規範相抵觸，以至於違反規範時，你的痛苦會大於快樂，如此你才應該去遵守人法。

換句話說，如果你確定不會被抓到，那就盡可能抄好抄滿，因為哲學如果被當，要重啃亞里斯多德的形上學是很悲慘的事，你必須竭盡所能的避免。說到這，你可別以為安提豐是位危險的罪犯唷！相反的，他受過良好教育，而且像心理醫生那樣，以言語治療那些遭受痛苦而來尋求他的協助的人。

如果你想作弊，另一位會支持你的辯士是厄利斯的**希庇亞**，他旅行眾多城市，尤其是斯巴達和西西里島。據說他的個性尖酸刻薄，記憶力超強（聽起來有點像比較挑剔的Google助理）。希庇亞對於人類的觀點是這樣的：從本質上來說，所有人類都是平等的，但社會習俗（包括種族、財富、出生或社會地位）會造成差異，而法律只會造成人與人之間的不平等。

寧死不屈

蘇格拉底寧願死也不願違反規則，所以你可以想像，如果他看到你作弊，會對你說些什麼。這位希臘哲學家被一位宗教狂指控拒絕信仰城邦所供奉的神，而且思想腐化。因此，雅典的政治階層想趁機給他個教訓，誰要他動不動就揭露政壇亂象，並且提出質疑。如果罪名成立，他將會被判處死刑（飲用毒參汁）。

然而，蘇格拉底在審判時為自己的生命和思想辯護，不但沒有「撤回」自己的想法，還用諷刺的方式來對付法官。於是在他申明論述之後，為數五百零一名公民陪審團中，半數以上的人認為他有罪。按理說，被判有罪之人可以提出意見，選擇較輕的罰責。因此，蘇格拉底原本可以以流放替代死刑，但他卻語帶諷刺地主張，雅典應該為他提供的服務付費，因為正由於他的批評，人民和城市才有機會改善。

蘇格拉底在監獄期間，他的弟子試圖說服他逃走，但蘇格拉底斷然拒絕了，這符合他一直以來的教誨：「一個好公民必須作為公正，並始終遵守法律。就算要活命，也不能偷雞摸狗。」他把死前最後時光花在做他最喜歡的事：跟朋友談天。以下是蘇格拉底的弟子柏拉圖轉述蘇格拉底生命的最後時刻：

蘇格拉底對行刑者說：「好吧，好人，你懂這些事，我該怎麼做。」

行刑者：「只要喝下毒藥，然後起身走走，直到兩腳發沉。毒藥自會生效。」

蘇格拉底：「要不要碰個杯？」

行刑者：「我只負責碾碎數量精確的毒參。」

蘇格拉底：「好吧，那麼我敬諸神，願祂們在旅途上幫助我！」

說完了這些話，蘇格拉底毫無畏懼一口飲下毒藥。如果在此之前眾人還能強忍悲傷，當他喝下毒藥，大家再也忍不住落淚了，早已啜泣不止的阿波羅多洛也氣憤地嚎啕大哭。在場者無不悲痛欲絕，除了蘇格拉底本人。於是蘇格拉底說話了：「你們這是做什麼？我將妻子送走，為的就是不要讓她的哭聲干擾我。人在臨終時應該保持心情平靜，請你們冷靜點，像個男人！」

聽完，眾人羞愧地抑制哭聲。蘇格拉底依照行刑者的指示仰臥了下來。行刑者檢查他的腳，問他是否有感覺。蘇格拉底回答「沒有」。行刑者起身告訴群眾，蘇格拉底的身體將會開始發冷並變得僵硬。當寒冷抵達心臟，就會死亡。當蘇格拉底的腹部開始發寒，他說了最後的話：「唉呀！我忘了向阿斯克勒庇俄斯獻一隻公雞。」過了一會兒，他顫抖了一下，目光變得渙散。行刑者闔上了他的嘴和眼。柏拉圖說——這就是我見過最偉大、神聖、公正之人的結局。

蘇格拉底為何要祭獻公雞？在希臘習俗中，病人痊癒之後會奉獻一隻雞給藥神阿斯克勒庇俄斯。對一位遭腐敗社會阻止其自由思考的人來說，死亡是唯一的治療方式。

作弊是無知的

教導學生要放棄財富及對成功渴望的蘇格拉底，認為辯士學派是錯誤的。你一生中真正要追求的是幸福，而要做到這點，你必須公正。為什麼？公正和幸福有何關聯？蘇格拉底認為公正是「做正確之事的能力」。身為人類，我們可以決定該如何生存於世，而我們所做的決定，會定義出一條道路和個人經歷。我們可以做正確選擇，也可以做錯誤選擇，選擇做正確的事，那麼獲得的獎勵就是「幸福」。總之，想得到幸福，就要學會選擇；想學會選擇，你必須知道「該怎麼做」。

當然，有時我們會犯錯，做出一些我們自認正確、但實則不然的決定。如果你認為作弊是正確的，那是因為你無視什麼是「善」。就像色盲者會將顏色混淆，人也會因為缺乏知識，而把有害事物當成有益的。蘇格拉底堅信，只有仁者才能建立一個良善的社會，這也是為什麼他要在雅典街道和廣場挑起正義的話題，並與民眾辯論。他自比為馬蠅，到處螫刺，喚醒沉睡的良知。

如果你被蘇格拉底抓到作弊，或在他面前發表「不作弊才是傻瓜」之類的說詞，他會用他出了名的諷刺口吻問你：你希望你所處的社會是貪腐還是公正？那你覺得，是腐敗的政客導致西班牙社會的腐敗，還是腐敗的社會才產生了腐敗的政客？作弊不也是一種腐敗？這樣的行為會危害到誰？你在作弊時，人格是昇華還是墮落？作弊的你，比那個不作弊的你更好嗎？沒有更好的做法了？你想成為更好的人，還是墮落的人？……蘇格拉底會不斷用問題逼問你，追著你螫個不停，直到你承認你也不知道什麼才是對的。對於這個作弊議題，你唯一知道的，就是你一無所知。

讓我們繼續用蘇格拉底的角度探討腐敗問題。在西班牙，貪污案層出不窮，幾乎囊括了所有機構組織，包含王室、政黨、工會、足球俱樂部、公司財團、銀行等。腐敗似乎是這個國家的本質。

但這一切跟你有何關係？你能做些什麼來避免腐敗？

西班牙文「corrupción」（腐敗）一詞來自拉丁文 *corruptio*，意為撕碎、破壞、毀滅，而使腐化（corromper）一詞，則代表敗壞、變質、變態或破壞。從字面意義來說，腐敗是一種道德敗壞。每當有腐敗的行為，施行者不僅破壞了自身的正直、榮譽和尊嚴，更破壞了與他人的關係，而且這種關係往往難以復原。例如，說謊就是一種腐敗的形式，所以尼采才會說：「我感到難過，不是因為你欺騙了我，而是因為我再也無法信任你了！」作弊就是欺騙你自己、你的同學和師長。

西班牙哲學家**埃米略．列多**非常認同蘇格拉底的思想，他認為腐敗的人出於他自身的惡意，是個無知的人，不但看不清自己是誰，也不知道自己在做什麼。那些會說謊或欺騙的人，最終都被認為是虛假的。難道你不曾用過「這個人很假」來形容某個不值得你信任的人嗎？

蘇格拉底和列多鼓勵你以正義和真理為原則來生活，總而言之，就是做個「正派的人」。或許西班牙這麼多貪污腐敗，正反映出大眾缺乏端正之心。許多西班牙民眾關心的都是外表的形象，為了不在人前出醜，每天努力地保持衛生習慣。如果有人跟他說「你身上有臭味」，那麼他一定非常不自在。但是，似乎不是每個人都在意內心「保持良好的道德」，他們不在乎自己是否活得正直。對蘇格拉底來說，你該擔心的是你的靈魂有沒有因腐敗而發臭，或被視為騙子、偷雞摸狗或虛假之徒。

這位哲學大師對於他所在城市的政治和道德腐敗感到非常震驚。他認為唯一的解決之道，就是教育年輕人成為正直而誠實的公民。只有像你這樣捍衛真理和正義的年輕人，才能拯救雅典和西班牙。你準備好拯救西班牙了嗎？還是打算繼續成為問題的一部分？

＃哲學挑戰 06 自殺可以解決問題嗎？

Albert Camus 卡繆
Gabriel Marcel 馬塞爾
Emil Cioran 蕭沆

電影《春風化雨》（*Dead Poets Society*）中，年輕學生尼爾夢想成為一名演員，但被專制的父親禁止。這名年輕人背著家人，在舞台劇《仲夏夜之夢》中擔任主角，結果公演當天，他父親出現在劇院裡。看到他傑出的表現，他父親不僅沒有恭喜他，還威脅將他送進軍校。尼爾未來無法成為一名演員，因為他父親已經幫他決定好醫生的生涯，他的命運控制在別人手上。尼爾將舞台上戴的皇冠放在房間窗邊，用父親的左輪手槍結束了生命。雖然是電影，但這個場景令人怵目驚心。當自殺不是一個虛構事件，而真實發生在我們周遭，是多麼令人無言以對又不寒而慄！自殺帶給我們的疑問似乎沒有答案，所以我們唯有保持沉默。

上帝的沉默

法國哲學家卡繆認為真正嚴肅的哲學議題只有一個，就是自殺。卡繆反對壓迫、不公正、暴力和不平等，但他熱愛足球。足球迷很喜歡引用他的一句話：「我人生中對道德與義務最確切的認識，皆拜足球所賜。」他喜歡這項運動，是因為球場上人人平等。

這位哲學家出生於阿爾及爾最貧窮的地區，靠著獎學金（法國政府提供服役陣亡士兵後代的獎學金）才得以上學讀書。這個貧窮小孩卻就讀了一所有錢人的學校，當他開始踢足球，他意識到社會差異在球場上消失了。在球賽中，貧富、膚色都不重要，唯一重要的只有足球。

卡繆十五歲時宣稱自己是個無神論者。當時他跟朋友在散步，親眼目睹了一台巴士撞死了一名孩童，孩童的母親哭得聲嘶力竭。這位未來諾貝爾文學獎得主望著這一幕，轉頭對朋友說：「看吧，老天沒有回應！」他覺得如果真有上帝存在，悲劇就不會發生。沒有神明能幫助我們，所有希望的幻想都是無用且無意義的，根本不存在所謂的天堂，能彌補我們所受的苦難。無論你喜不喜歡，我們所生活的這個世界，就是唯一的世界。

一切都荒謬

對這位哲學家兼阿爾及爾大學運動協會足球隊守門員來說，生活是荒謬、混亂且毫無意義的。

我們生於虛無，死亡時回歸另一個虛無。關於生命的意義，根本沒有答案，因為生命和生命所包含的每件事都毫無意義，沒有目的。不可避免的死亡會摧毀一切，成為計畫和夢想的終點。當然，你不要以為只有你比較倒楣，世界上的每個人都在忍受當期待和夢想撞上現實時，所造成的巨大衝擊。

對宇宙來說，我們的個人目標不會造成任何影響，我們的快樂或苦難也毫無意義。卡繆稱這種實質上的無關痛癢為「荒謬」，他以古希臘薛西弗斯的神話為例：荷馬告訴我們，科林斯古城的國王薛西弗斯被眾神懲罰，必須將巨石推上陡峭的高山，在快到達山頂之際，石頭就會往下滾，因此薛西弗斯又得重新將石頭推回去，如此一再重複直到永遠。無論薛西弗斯再怎麼努力，石頭還是會往下滾。

有一次我在課堂上解釋這個神話，有位學生對我說：「我爸就是薛西弗斯。他每天一早就到工廠上班，賺取薪水，支付可以讓他休息的房子，和一頓恢復體力的熱飯。隔天繼續過著一成不變、周而復始的生活。」就像這位國王，我們做的一切都是徒勞，無論付出多少心血和決心，石頭還是會往下滾，正如我們都會面臨死亡，死亡是所有人無可避免的命運。

悲劇英雄

此刻，你可能會開始從「荒謬」的角度看待生命，被一種悲觀感深深籠罩。若是如此，卡繆會告訴你，有三種方式可以反抗荒謬：信仰、自殺，或成為一名悲劇英雄。

先來看看第一種方法。你可以在信仰中得到慰藉，有些人甚至把生命中一切的荒謬都視為上帝的手筆。如果你選擇這條道路，你就要努力相信生活（即使它毫無意義），因為上帝的磨難必有道理，你只是祂龐大計畫中的一環。那些你不明白為何發生的事，都是讓我們成長的機會，通過了考驗才能進入天堂。

當然，對卡繆來說，信仰並非有效的解決方案，因為宗教會讓人逃避現實，讓我們可以不用去面對生命的荒謬。站在宗教的立場：如果這個世界皆為虛無，那我就自己創造意義。因此天堂和上帝都是我們創造出來自欺欺人的對象，如此一來我們才能忍受荒謬所帶來的困擾。

第二種方法，是自殺。從根本上來講，這麼做只是提早達成「不可避免之結局」。但對卡繆來說，自殺也不是解決方案，因為它非但沒有解決問題，反而否定了問題。自殺的行為代表沒有勇氣回答生命的提問，就像害怕考試不及格而乾脆不參加考試，或是因為不知道謎題，乾脆撕掉整本填字遊戲。自殺是在戰鬥前就舉了白旗，對困境視而不見並且認輸的舉動。自殺就是承認我們被生命的問題給壓垮了，承認自己無法回答「為何存在」的問題。

那麼，還剩下什麼選擇？第三種方法，就是成為像薛西弗斯那樣的悲劇英雄。你必須勇敢接受生命的荒謬，接受死亡是注定的結局。但儘管如此，你還是要學著快樂的活著，用你的存在去賦予生命意義。悲劇英雄不會把希望寄託在上帝身上，也不會期待到天堂尋求幸福。薛西弗斯完全了解自身的處境，也不期望任何改變。他不奢望過上更好的生活，不奢求神明寬恕，不感到內疚，也未曾尋求更高力量的協助。悲劇英雄不「期望」未來的快樂，而是「努力實踐」。

你可能會把薛西弗斯想成一個不幸的可憐蟲，但卡繆認為，你不妨想像他是快樂的。岩石滾下山後，薛西弗斯竭盡所能的「反叛」，他否認上帝，重新將石頭推上去，他決定在這種荒謬生活中感受快樂。

如果生活是一種無法逃避的懲罰，那麼沒有什麼行為比「享受生活」要來得叛逆了。你雖然無法決定最終的命運，但你可以為自己的日子做主。無論岩石多麼沉重，記得，你可以用悲劇英雄的愉悅去面對，就像義大利作曲家羅西尼（Rossini），他逝世前留下的話語像他的音樂一樣迴響至今：「吃喝、戀愛、唱歌及消化，是《人生》這齣歌劇的四幕劇，也將如同香檳的泡沫般消失。」當我們開始享受這種毫無意義的生活，就會發生奇妙的事——荒謬也會隨之消失。

神聖解決方案

加布里埃爾．馬塞爾可能不會選擇第三個方案，而是第一個。這位法國哲學家認為，我們大可不必像卡繆那樣創造生命的意義，而是去「發現」它。信仰並非愚蠢的幻想，而是讓你的生命變得充實又有意義的途徑。

對馬塞爾而言，人難免會遇到生存意義的問題。人生就像一齣戲，你是個演員，當你問生命的意義，就像問自己在劇中扮演什麼角色，以及你的角色該做些什麼。你生存的意義取決於戲劇內容，如果《人生》這齣劇有意義，那麼你的人生就有意義。就像一齣精彩的戲劇，它的劇本跟演出也會充滿內涵。

不過問題是，生活不像演戲那樣有劇本，而是一種即興創作，就像導演指派角色給你，卻沒跟你說要怎麼演。所以「存在的意義」就是，縱使沒有劇本，你能為這齣劇貢獻什麼？因為帷幕剛升起，聚光燈已經打在你身上，觀眾都在等你做點什麼。根據馬塞爾的說法，要找到生命的意義，你必須仔細且毫無保留地審視內心。人生是我們正在走的路，我們有機會回顧並思考過去，進而發現生命的價值，並以此為依據來規劃未來。在探索的過程中，一定會遇到問題，這些問題會讓你找到自我，知道是什麼激勵著你，而你真正想要的又是什麼。

生命不僅是那些生來擁有的，也不僅是我們每日為生存所做的努力；生命是我們的經歷，更重要的是不斷尋找意義。馬塞爾在追尋意義的過程中發現，他是被另一種存在所創造出來的：「我什麼都不是，什麼都做不了，但我不僅得到了全知全能的幫助，我的境界還提升了。」我們都是來自於一種更超然的存在，沒有祂，就沒有我們。馬塞爾在找尋生命意義的過程中遇見上帝，他相信自己的尋覓已經有了答案。他承認：「只有祢真正了解我，也審判我。懷疑祢的存在對我來說不是解脫，而是毀滅。」

許多人找不到生命的意義，因為他們把「存有」與「所有」混為一談。他們沒有花時間去尋找自身的本質和存在原因，而是努力追求物質，以至於最終也被物質化。在這個時代，我們太習慣生活周遭有許多機器，以至於認為自己也是其中之一，這個想法就反映在卓別林自導自演的電影《大獨裁者》（*The Great Dictator*）。

卓別林在銀幕上沉默多年，這是他首次對著攝影機開口說話，他嚴肅的告訴我們法西斯主義的危險。在電影裡，理髮師必須偽裝成獨裁者亨克（Adenoid Hynkel，影射希特勒）才能活命，事態演變使他不得不在激動的群眾前發表征服世界的演講。不過這段感人的演說，讓人不禁想起馬塞爾的人文主義思想：

> 我們發展迅速，卻把自己給困住。機器給了我們豐盛，也讓我們充滿貪欲。我們的知識令我們憤世嫉俗，而我們的聰明才智卻又僵硬而冷漠。我們想得太多卻感受得太少。我們需要更多人性，而非機器。我們需要更多善意和溫柔，而不是小聰明……。不要屈服於那些鄙視你、奴役你、控管你的生活，或告訴你該做什麼、該想什麼、該怎麼感覺的人。你被洗腦、被畜養、被當成家畜和砲灰。不要為這些不人道的人賣命，這些機器人擁有的是機器的頭腦和機器的心智。你不是機器！不是牲畜！你是人！在你心中存有人性的愛，而非仇恨。只有那些沒有愛的人會仇恨，那些人沒有愛，也沒有人性。

有如機械，我們用「可執行的功能」來定義自己：我可以生產，可以消費，可以投票。各位不妨觀察一下，多數人在自我介紹時都會提到他們所做的事，包括他們的身分，例如老師、學生或醫生之類。如果把我們放到荒島會發生什麼事？我們又該怎麼定義自己？你的身分為何？我們不是東西或機器，我們是人，但當我們沉浸在「所有」的世界，我們會忘記本質，個體也隨之消失。

生命不只是製造或擁有物品，你的汽車、房屋、手機、甚至你的身體，都不能代表你。當然，你有軀體，但你的價值遠大於這些外在之物。有多少人淪為外在或身體的奴隸！他們浪費了生命來擁有一種夢想的外在！快點放棄「我可以擁有多少」的思考方式，成為你自己吧！生命不是「擁有」，而是「存在」。存在就是與他人共存，所以別再將他人視為「事物」，嘗試著找尋雙方的平等關係，因為在平等關係中，你不會尋求任何實質利益。生活就是能找到一個你能夠適應的群體。當我們能愛、對人真誠、對未來抱持希望，生活就有了意義。

此外，如果你被賜予了名為「信仰」的禮物，你會發現生命就是上帝。雖然祂無法用科學證明，或許是個難以描述的存在，但你可以體驗祂，你會感到充實。

自殺也是選擇

蕭沆對死亡感到著迷。雖然他的童年非常快樂，但青春期的到來使得他對生活充滿了悲觀，這種不安的罪魁禍首就是失眠：

我已經好幾個星期沒闔眼了。我意識到因為有睡眠，所以生活堪可忍受，每天早上睡醒，一段新的冒險便開始了。但失眠會破壞這種無意識狀態，讓一個人保持二十四小時清醒。……只有遺忘，生活才得以繼續。

這位羅馬尼亞哲學家認為，自殺既不瘋狂也不是錯誤，而是所有人都可以自由選擇的決定。有天蕭沆遇到一群想自殺的人，他們一小時又一小時地走了一圈又一圈，最後蕭沆告訴他，還是延遲自殺比較好，因為「不自殺的念頭簡直充滿了生命力，必須加以利用。

自殺與否的念頭會讓生活變得有趣，因為「想自殺」讓我們能重新思考我們的生活，包括我們的計畫、人際關係、希望和價值觀。自殺的可能性會讓我們更加充分利用活著的時刻。好比說，當享用最愛吃的美食時，一旦意識到這可能是最後一次品嘗，那麼這道佳餚帶給我們的感受會更加強烈。蕭沆提出一個論點：自殺是生命的最高潮，是完成個人計畫之結果。而他反對自殺的論據是：在證明自己可以走多遠，能多大程度實現自我之前就結束了自己，是一個不自然的過程。

自殺者的行為，是在一個人尚未成熟到可以接受滅絕之前，就提前進行的舉動。一個人為什麼想結束生命？這件事其實不難理解。但為什麼不選擇在生命發展最有利、最高潮的時候再結束？自殺之所以可怕，是因為它們沒有在適當的時機進行，因為它們破壞了命運，而不是為命運加冕。我們必須像園丁那樣好好看顧我們親手栽植的結局，讓結局在生命中發芽、開花。

現代人普遍缺乏對自殺的內在文化和結局美學的理解：沒有人按照應該的樣子死掉，所有人都會因為偶然的機會而滅絕，就像自殺的新手，痛苦的死亡。因此，一旦完成人生電影，我們就應該自殺，但絕非在我們無話可說時，而是當我們尋找到一個偉大結局之際。

說到這裡，蕭沆以自殺結束自己的生命嗎？並沒有。蕭沆做的選擇完全不符合他的理想。他享年八十四歲，患有阿茲海默症，在巴黎的醫院去世。在他最後一次接受採訪時承認：「我從未工作過。我寧願當寄生蟲也不願工作。我願意承受相對的痛苦，以維護我的自由。」

哲學挑戰 07 禱告有用嗎？

Tomás de Aquino 阿奎那
Anselmo de Canterbury 安瑟莫
Jenófanes de Colofón 色諾芬尼
Fred Hoyle 佛萊德・霍伊爾
Hume 休謨
Pascal 帕斯卡
Russell 羅素
Kierkegaard 齊克果
María Zambrano 瑪麗亞・桑布拉諾
Richard Dawkins 理查・道金斯

你是否曾經用禱告來尋求力量，以克服生活困難？或許你祈求上帝幫你解決問題，也許你經常禱告。但也有可能，你覺得禱告是浪費時間，信仰只是原始社會的迷信。事實上，很多人都會禱告，如果你想加入他們的陣容，首先你必須確認上帝存在。如果你祈求的神明只是出於人類的臆想，那麼，你祈禱的效果就會像請哈利波特來幫你解決問題一樣。

阿奎那是史上最傑出的神學家，他意識到要信奉天主教有些前提，其中最重要的是「上帝存在」。所以在開始禱告前，最好先確認這個世界確實有上帝，以免浪費了時間和希望。但是，上帝的存在可以被證明嗎？信仰真的可以幫助生活更充實？宗教會讓我們變成更好、還是更糟的人？上帝是海市蜃樓嗎？理性和信仰能相容嗎？

上帝如此完美

有些哲學家試圖證明上帝的存在，由於他們的推論引起諸多爭議，因此被載入史冊。最爭議性的論點是由十一世紀的一位本篤會修士所提出，他最後成為坎特伯雷的總主教。

安瑟莫就跟所有優秀哲學家一樣，是位熱愛自由的人，他一生中諸多軼事都能證明這點。例如某次一位老師跟他抱怨說，學生懶得要命、很不好學（你有沒有覺得這種抱怨聽來很耳熟？）安瑟莫回答：「如果你在園圃種下一棵樹，並且將這棵樹用籬笆圍起來，讓它無法伸展枝枒，過陣子你就會有一棵樹枝歪七扭八、毫無用處的樹。這就是你對待學生的方式：威脅、體罰學生，還剝奪他們的自由！」

安瑟莫是最早反對奴隸制度的人之一。另一件軼事是這樣的：某天，他看到一個男孩將鳥的腳用絲線纏住，反覆逗弄鳥兒飛起，緊接著又扯回線繩，捉弄那隻鳥。安瑟莫毫不猶豫地過去把線給剪了：「鳥兒飛走了，男孩哭了，父親高興了！」

現在我們先來看看這位本篤會修士如何證明上帝的存在。這個論點在幾世紀之後被康德命名為「**本體論論證**」。每次我在課堂提到它，我的學生都以為我馬上會從黑色禮帽變出一隻兔子，因為這名字聽來就像下一秒會出現什麼意料之外的厲害把戲。你準備好看我變出兔子了嗎？

我引用笛卡爾對此論點的看法，因為他說的最簡明：「上帝存在的概念，就是『完美存在』的概念。如果上帝不存在，這個概念將失去重要關鍵，以至於再也不完美。因此，上帝必須存在，才能成就完美。」就像看到一個三角形，我們會知道內角和是一百八十度。一想到上帝，我們就直覺祂應該存在……啊哈！你現在明白這個論述有多大爭議了吧？

有些哲學家支持這個論證，但也有哲學家覺得這明顯是謬論。無論如何，就算這個論述正確，也無法證明真正存在的上帝就是安瑟莫所信仰的那一位。因此，我要求學生練習以下步驟：

- 首先，創造一個神。
- 在祂的屬性中加上「完美」。

- 用本體論論證，來證明你創造的上帝真的存在。

當你做完練習，你會得出與色諾芬尼相同的結論。**色諾芬尼**這位希臘哲學家在周遊列國、經歷了不同文化之後寫道：

衣索比亞人的神有著黑皮膚與塌鼻子；色雷斯人說他們的神有藍眼珠和紅頭髮。牛、馬和獅子如果生有人類的手，能夠繪畫和創造藝術，那麼一定會把神畫成牛或馬的模樣；牠們會按照自己的形象創造出神聖的形式——每個都是依據自己的樣子。

因為你存在

阿奎那不贊同安瑟莫的論證，他提出五項證據來證明他的觀點：「我們在宇宙中感受到的某些影響，是只有上帝才能做到的。」他請我們思考一個道理：「世上沒有任何事物，是自身的導因。」每個存在都是由另一個原因所引起，這個原因也是由別的因素所造成，如此無限循環。

舉例來說，你這個人，並不是你在某個良辰吉日說「我想存在」，就出現在這個世界上。你的存在是由你父母所賦予，而你父母，是因為祖父母才得以存在。依此類推，回溯到萬物的起點，我們會遇到一個一切存在的最初成因，它是一切的起點，沒有導因。如果宇宙存在，那麼創造宇宙的人也一定存在，就像一幅畫不可能自我繪製，一定是畫家畫的。鏘鏘！有沒有眼花撩亂，感覺兔子要從帽子中跳出來了？阿奎那這套被稱作「五路論證」的問題在於，該論述是基於如今已過時的物理和宇宙觀。

精密設計師

許多虔誠信徒以類似阿奎那的論述來說明為什麼上帝存在。他們認為，宇宙和生物的某些特徵，以「有智慧」這個原因來解釋較合理，而非以「自然形成」之類的隨機過程來解釋。也就是說，宇宙萬物一定是經過設計而成的。

英國天體物理學家霍伊爾計算過，地球上存在生物的概率是一百零四萬分之一，也就是說，地球上的生命是偶然出現的可能性，正如龍捲風捲過垃圾場，結果組裝起一台波音七四七噴射機那樣渺茫。大家熟知的生命是由至少兩千種不同的酶所組成，請問，隨機的力量如何結合正確的化學元素來建構這些酶？

上帝存在的另一個證明，就是我們的雙眼，雙眼有如高度複雜又美妙的相機，絕非偶然形成的。眼睛就像最高品質的望遠鏡，有鏡頭、可以調焦距，還會依據光線調整進光量，就連特斯拉這類最傑出的工程師也無法做到如此複雜而細緻。而眼睛這個奇妙工具，又怎麼可能是靠一連串突發事件偶然演化而成？所以，眼睛一定是某人設計的。毫無疑問，一定有上帝在負責宇宙中這些細緻的設計。

不過，蘇格蘭哲學家休謨從未被這種論點說服。他在爭議性極大的作品《自然宗教對話錄》中提出：即使宇宙「似乎」由上帝所設計，也無法斷定一定是上帝所創造，並得以推論「上帝存在」。這類理論都是基於「類推」，也就是將兩種不同事物放在一起做比較，指出它們的相似之處，並得出「所以甲的特徵，乙一定也有」這種結論。因為兩者中若有一個或多個相似之處，那麼肯定會有更多相似之處。舉個類推的例子：

- 當我們給大猩猩注射腎上腺素，牠的心律會增加。
- 大猩猩的循環系統跟人類相似。
- 因此，腎上腺素很有可能會提高人類的心率。

上述例子中，我們比較了兩個案例（大猩猩和人類）的經驗數據。但休謨發現了問題：所謂「智慧的創造者」的觀察案例為零。也就是說，大猩猩我們倒是看了不少，尤其是鄰居在聚會的時候，但就目前所知，沒有人見過上帝，因此這種比較並不適用。

跟上帝玩撲克

法國哲學家兼數學家帕斯卡是名符其實的「賭神」，每賭必贏。他對數學最重要的貢獻就是概率論的研究。而他會研究概率論，就是想逢賭必勝，而非讓高中生在考試中解決與生活無關的荒謬問題。帕斯卡是如此熱愛賭博，以至於面臨「上帝存在與否」的問題時，就像面臨了一場賭局。

想像一下，你在賭場擺出一副詹姆士．龐德的樣子，一手拿著純馬丁尼，另一手握著籌碼。在你面前有個類似法國輪盤的賭具，但你不是賭黑或紅，而是賭上帝存在或不存在。帕斯卡的出發點是，反正你沒辦法事先知道上帝是否存在——就像你沒辦法在球賽前猜出今天皇家馬德里對巴塞隆納誰會贏——在你兩腿一伸之前，你也不會知道贏的是「無神論隊」還是「信徒隊」。因此，你只有百分之五十的機率猜對。不過你也不用瞎賭，因為仔細分析各種可能性，你會發現某個選擇更有利：

- 如果你押「上帝存在」但賭錯了，那麼你死後不會有任何收益或損失。事實上，很可能你連自己輸了都不知道。
- 如果你押「上帝存在」而賭對了，那麼你就中大獎了！因為你會在天堂享受生活、忘卻痛苦，而且不用繳稅[8]。

- 如果你押「上帝不存在」而賭對了，實際上也不會得到什麼，甚至你不會知道自己贏了。別忘了如果有什麼東西是可以確定的，那就是，無神論者不相信有天堂。
- 如果你押「上帝不存在」卻賭錯了，那麼你將在地獄遭受酷刑，一個被英國哲學家羅素定義為「警察是德國人、駕駛是法國人，而廚師是英國人」的地方。

如果你智商在線，你應該會得到「無神論比較划不來」的結論。帕斯卡知道去彌撒、佈施或遵守教會規範其實挺麻煩的，但這是他能做的最好投資，因為損失很少，收益卻很多。

帕斯卡甚至不用死後才能驗證自己有沒有押對邊，因為他過世之後被人發現衣服上縫著記載他奇妙經歷的羊皮紙，上頭寫著：一六五四年某晚，他感受到了異像，他遇見上帝，也因此發現「哲學家的上帝」和「信仰的上帝」完全不同，因為要接觸上帝不是透過理性，而是透過心靈。你不能把上帝當作數學定理來證明，而是要去感受祂。《舊約》的上帝是權力之神，《新約》的上帝很慈愛，而哲學家的上帝，是用理性思考發現的概念，就像數學推論的最終結論。

茶壺理論

在擂臺另一邊，有一群認為「不可能證明上帝存在」的哲學家。這支隊伍中脫穎而出的就是身穿藍色劍橋搏擊短褲的無神論隊長、哲學家、作家和數學家，還得過諾貝爾文學獎的羅素！一九五二年，一家雜誌委託羅素發表文章，闡述「上帝存在」的觀點。文章中，他提出了所謂的「茶壺理論」。當然這篇文章最後沒有順利發表，你讀下去就知道為什麼：

如果我說，地球和火星之間有個瓷製茶壺，以橢圓軌道繞太陽公轉，只要謹慎地補充說明，這茶壺實在太小，即使用最高階的望遠鏡也看不到它，那麼，就沒人可以證明我的講法是錯的。但如果我又聲明：既然我的論點不能被證實是錯的，那麼，有人對茶壺的存在提出懷疑，我實在無法接受，那麼，我可能會被看作胡說八道。但是，假設這個茶壺的存在被古籍文獻所支持，並在每個週日以神聖真理的形式教導給大眾，灌輸到孩童的心中，那麼，懷疑茶壺存在的人就會被當作反常，懷疑者在啟蒙時代會受到精神科醫師的關切，在更早的時代，則會被視為異端而受到審判。

上帝是透過宗教代代相傳的集體精神分裂症產物，而且，不該由無神論者來反駁祂的存在。相

8 作者注：帕斯卡的論點受到諸多批評，其中最合乎情理的是指出他命題中第二條前提僅假設了天主教上帝的存在，他「忘記」有其他宗教的神佛，以至於每多算一個宗教，賭對的機會就會遞減。如果我們真的想贏得這場賭注，是不是得星期五去清真寺，星期六去猶太會堂，星期天去彌撒之類的。還有另一個要解決的問題：當兩個宗教規範相互牴觸時該怎麼辦？猶太人進入會堂時會遮住頭臉，基督徒則相反。祈禱也會讓人頭痛：要召喚哪位神祇？我們該只賭一個宗教，還是向所有神明祈禱，以防萬一？

反的，應該是信徒們有責任去證明自己的主張。如果今天有人主張精怪和小仙女真實存在，那麼他們就有義務提供證據。如果他們覺得找證據很麻煩，並且把責任推給你說，「你應該要去證明它們不存在！」那麼，你必須讓這些人明白他們正在使用扭曲和操縱性的論述。請記得，聲稱者有義務證明自己的主張。

非理性認知

丹麥哲學家**齊克果**同意羅素的觀點，也就是沒有理由相信上帝；但對他來說，這正是他成為正宗信徒的關鍵。信仰本就是種非理性經歷，無法靠理性去認知，只能靠感受和融入。信仰是種激情，如果你能用感官或透過理性來證明上帝存在，那就不叫「信仰」了，你只有「證據」。有信仰並不是指相信永生，而是指相信一些荒謬的事。信仰將我們帶到懸崖邊，請我們往下跳。

在電影《聖戰奇兵》（*Indiana Jones and the Last Crusade*）中，印第安納．瓊斯這位考古學家必須通過一系列的試煉才能獲得聖杯，挽救父親的性命。其中一項考驗就是讓他站在懸崖前，一本舊書指出他必須做出「信仰之躍」，才能跨越懸崖。當你抬腳邁進，你會碰到堅實的地面，看似虛空的地方竟然出現一條通往救贖的道路。

對齊克果而言，雖然信仰毫無道理，卻能賦予生命意義。信仰是活著的理由。成為一名信徒，不但會讓生活感到充實，還會產生一種缺乏信仰者所不瞭解的力量。齊克果會這麼告訴你：你必須找尋一個對你來說真實的真理，可以為之生存和死亡的意念。

電影《人神之間》（*Des hommes et des dieux*）就講述了熙篤會修士的生活。一群修士住在馬格里布的山區小村落，與穆斯林村民和平共處。後來阿爾及利亞內戰爆發，軍隊面臨基進派不斷襲擊，在無法保證修士安全的情況下，只好請這些修士盡快逃離。結果，修士重申他們對人民的承諾，決定接受命運。這部戲有個場景，表現了齊克果對信仰的看法：村里一個十來歲的女孩去找修士，請教他們關於愛情的問題：

「你怎麼知道自己真的戀愛了？」年輕女孩問。

「你的內心會很激動！」老修士答，「愛情會讓一切失去控制，心臟會狂跳。而且有一種吸引力、一種欲望……那是非常美麗的感受。妳不需要問太多，它就會出現。妳原本很正常，突然間幸福來了，希望來了，有很多事都會發生。總之，這會令妳慌亂，非常慌亂，尤其是第一次發生的時候。」

「哦？那你戀愛過嗎？」

「有啊，好幾次！直到我遇見了另一種愛，更偉大的愛，所以我接受了這種愛的召喚。已經多少年了？我猜六十年有了吧。」

詩意的理由

西班牙哲學家**桑布拉諾**每天祈禱，她覺得思想和信仰並不矛盾。她認為人類的某些部分是科學理性所無法解釋的，如果我們要完全了解自身的本質，就必須將自己沉浸於靈魂之中。要完成通往心靈深處的旅程，還有另一種原因，桑布拉諾稱之為「詩意的理由」。人類不只是可以用生物和歷史來解讀的對象，詩也可以解釋人類：一首詩可以像科學理論一樣有力的定義我們。理性與詩並非無法相容，因為人類不是只有單一維度，不但有身體和理性，同時也具備精神層面。

事實上，「神聖」是一種人類必需品，不過得從更廣泛的意義去理解，而非簡化成某特定宗教的神明。如果你想自我實現，就得發展全方面的維度，包括精神層面。人生就是一個計畫，我們只能憑信念來完成它：人類需要上帝，沒有祂，我們無法完全實現自我。理性與信仰是相輔相成的。哲學之所以能通往上帝，是因為它會讓我們自問有關上帝的問題。而在尋求答案時，透過哲學，我們能夠從內心發現每個生命中所包容的上帝。

集體精神錯亂

演化生物學家**道金斯**在二〇〇六年發表了一部名為《上帝錯覺》的著作，公開聲稱自己是無神論者，並在書中指出「相信上帝跟相信地精一樣不合理，而且，宗教是人類最大罪惡的根源。」在這本引起爭議的著作中，他透過序言邀請你從封閉的櫃子走出來：

我懷疑——好啦，其實我確信——很多人都是遵循著教義長大，不是這種，就是另一種，而且不怎麼滿意。他們其實不相信，或對打著宗教名義的惡行感到擔憂。這些人有種模糊的衝動，他們不想跟隨父母的信仰，很想放棄，只是他們沒有意識到真的可以選擇放棄。如果你也是這樣的人，那麼這本書很適合你，因為這本書的目的就是喚醒一種意識：成為無神論者是個可以實現的願望。這麼做不但勇敢，而且光榮。你可以成為一個快樂、平衡、道德和智力都滿足的無神論者。

當一個人有妄想症，我們稱之為「精神錯亂」；但當許多人都有同樣症狀，我們稱之為「宗教」。道金斯將「相信上帝」看作一個科學假設，並且分析這個假設。他提出的第一個觀點是：無神論者沒必要提出上帝不存在之證明，反而應該由信徒來提出上帝存在的證據。好比說，如果你聲稱小仙女真實存在，那麼你必須提出證明。有什麼證據能證明上帝存在？沒有。然而，這個議題也不適用於不可知論，因為想像以下論點：因為沒有證據顯示牙仙子存在，所以結論就是，牙仙子可能存在，也可能不存在，信不信是個人的選擇。

科學理論讓「上帝存在與否」的假設顯得越來越沒有必要。例如某人主張自然選擇的進化論，那麼，無須任何「創造者」，就能夠解釋地球生命的起源。而宗教，除了是錯誤假設，也是嚴重的罪惡根源，衍生出狂熱、恐同、大沙文主義、排斥科學等弊端。此外，美國曾用《聖經》為奴隸制度站台，聲稱非洲人民是含姆（挪亞受詛咒的兒子）的後裔，因為《創世記》記載，含姆無意間看到父親喝醉酒而裸體，跑出去告訴他的姊妹，挪亞知道後就詛咒含姆和其後代日後將成為挪亞兒子和其後代的奴隸。就因為這個故事，歐洲人便覺得屠殺、奴役非洲人是完全合法的。

所以，別再祈禱了！停止這種集體瘋狂，開啟你完全快樂（或不快樂）的真實生活吧。

#哲學挑戰 08 毒品很糟嗎？

Aristipo 阿瑞斯提普斯
Epicuro 伊比鳩魯
Escohotado 埃斯科泰多

終於等到星期五！整個週末你可以忘掉義務，只要想著如何愉快過週末，你已經受夠責任和工作了。你換上最帥的衣服，像電影《週末夜狂熱》（*Saturday Night Fever*）中的約翰．屈伏塔那樣走出家門，你唯一的責任是享受！你跟朋友待在酒吧，聽音樂忘卻煩惱，專注於此刻。你感到興奮而活力充沛，你只想釋放本能，喝完酒跳舞，跳完舞喝酒。當你陪朋友去廁所，剩下你們兩個獨處時，他問你要不要來點特別的，還向你保證吃了你會**非常**愉快，絕對是難得的體驗。

你該怎麼辦？吃藥的樂趣值得嗎？所有的快樂都一樣嗎？有些樂趣不適合我們嗎？如果有，為什麼不適合？你又怎麼知道哪些快樂適合自己，哪些快樂不適合自己？生活中有比快樂還要重要的事嗎？所有的痛苦都是不好的？如果你不確定這些問題的答案，或者不知道該怎麼做，讓我介紹你幾位哲學家，聽聽他們能給你什麼明智的建議。

妓院中的哲學

阿瑞斯提普斯是蘇格拉底的學生（蘇格拉底可是很多大師的老師！）蘇格拉底說，「我們必須在生活中追求幸福」，阿瑞斯提普斯覺得，獲得幸福最快的方法，不就是**快樂**[9]嗎？於是他不努力思考快樂的定義，反而努力去追求快樂。有些人一提到哲學家馬上會聯想到陌生、嚴肅或無趣的形象，那真是大錯特錯！阿瑞斯提普斯是個會唱歌跳舞、大啖美食、酒興甚高，也會談戀愛的哲學家。他告訴我們，如果生命有什麼是值得這樣走一遭的，那就是享受這一生中所擁有的快樂。

對阿瑞斯提普斯而言，為了將來過得更好而放棄眼前的享樂，根本就是錯誤的。不是有句話說「一鳥在手，勝過百鳥在林」？握在手中的快樂當然勝過捉摸不定的未來。整個週末待在家念書，就為了將來**有希望**能找到好工作？誰能保證你想像的未來會實現？萬一明天你的生活就發生了翻天覆地的變化呢？好比說，有些人在一夜之間發現自己得了癌症，你為什麼覺得那不會發生在你身上？想像一下，體檢過後醫生告訴你，你只剩下幾個月壽命，這樣你還會待在家讀書嗎？生命比你想像的更稍縱即逝，死後的我們就只有永眠一途。所以，不要把時間浪費在讓你痛苦的人事物，就像「瑪卡蓮娜」（Macarena）唱的，「讓身體快樂，是每個人的天賦。」

阿瑞斯提普斯同時也是個揮霍無度的人，一有錢立刻花在吃吃喝喝跟其他「好東西」上；他常跑去權貴人家享受他們的財富。有次某個暴君在宴會後讓他選個美女帶走，以便他在家也可以享受肉體的樂趣，不料阿瑞斯提普斯竟說服暴君說，他無法在這些美女之間取捨，於是他一口氣帶走了三個美女！不過到了家門口，他還是放那三位美女自由了。

曾有人問他從哲學中學到了什麼，他回答：「學到能不帶偏見地對待每個人。」最能展現他思想的是一件事：據說，他的一個弟子抓到他走進妓院，釀成軒然大波！各位想想，如果你是那個弟子，看到自己的哲學老師跑進妓院，你是什麼反應？而阿瑞斯提普斯對「不道德」指控如此回應：

「**進去沒什麼不好，不好的是進去了卻出不來！**」

享樂無罪，譴責享樂的道德觀簡直是虛偽！沒有哪種樂趣是不對的，不對的是變成樂趣的奴隸。例如說，喝酒並非壞事，但如果你因此酒精上癮，情況就不同了。你不該讓任何事物駕馭你的自由，就算那東西會讓你感受強烈的樂趣，或者你有多麼想嘗試。享受你的身體和靈魂，但要有清醒的意識，只有能夠掌控的樂趣，你才能享受它。如果像賭徒或酒鬼那樣被某種樂趣所控制，那麼就拒絕吧！

如果阿瑞斯提普斯看過《猜火車》（*Trainspotting*）這部電影，他一定會對主角享受毒品的方式嗤之以鼻。影片開頭就是主角一邊躲警察，一邊唸出經典台詞：

9 譯注：此處「快樂」指的是placer（pleasure）。翻譯成「享樂主義」或許比較貼切，但多半有些墮落的貶意，如享受美食、美酒、好好睡覺等感官欲求方面的滿足。

選擇生活，選擇工作，選擇事業，選擇家庭，選他媽的大電視機。選洗衣機、車子、雷射音響和電動開罐器。選擇保健、低膽固醇和牙科保險，選擇固定利率貸款，選擇低價房，選擇朋友。選擇運動服跟能搭配的運動提袋。選擇用分期來買各種他媽的材質做的西裝。選擇DIY，星期天早上自問「他媽的你是誰」。選擇坐在爛沙發，一邊看電視上讓人腦子遲鈍靈魂稀巴爛的比賽，一邊往自己的嘴狂塞他媽的垃圾食物。選擇腐爛的老去，在寒酸的養老院大小便失禁，成為你生出來要代替你的自私爛屁孩的負擔。選擇未來。選擇生活。但我幹嘛要這樣做？我選擇了不選擇生活。我選了別的東西，而理由……沒有理由。有了海洛因誰還需要理由。

阿瑞斯提普斯拒絕這種生活方式。因為電影主角完全被海洛因奴役，走上自我毀滅的道路；毒品已經剝奪他們的自由了。如果你想吸毒，一定要自由、自覺和深思熟慮之後再行動，在不清楚對身體和思想會造成什麼樣的後果之前，切勿這樣做。也不要為了人際壓力，或想融入團體而吸毒，你是自由的，一旦失去自由，你將永遠無法享受美妙又令人悸動的生活。

花園哲學

如果伊比鳩魯也在當時的廁所，他會告訴你一些重要的事。這位希臘哲學家生活簡樸，一點都不奢侈，他覺得生命真正需要的是和平與安寧。對他而言，幸福就是達到被大家公認「他過得太爽了吧！」的狀態。

伊比鳩魯出生於希臘薩摩斯島，他的運氣不怎麼樣，家中窮苦，身體也不好。照理說他可能會對生命感到憤怒，但他讓我們了解到，**就算置身苦難中，也能感到快樂**。他在雅典郊區建立了一個社群，因為他的房子裡有個小庭園，使得伊比鳩魯的追隨者被稱作「花園學派」。在那個房子裡，他們過著平靜簡樸的生活。大多時候伊比鳩魯學派的人只吃麵包和喝水。他們學會對小事滿足，因為他們相信快樂最大的來源不在於奢侈品，而是友誼。與朋友交談所帶來的快樂是無可比擬的。咦？我們不是在講毒品？不用擔心，就快說到了。

如果伊比鳩魯走進廁所，他會給你上一堂「真正的快樂」的課。他會向你解釋，雖然快樂是一生中最寶貴的財富，也是應該追求的目標，但並非所有快樂都是純粹的：有些會帶來一定的痛苦。在嘗試吸毒前，你要知道快樂有兩種：動態和靜態。所謂動態，就是當我們某些需要和欲望被滿足時的體驗，例如各種形式的性愛就是很好的例子。而靜態，則是一種不憂慮不痛苦時鬆了一口氣的那種感覺。如果你有過偏頭痛，當頭痛緩解時那種無與倫比的舒適感，就是伊比鳩魯所說的快樂。

同樣的，當我們想辦法解決困擾和問題，就會湧來一陣「心靈平靜的快樂」。還有什麼比得上減輕負擔的快感？所以下次你晚回家，你媽罵你都不接電話害她擔心得要命，你可以跟她說，你這麼做，都是為了使她感受到這種平和的快樂，想讓她感覺非常幸福！因為剛才她很擔心，現在已經不再擔憂了，這就是幸福！好兒子就是要讓父母感到幸福，不是嗎？

好啦，我們先暫停你媽的話題，回到主題。伊比鳩魯會建議你在做決定時要考慮到靜態比動態快樂程度要高得多。記得，你該要追求的目標是沒有痛苦，而不只是獲得樂趣。所以，如果這件事在將來會為你帶來苦難，那就不要選擇眼前的快樂。天真的靈魂啊，別去吸毒！無論毒品會為你帶來多麼強烈的快感，它都不值得，因為它同樣會危害你原本健康和平衡的身體。

如果你想成為伊比鳩魯的弟子，你就該深思熟慮，而非盲目屈服於眼前的欲望，因為那是野獸、而不是人類的行為。當「現在的快樂」扣除「未來的痛苦」餘額為「正數」，才值得你去享受。離開廁所吧！享受生活的樂趣，學會區分什麼值得而什麼不值得，並且以培養友誼為優先。不過，那些邀你吸毒的朋友可不能算在內。

鴉片館哲學

安東尼奧．**埃斯科泰多**是最了解毒品的哲學家，不過他比較喜歡稱毒品為「藥物」。他出版了一本指南，除了從化學、歷史、社會學等科學角度分析每種物質，還講述了他自己對每種藥物的親身體驗。對這位思想家而言，毒品是一種文化產物，毒品的知識也很正面。不過他對藥物的研究還是讓他三度遭受逮捕，而且在一定程度上引起了不良的社會輿論。他在八零年代被指控販毒並被判處兩年徒刑，而他利用了這兩年的牢獄之災完成了《藥物通史》（*Historia general de las drogas*）一書，使他成為毒品的世界權威。

這位備受爭議的哲學家一直主張毒品合法化。因為這些方面的研究證明，某時代被認為是藥物的東西，可能在另一個時代就成了非法毒品。與毒品的戰爭是場對抗快感的拉鋸戰。埃斯科泰多告訴我們，公元前六世紀，希波克拉底（就是現代醫生行醫前宣誓的倫理規範《希波克拉底誓言》的那一位）就曾提出「時不時喝個酩酊大醉、沉迷於性交」的建議（真可惜現代醫療保險不給付這種治療！）甚至還開了鴉片這種處方來治療歇斯底里症。

對古代的醫生來說，藥物不分好壞，而是考慮適不適用於個人體質和症狀。埃斯科泰多建議我們恢復古希臘羅馬時代對藥品的態度，他支持「清醒的醉」，這樣可以讓你享受、但不犯蠢。也不要把「禁酒」與「清醒」畫上等號，前者是不喝酒以免失去理智，而我們要學會的是，就算要喝，也能保持理智。

毒品一直以來都存在，也會在歷史上繼續存在。用法律禁令並不能阻止人們吸毒，而且對年輕人來說，向法律挑戰，就像是一種邁向成熟的儀式！取締毒品只會造成更多非理性的消費摻假藥物，我們應該鼓勵的是品質較純的理性使用。

哲學挑戰09 當個怪咖，還是普通人？

Diógenes	第歐根尼
Hiparquía	伊比鳩魯
Descartes	笛卡爾
Foucault	傅柯

「怪咖」一詞的英文為「freak」，很早就融入西班牙語的日常字彙之中。我們會用這個詞來指涉一些奇裝異服、不尋常、異類或怪誕的人，也就是具有與眾不同的行為、穿著或愛好的人。

假設你喜歡動漫、K-pop 跟 cosplay，想像一下你生日時朋友送你一套你最愛的漫畫角色服。你穿上它，站在鏡子前開心的不得了，覺得自己美得冒泡！不幸的是你隔天要上課，起床後看到那套你超級喜歡的衣服掛在椅背，心中有股衝動，很想著穿著它去學校。但另一個聲音告訴你：「理智點，千萬別穿那種衣服去上課！」你該怎麼做？你會遵循或違反社會規範？你想成為「正常」還是「真實」的人？它值得你被貼上「怪咖」標籤嗎？你準備好承擔「社交死亡」的風險嗎？

學習挑釁

歷史上有個人完全不在意他人眼光和評論，那就是錫諾普的**第歐根尼**。如果你繼續讀下去，你就會明白為什麼有一種疾病會以他的名字命名[10]。不過，第歐根尼可能跟你的想像完全相反，他可沒有在家蒐集大量垃圾，因為他連個房子都沒有。天氣好的時候，他以天為蓋、地為廬；颳風下雨時，他就躲在一個大甕裡。那個眾所皆知的症候群之所以以他名字命名，是因為患者在眾多症狀中有個跟這位哲學家相同的特徵——那就是反社會行為。他們的行為完全不在社會認可的規範內，也絲毫不在意他人對自己的看法，更不會感到羞恥。

第歐根尼會告訴你，如果你跟著社會潮流和慣例走，將永遠無法獲得快樂；如果你一直試著當個正常人，堅持融入人群，你一生都會鬱鬱寡歡。快樂的代價就是不被他人理解，這也是為什麼不被群體接受會比被群體給吞噬來得好。

與其繼續依照那些強加在你身上的生活方式，你為什麼不看看狗怎麼生活？狗雖然跟人類共同生活，卻不會按照人類的規矩，只會順從牠們的天性。牠們不會感到羞恥或愧疚，只會趨吉避凶。狗對於名聲和財富一點興趣也沒有，牠們生活簡單，物欲不高，也不覺得自己醜陋、肥胖或骯髒，

10 譯注：第歐根尼（Diógenes）或譯「戴奧吉尼斯」。「戴奧吉尼斯症候群」是一種心理疾病，患者大多為社交孤立的獨居老人，也可能發生在囤積者或罹患心理疾病的年輕人身上。他們在住處堆滿報紙、垃圾或撿拾來的廢棄物，食物往往過期腐敗，生活環境髒亂不堪。

不會像人類一樣依循他人建立的審美標準，受到他人意見的影響，更沒有社會壓力。你不想活得像牠們一樣自由自在嗎？第歐根尼就這麼做了，所以他被人諷稱為「狗」。

這位狗狗哲學家會建議你穿上最喜歡的衣服去上課，千萬不要錯過能震懾你那思想陳腐的老師和同學的好機會！如果有人因為奇裝異服而挑釁你，你就問他：你穿的不也是衣服？你不是也用服裝來扮演某個角色，以掩飾自己的本質嗎？嚇嚇你同學，讓他們反省一下虛偽的行為和雙重標準。

這位哲學家熱中破壞規矩，專跟大多數人所接受的模式和習慣作對。第歐根尼想將我們從荒謬的社會規範和束縛中解救出來，而這個過程中一定會讓他人感到不適、被冒犯或產生惱火的感覺。他並非單純想惹麻煩，而是強迫我們去面對一個事實：很多時候我們都開著自動駕駛模式，不去思考為何要這麼做。太多時候，我們覺得許多事理所當然。第歐根尼留下許多軼事示範了他的哲學思想。他沒有瘋，也不是在搞笑，而是一位以身作則的哲學家。他的軼事就像一種表演，藉由這些演出引起眾人的驚訝和衝突，讓人不得不重新思考關於行為和生活理想。

「犬儒派」[11]不是以冗長複雜的論述來證明觀點，而是乾脆挑起事端！他們會用荒唐的作為吸引注意，粉碎偏見，邀請別人改變生活。這個學派藉由諷刺來嘲笑人們的惡習、愚蠢和不足。在他們眼中，這個社會很虛偽。好比說，多數人會偷偷自慰，卻不忘譴責那些公開承認自己「打手槍」的人。此外，人們也會掩飾吃吃喝喝的欲望，其實這些需求自然得不得了，根本不需為此感到罪惡。就像我們會聚在一起用餐，享受美食，也藉由這些機會與人分享經驗和樂趣。事實上，食欲和性欲有何區別？這兩種需求不是一樣自然嗎？為什麼要躲起來才能滿足？性並非罪惡，自慰也不應被認為是不正當的事。

犬儒派認為，大家應該為別的事感到羞恥，例如眾目睽睽之下撒謊、侮辱、批評、吹牛、作弊、眼高於頂、做事不經大腦或盲目跟風，而非自然的生理需求。所以第歐根尼在雅典的阿哥拉[12]（雅典民主和哲學聖地）在眾人面前公開自慰——他不用言語說明，而是用行動演示哲學！當他「動手」示範時，在場民眾震驚不已，紛紛指責他的行為。這位犬儒哲學家這樣回答：「用這種方式來消除性欲，和按摩胃可以消除飢餓一樣，簡單解決了影響許多人的重大惡行」。第歐根尼打破社會禁忌，捍衛「自慰是自然無罪」的觀點，非常值得欽佩。

據說某天早晨，他在炙熱的太陽底下手拿一盞燈穿過雅典街道，大喊著「我找人！」透過這個行為，他教會我們兩件事：第一，就算是光天化日，我們也需要被照亮，因為我們被嫉妒、名望、財富和榮譽給蒙蔽了雙眼，導致道德失明，無法看到真正重要的事物。第二，我們根本不需遵循任何理想模式，你何必努力成為別人希望你成為的樣子？

還有另一個故事是這樣的。有一天，亞歷山大大帝希望能結識他。這位皇帝找到第歐根尼時，

---

11 譯注：cínico，原意為「犬儒主義」，後衍生為「憤世嫉俗的、無恥」等意思。

12 譯注：阿哥拉原意為「市集」，通常為處於城市中心的露天廣場。民眾在此聚集進行商業交易，同時也是談論政治、談論哲學以及相互結識的場所。

他正躺著曬太陽。皇帝問他，「我能為您做些什麼？」他說：「站到一邊去，你擋到我的陽光了！」亞歷山大理解這位哲學家的意思，那就是，幸福在於自給自足的自由，我們不該把幸福交付於他人手上，而應該學會以自己的方式感到滿足。當皇帝身邊的臣子辱罵這位哲學家大不敬的態度，亞歷山大卻說，「如果我不是亞歷山大，我願意成為第歐根尼。」又有一天，亞歷山大看到第歐根尼饒有興味地檢視一堆人骨，便問他在做什麼。哲學家說，「我在找你父親的骨頭，可是我分不出來它跟奴隸的骨頭有何不同！」一個人必須非常自由，才能用這種方式跟帝王說話，順便教他如何謙卑。

第歐根尼問了許多問題，而他的「哲學行動」也對左鄰右舍造成不少困擾，因為他這種「無差別攻擊」可是一個人都沒放過！不過他的同胞最後還是對他產生了感情。他去世後，居民在他的墓碑上刻了一條狗，雖然這隻狗生前動不動就狂吠，但最終成為大家忠誠而無法割捨的夥伴。

喜劇電影《神奇大隊長》（*Captain Fantastic*）中講述一個憤世嫉俗的家庭如何在不依附依資本主義的制度下生存。主角凱希的家庭將他們的信念置於社會價值和規範之上。班和萊斯利這對父母決定在美國一個偏遠的森林建立家庭，他們放棄了現代生活的舒適，讓六個子女在大自然中長大，教育他們自給自足和批判性思考。他們甚至與美國社會的傳統背道而馳，例如他們會慶祝「諾姆・杭士基日」，而非聖誕節，因為杭士基這位活耀的美國語言學、哲學和政治學家對人類的貢獻，遠多於拿撒勒的耶穌。

女權犬儒

希帕嘉也是犬儒派哲學家，她同樣把個人自由置於社會習俗之上。她來自富裕家庭，但她寧可放棄一切來追求犬儒的生活方式。希帕嘉是個叛逆女子，她看不慣當時的大男人主義。當時女人是不能接觸哲學的，好女人應當守在家中織布帶孩子，至於市集或宴會等談論哲學的地方，女人都不適合去，而希帕嘉偏要經常光顧。

在某個宴會中，參加者包括了到典雅旅遊的無神論者西奧多羅斯（Teodoro el ateo）。西奧多羅斯對一個「男性場合」怎麼可以出現女人一事感到非常不滿。孰料，他在一場完美的演講之後更加生氣了，因為希帕嘉給了他一記重擊，讓他知道她比在場男性更善於辯論。西奧多羅斯氣得叫希帕嘉放棄哲學，滾回家織布。希帕嘉反問：「所以比起哲學，你更喜歡織布囉！」西奧多羅斯詞窮之餘竟將希帕嘉的衣服扯了下來，讓她在眾人面前蒙羞。但希帕嘉絲毫面不改色，畢竟犬儒派認為裸體是很自然的事，她才不會害羞呢！結果，西奧多羅斯再次在女犬儒面前自取其辱。

希帕嘉對習俗如此嗤之以鼻，以至於常常興致一來就隨時隨地跟愛人發生性行為（在光天化日下的公開場合！）這位哲學家認為，你應該遵循本能，在身體渴望做愛時，就做愛。就像我母親（她也是一位善良犬儒）也說，「你得滿足身體的需求。餓了就吃，渴了就喝，想休息就睡；身體想工作……但還是要有分寸，不可以太縱容身體喔！」總之，希帕嘉透過她的生活方式以及對性的態度告訴我們，如果你只會乖乖跟著潮流或習俗走，那是絕不可能快樂的。

你知道如果希帕嘉不叛逆，她的生活會怎樣嗎？根據狄摩西尼的說法，古希臘女性只有三條路可走：妓女、情人或妻子。妓女用來享樂，情人用來照護，妻子則是為了有合法的下一代忠實地守護家庭。因為古希臘是父權社會，女性被排除在公共生活之外，如果希帕嘉是個「好女人」，她會嫁給某人，被關在房裡只能養育孩子跟織布。希帕嘉扮演了原本屬於男性的角色，用她的哲學為男權社會帶來了一場革命。

如果這位犬儒女哲學家都不介意宴會上在一群男性面前裸體，你可以想像，她對你穿奇裝異服去上課會有怎樣的看法了。記住，遵從社會規範習俗並不能保證獲得快樂，做你真正想做的事，把羞恥留給別人吧。

別放棄當個正常人

笛卡爾也是一個與國王一起生活的哲學家，不過他跟第歐根尼的差別在於，笛卡爾收下了國王送的禮。至於你該不該穿角色服去上課，這位法國哲學家會規勸你：如果說他一生中學到了什麼，那就是做人要審時度勢，別陷入不必要的麻煩。最好不要引起他人注意，低調做人，這樣別人就不會找你碴，你也不會白白受苦。

笛卡兒對社會生活的建議可以概括為三個詞：慎重、恆心、自我控制。你最好一直遵循明智的生活方式和意見，即使內心深處不同意或理解。極端情況總是很糟糕，所以任何情況下，都要尋找正確的中間點。千萬不要質疑權威或既定秩序，這麼做不但一無所獲，還可能造成損失。無論你怎麼努力都不會改變這個世界，但你可以學會如何在這個世界生活。你可以練習不被發生的事情所影響，學會控制情緒和情感。此外，如果世界不公，那就學著與不公平共存吧。社會是一座叢林，能存活下來的人不見得最強壯，卻是最能適應環境的人。忘了愚蠢的理想主義，實際點吧！

當笛卡兒得知伽利略因為異端思想（巧的是跟他即將要出版的書觀念相同）而被宗教裁判所判刑，他馬上跑到出版社阻止自己的書送印！他認為，為了一本書而被折磨和監禁，未免也太傻了。如果讓笛卡兒在「背叛自己的思想」和「受到折磨」之間選擇，答案不言自明：如果你選擇穿上角色服接受別人揍你或笑你，那麼你就是個白癡。你必須與所有人（特別是權威人士）好好相處，才能活得平安，這才是重要的事。假設笛卡爾不得不面對宗教裁判所，那麼他一定會引用喜劇演員馬克思（Groucho Marx）的名言：「這是我的原則；但如果您不喜歡，我還有別的。」

笛卡兒四處旅行，接觸了很多文化、習俗和生活方式，他真正做到「入境隨俗」，而且做得非常徹底。他住的是歐洲最好的宮殿，用的是當時最奢華舒適的東西。總之，他建議你除非是嘉年華或你學校舉辦國際動漫日，否則千萬別穿上角色服去上課。

正常誰說了算？

為什麼在嘉年華上穿角色扮演服很正常，其他日子穿就很奇怪？法國思想家米歇爾．**傅柯**研究了「正常是誰說了算」這個議題。傅柯從小決定與眾不同，他的家人都是醫生，但這個年僅十一歲的頑固孩子竟然對他父親和祖父宣告，他不打算延續家族傳統，他要找自己的路。這個孩子不但喜歡頂嘴又個性古怪，而且事情還不只如此。

當他進入青春期，他發現自己是個同性戀。這為傅柯帶來很大的痛苦，因為他的家庭不但保守而且信仰虔誠。他父親認為同性戀是種疾病，而且是嚴重的罪行，對家族來說是奇恥大辱。在傅柯年紀很小的時候，他父親想讓他變成一名「男子漢」，就把他帶到醫院，觀看病人做腿部截肢手術——也難怪傅柯會擔心這款老爸聽到他是同性戀會怎麼反應。

當時這位年輕哲學家不知道該找誰訴苦，也不知該怎麼辦。他覺得自己不正常，跟大家不一樣，就像一個格格不入的局外人。這種有罪、有病而且是壞人的感覺越來越強烈，他甚至多次試圖自殺。最後是哲學拯救了他，尤其是尼采的作品。事實上，傅柯還把尼采的名言「成為真正的自己」作為座右銘和戰鬥口號。他的哲學教授也讓他感到備受尊重，因為他們沒有駁斥他的非傳統觀點，反而覺得他將來會是一個傑出的思想家，照亮下一代。沒錯，事實的確如此。

傅柯認為人類的生活方式在歷史中會不斷改變，不像其他物種那樣一直保持相同的生活方式。

蛇脫去的是蛇蛻，而人類脫去的卻是內在的人性。無論男女，現代人早已跟過去的人沒有相似之處了。生活方式也好，人際互動也罷，沒什麼是永恆不變的。如果有人相信「人類擁有不會改變的本質」，那麼罪魁禍首一定是像《時間管理局》、《維京傳奇》、《最後的王國》這類電視劇。這些作品都是讓現代人穿上舊時代衣服，而我們就以為古人跟現代人一樣，無論時代如何變遷，一定有某些特質定義了人類。但是，電視劇裡的角色並非真的古人，而是現代人扮演的，維京人對愛和友誼的定義也不是我們所想的那樣，他們的家庭關係也跟現代截然不同。

傅柯舉出一個讓人反思的例子。一七五七年，一個叫達密安（Damiens）的人被判處公開凌虐的死刑。當時新聞報導了整個過程，鉅細靡遺的程度堪比現代體育版的周日球況分析報導。他們先用鉗子將這位可憐犯人的皮膚撕裂，在傷口倒上硫磺、熔化的鉛和沸騰的油，再將他的四肢綁在四匹馬身上，撕裂身體。據報導，肢解時間超出了預期，因為一開始行刑用的不是挽馬，所以必須追加兩匹馬；最後因為無法扯斷神經和肌腱，還得用斧頭把剩餘的部分給砍斷。如果你想知道這場酷刑更多的細節，你可以參考《規訓與懲罰》第一章，我保證你會起雞皮疙瘩。

傅柯藉由這個可怕的歷史讓你了解到，如果你是十八世紀的巴黎人，你會認為上述景象非常正常，甚至有機會你還會去觀刑、幫劊仔手加油，讓他再殘忍一點，就像現代人去球場、酒吧看足球賽跟著吆喝那樣。換句話說，你現在無法想像的情況，在不久前的時代，可說再正常不過。

傅柯研究了我們用以區分行為「正常」和「不正常」背後的含義。他對監獄、精神病院和學校進行了深入研究，認為所謂正常與否，是由「權力」來決定的。每個時代，掌權者能決定什麼是有罪、有病或不道德。他們是怎麼做到的？他們以教育和文化手段去訓練眾人習慣某些「正常」，直到人們深信不疑並視為理所當然。至於其他不同於我們被教導的行為，則被視為離經叛道。

教育讓我們以為，人類從一開始就是以某種特定方式行事（也就是當權者所在意的方式），任何偏離模式的行為，就代表沒人性、有病、墮落，甚至是禽獸。改編自肯．克西同名小說的電影《飛越杜鵑窩》（*One Flew Over the Cuckoo's Nest*）充滿了傅柯的思想。傑克．尼克遜在劇中飾演的墨菲是個擁有自由靈魂的慣犯，他假借精神有問題在療養院「舒服」的服刑，以免除牢獄之災。他在療養院遇見了嚴厲權威的護士長拉契特。拉契特將墨菲自由的靈魂視為一種精神疾病，沒想到墨菲不斷違反醫院規定，甚至讓其他病人以他為榜樣。最後拉契特再也無法容忍，只好安排他做前額葉切除術。

傅柯認為，就如電影情節，心理學和精神病學的存在就是為了針對那些秩序破壞者，確診他們「有病」。在我們生活的紀律社會，每個人都在無意識中接受了指導。這個體制建立起一種理想的行為模式，對越服從該模式的人（也就是正常人）給予獎勵，而對偏離該模式的人（也就是不正常的人）給予懲罰。

這些制度會產生良好的社會控制力，而我們也早就被潛移默化了。當有人不遵守規則，你甚至會跳出來指責他。你腦裡有個警察隨時盯著你，如果你敢穿奇裝異服上街，他會警告你「你的服裝已經違反社會規範，你將因此受到懲罰！」而你同學（當然，他們也是制度的一員）也覺得應該懲罰你，叫你「怪咖」並嘲笑你，這樣才是正常行為。

你的選擇為何？制約他人還是被制約？當個怪咖還是正常人？爭取自由還是適應環境？愚蠢還是明智？瘋狂還是合理？

#哲學挑戰 10 可以要求別人替你選擇嗎？

Kierkegaard 齊克果
Sartre 沙特
Platón 柏拉圖
Spinoza 斯賓諾莎

如果你正在念高中，那很可能你目前最大的煩惱，是決定畢業之後要做什麼。你壓力很大，因為要在沒有足夠資訊的情況下做選擇，尤其是你不知道自己的選擇是否正確。就算這不是你的情況，也可能是其他選擇讓你睡不著覺，或者是你認識的人現在正面臨這樣的問題，而你想給他一點建議。

面對選擇不知所措而尋求他人的協助，是很正常的。有時當我們不知該怎麼做，我們可能會去找某位我們看重的人，詢問他在同樣情況下會怎麼辦。你是那種無措時會尋求協助的人嗎？你曾經給予別人建議嗎？給人建議好嗎？徵求別人意見好嗎？我們可以幫別人選擇嗎？那請別人幫我們選擇呢？如果別人聽從我的意見，我得為此負責嗎？為什麼選擇這麼難？我們害怕自由嗎？我們能逃避選擇的責任嗎？為什麼選擇讓我們這麼疲勞？

選擇焦慮

丹麥哲學家齊克果對於「為什麼害怕選擇」的解釋非常有趣。我們在前文談論跟上帝有關的話題時提過他，讓我告訴你更多關於他的生活和思想。他可是有史以來最「宅」的哲學家，在他四十二年的生命中，幾乎沒有離開過哥本哈根。

有兩件事決定了這位哲學家的思想：一件跟他父親有關，另一件則跟他女友有關。前者發生他在二十二歲的時候，對他成年後的性格影響重大，被齊克果形容為「撼動家庭的大地震」。他父親似乎承認了強暴他家的女傭。更糟心的是，他父親是在他妻子過世的守喪期強暴了這名女傭。可想而知齊克果為何如此重視「罪惡」的哲學問題。

另一件影響齊克果的事件，你可能很難理解。齊克果在即將結婚前對女友黎貞提出分手，但他可是深深愛著她！那為什麼要分手？因為這位哲學家深信自己永遠無法獲得幸福。他痛苦到了自殘的地步。黎貞要求復合，但齊克果為了說服她去找個能讓她幸福的人，竟讓她相信自己從未愛過她，還說自己是個大混蛋、「陪睡生的」。不過這一切都是偽裝，只為了讓女友遠離這段將來會痛苦的感情。齊克果這麼做，都是為了愛。

這位哲學家的決定可能讓你想起愛情片《北非諜影》（*Casablanca*）磅礴的結局。我就不透劇了，因為如果你還沒看過此片，你應該馬上闔上書本好好欣賞一下這部電影。這部片不只好看，而且堪稱經典，是上帝允許人類繼續存在的原因。

聽完齊克果的故事，你就明白為什麼他會關注「選擇焦慮」了。而這位丹麥哲學家又如何解釋必須在兩種或多種可能中做抉擇、那種喘不過氣的壓力？首先你得了解，人類是宇宙中唯一沒有本質的存在。這個世界上每個人都有一些永恆的特徵或屬性，使每個人成為他自己獨特的樣子，如果這些特徵改變了，就不是現在的樣子了。

舉例來說，三角形就是一種具有三個邊的形狀，如果改變了這個特性，就不再是三角形，而變成其他東西了。那麼你呢？你有沒有什麼特點是無法改變的？有些人會說：「我就是這樣，改不了！」真是這樣嗎？齊克果聽到這種論調一定大聲疾呼「才不是這樣！」你的自我認同尚未被定義，你每次的選擇（無論多麼微不足道）都會決定你是個什麼樣的人。試想，假如你讀大學、專科或是不繼續升學、直接進入職場，那會變得如何？但這三種選擇都不會改變你的本質，你還是你。你不像三角形，你可以有各種存在形式，問題是你不能全都經歷一遍，你必須選擇你要成為的。

所以很可惜，選擇的同時也代表了放棄。每當我們做出選擇，就算是渺小到微不足道的選擇，我們都放棄了另一種選項，放棄另一種可能的人生。有一部有趣的比利時電影《倒帶人生》（*Mr. Nobody*）中闡述了這個觀點。片中敘述有個人活到了一百二十歲，臨終前，他想像了每個抉擇所帶來的不同人生。

選擇代表了放棄，這就是你現在正經歷的苦惱，實際上，這是自由所帶來的暈眩。選擇之前，這個必須抉擇的情況讓我們感到焦慮，但選擇之後我們會經歷其他包括後悔、內疚或滿足的感覺，卻不再焦慮了。一切困擾都是來自於我們必須面對各種選項，必須做決定，而選錯可能導致浪費生命，浪費我們的存在。你可以尋求建議，但千萬不要指望別人幫你做選擇。你也可以給別人建議，但可不要幫別人做選擇。生命是自己的，自己要負責。

命定為自由

法國哲學家**尚－保羅・沙特**跟齊克果意見相同。沙特會告訴你「生命的本質就是自由，因為你沒有中止自由的自由。」因此沒有人能幫你做選擇，就算你放棄選擇，要別人來選，那也已經是你自己該負責的選擇了。只有死亡才能解脫，所以你無論做不做某件事，都是你的責任，同時，這些選擇也造就了你。舉例來說，即使你是個膽小鬼，你也應該為你的懦弱負責，因為是你在自由意志下選擇當個膽小鬼，而且你其實有別的選擇。既然是你的選擇，就別再找藉口。

為什麼要詢問他人意見？你真正的目的是什麼？推卸責任給別人嗎？你再怎樣都不能要別人為你承擔責任，因為就算你聽取別人的意見，最後要不要照做仍是你的決定。把責任推到別人頭上，是件不道德的事。

有一次，沙特的學生來到辦公室請教沙特的意見。這位年輕人正面臨困境，左右為難不知如何是好。當時法德交戰，年輕人的哥哥陣亡了，而父親則背叛國家加入了納粹軍。他一方面覺得應該加入法軍為哥哥的死報仇，也為了榮耀家族。但一旦從軍，就代表他要拋下病重的母親。該怎麼辦？他的職責是什麼？應該為國家而戰，還是好好照顧母親？沙特的建議只有兩個字：「選擇」。透過這個簡短的答案，沙特要表達的是，「你決定的不只是『怎麼做』，更重要的是決定『你的責任是什麼』」。世界上沒有任何明文規定我們該做什麼或該怎麼做，做人沒有標準答案，沒有可供參考模式，沒有通用準則適用於所有人的行為。只有你可以，也應該由你去選擇這些原則。生活就是如此：把自己塑造成一個人。

讓我們舉個例子說明沙特所謂「自由」的概念。你跟同學在上繪畫課。畫布是空白的，調色板上已經有顏料，畫筆也準備好了，但沒有指導老師，當然也沒有人給予評價，沒有參考範本，更沒有評分標準。你畫的東西不會有人打分數，你有時間限制……畫什麼？隨便你！你當然可以參考別人的作品，可是仔細想想，你會發現抄襲很荒謬，你也無法自欺欺人。總之，只有你可以選擇要在空白畫布上畫些什麼。

每當我向學生解釋沙特的概念，我會發給學生一張白紙，然後要他們在紙上寫點東西。每次我一邊發紙，一邊就會聽到學生這樣問：老師，要寫什麼？算分數嗎？寫這個要幹嘛？每次我都回答：這些問題沒有答案。然後你可以進一步想，我們所面臨的並非繪畫課或哲學課的練習，而是人生。你會因此感到焦慮嗎？放心，沙特覺得這種感覺很正常，但不要把「焦慮」和「恐懼」混為一談。

人會產生恐懼的情緒，是因為面臨了可能造成實質損害的危險。例如，你面前突然出現一頭老虎，對你擺出了攻擊姿勢，這種情況下，感到恐懼並想辦法保護自己再正常不過了。實際存在的威脅會使人恐懼（無論獅子還是數學老師），但焦慮就不見得出於具體原因，而是我們對自己的決定及後果感到害怕。當我們意識到我們是自由的，就會產生焦慮，因為我們察覺到不管是自己的現在還是未來，都只取決於自己，只能自己承擔。

你就代表全人類

假如你失敗了，就該誠實的承認起責任，不要責怪別人。焦慮雖然讓人不舒服，但其實一點也不糟，因為它使我們成為一個負責任的人。你想，孩童不會感到焦慮，只有負責任的成年人會有這種情緒。而當我們意識到沒有所謂「個人行為」，每個人的行為無論如何都會影響到他人時，責任產生的壓力就更大了。所以，別再用那些不負責的言論頂撞你父母，像什麼「這是我的人生，我愛幹啥就幹啥！」「這是我的事」或「關你什麼事！」當你選擇你的人生計畫，就等於在他人面前選擇你想成為哪一種人。有責任心的人都會自問：如果大家都做一樣的事，那會怎樣？你可別以為你的選擇是獨一無二的，還是，你認為只有你會在大塞車時行駛路肩、考試作弊、剝削員工？為什麼你會這麼以為？你有什麼特殊之處因此只有你會這麼做？

沙特認為，每當你做出決定，你就成了全人類的代表，因為一個負責任的決定必定奠基於這樣的理念：他人在同樣情況下，理應做出相同的選擇。這位哲學家告誡我們，做任何事之前應該先思考：既然我認為每個人都像我這樣行事，那麼，我有權利這麼做嗎？

只有負責任的人才會焦慮不安。例如，一個派遣部隊上戰場的將軍，他知道這些士兵可能在戰爭中陣亡，如果他對這個決定不痛不癢，就代表他不負責任。如果這位將軍要求別人幫他做決定，或像擲骰子般不經深思熟慮就把腦中的想法付諸實行，情況只會更糟。所以，不管這位將軍是否樂意，他都得在軍營中獨自思考、獨自抉擇，而戰場上發生的一切，都是他的責任。有位名叫卡馬隆（camarón）的佛朗明哥歌手就用嘹亮而滄桑的吉普賽嗓音，唱出了沙特的存在主義：

我在窗戶上看到／清晨的藍色，／非常悲傷、乾淨和金燦的藍。……／在小街上／月光照耀。／白色的牆上／有黑暗的窗，黑暗的窗。／這個古老的小廣場／就在我的村莊，我的村莊／這個給了我很多建議的地方／我總是走我的路／我不知道如何是好／給了我很多建議讓我做的很好。／然後康乃馨誕生了／我的日子很快樂，現在我有了三朵／夫復何求／我的花園裡充滿歡樂。／生活與夢想，生活與夢想／我找尋我的自由。

誰知道呢，說不定卡馬隆錯了……

生活中的蘇格拉底

柏拉圖才不同意齊克果、沙特或卡馬隆這類認為「人類沒有本質，可以自由決定想成為什麼」的觀點！對這位蘇格拉底的學生來說，人類當然有本質，只不過很多人不知道罷了。我們當然有規範，對於應該成為怎樣的人也有模範可參考，問題是，只有智者才會知道。

古希臘人認為謹慎是一種實用智慧，謹慎的人無論何時都能判斷各種狀況，審時度勢做出正確的決定。但如何才能變得謹慎？柏拉圖認為，唯有獲得更多知識，才能實現這個目標。你必須知道每次犯錯都是因為你的無知才搞砸的。應該沒有人會故意選擇錯誤吧？一定是因為這個人不知道什麼是對[13]的，最後造成對自己或他人的負面影響。如果你想獲得幸福，想做出正確決定，那你必須終其一生找尋能夠指導你行為的準則。就像物理學家得不斷找尋支配宇宙的法則，世上也存在著一種知識，能讓遵守的人活得善良又快樂。

我知道你要說什麼：你很忙沒空啦！光數學就搞得你焦頭爛額了！有沒有一支YouTube懶人包用五分鐘解釋一下……別擔心，柏拉圖有個簡單的解方：在生活中放一個賢者。你知道，世界上又不

---

13 作者注：這個理論被稱為「知即德說」，是柏拉圖的老師蘇格拉底傳授給他的想法。

是每個人都是物理學家，怎麼可能人人都謹慎？所以，如果你想做對的事，那你就該讓那些透過學習或自身經驗而獲得「謹慎的智慧」的人來指導你。

你大可不必為選擇而焦慮，把自由這個沉重負擔留給那些知道怎麼處理的人吧！你不覺得去諮詢理財顧問，讓他指導你做出投資決策，才是明智的選擇嗎？就像你會聘用稅務顧問、法律顧問和私人教練，為什麼不找個哲學家指導你的生命方向？不參考專家意見，就像把你所有積蓄拿去買股票，卻對股市運作卻一無所知。如果你真的這麼做，就等著「一路走來始終搞砸」吧！

柏拉圖會建議你看《深夜加油站遇見蘇格拉底》（*Peaceful Warrior*）這部電影。首先，主角受到他心愛的老師——蘇格拉底——的啟發。其次，這部電影強調了當我們有如色盲玩扭扭樂般迷失而茫然，身邊有個智者幫助我們找到生命的原則，是多麼重要的一件事。

這部電影講述了丹的故事。丹這個年輕人似乎是人生贏家，他在最好的大學取得優異成績，異性緣極佳，而且離奧運代表權吊環選手賽只有幾步之遙。按理說，他的生活應該很完美，但不知哪裡出了錯，他並不快樂。某天，他發生一起摩托車事故，身陷危機，在一位街頭哲家的幫助下成功走出低潮。這位由尼克．諾特扮演的人生導師沒有學位，也不是大學教授，他只是一位加油站員工，但透過諷刺的提問，他幫助丹理解了生命是什麼，以及應該做什麼決定，才能掌控自己的命運。

柏拉圖覺得，人是要有多蠢才會活得很焦慮？明明哲學家就在你家附近的加油站，或離你家最近的圖書館（我有一位親愛的老師說，當他遇到困難不知如何是好時，會去諮詢他死去的朋友。他會從書架取下一本書，紙上的墨跡將神奇地把他和一位公元前四世紀的智者思想聯結在一起。）另外最後記得：下次如果有朋友為了某件足以影響他一生的事來尋求你的意見，除非你已經是謹慎大師了，否則你該做的，就是承認你的無知，建議他去尋求智者的建議。

沒有選擇

少有人像**巴魯赫・斯賓諾莎**那樣強烈的支持思想自由。怪的是，這位荷蘭哲學家卻將該思想用以解釋「我們不是自由的，我們所有選擇都是注定好的。」他二十四歲時因為對上帝的看法而被逐出猶太會堂，甚至被猶太教會施以「天條令狀」（herem為猶太教最嚴厲的懲罰，永遠逐出教門）。有些人對這樣的處罰頗不滿意，所以某天晚上斯賓諾莎回家時遇刺了，要不是他身穿的那件厚披風救了他一命，他就一命嗚呼了。斯賓諾莎後來把那件衣服保留下來，就像士兵保留戰場上穿過的外套，為了記住自己為自由思考而犧牲掉的東西。

他信件上使用的印章也呼應了他的性格：一朵帶刺玫瑰、他姓名的縮寫，還有caute（小心）這個詞。思想自由就像美麗的玫瑰那樣吸引人，但我們必須時刻記住玫瑰是有刺的。他的思想引起劇烈的反彈，甚至有人說，「所有魔鬼派來破壞上帝作品的人之中，斯賓諾莎是最糟糕的！」但還是許多人欽佩他，追隨他的想法。有一次愛因斯坦被問到宗教信仰，他回答說：「我相信斯賓諾莎的上帝。」[14]斯賓諾莎死後，他的所有哲學都因此被認定為無神論而受到譴責。

在你自問怎麼選擇之前，應該先問問自己是否能做得到這些選項。你是否曾有一種奇怪的感覺，就是你的生命不屬於你，而有某種更高的力量在控制。真正決定你未來的，其實不是你？是否有某個人類行為法則可以推斷你的行為？我們能像物理運動那樣預測人類行為嗎？

斯賓諾莎說：「一旦人們自以為自由，他們就錯了。這麼想是因為他們意識到自己的行為，卻對造成行為的原因一無所知。」你一定（或有時候）很清楚自己要什麼，但你知道為什麼想要嗎？例如，我相信你完全知道你中意哪個女孩（或男孩），但你知道是什麼原因使你喜歡那個人、而非其他人嗎？你的另一半真的是你自己選的嗎？自由其實是種幻覺，因為我們的每個選擇都是由我們的天性所決定的。

在科幻電影《駭客任務：重裝上陣》（*The Matrix Reloaded*）中有個令人難忘的場景，說明了斯賓諾莎的想法。這個系列電影的主角尼歐與母體造物主見面了。「母體」是個控制所有現實的軟體，它能控制所有世界的枝微末節，包括思想。這位母體造物主與佛洛伊德有相似之處並非偶然，因為這位精神分析之父也同意斯賓諾莎的觀點：無意識的力量決定了行為。電影中有以下對話：

「你好，尼歐。」

「你是誰？」

「我是造物主，我創造出母體這個虛擬世界，我一直在等你。你有很多疑問，這段歷程改變了你的意識，但你仍然保有人性，因此有些答案你會了解，有些則不會。你的第一個問題也許最急迫，但你也許不知道它是最不重要的。」

「為什麼我會在這裡？」

「你的存在來自母體程式設計中，一個錯誤的方程式。你只是個異常現象，我盡一切努力都無法從這完美的數學公式中，完全消除你的存在。雖然這是無可避免的錯誤，但我早料到了，沒讓這個錯誤完全失控……至少目前為止。」

斯賓諾莎認為，我們誤以為我們是自由的，是來自於一個錯誤認知：我們以為自己是宇宙中獨立的實體。事實上只有一個實體——宇宙——它是一個和諧的整體，我們都囊括在內。從行星運行到動物行為，宇宙中所有事物都受到法則的約束。我們只是整體的一部分，與系統內的其他成員一樣都要遵循法則。人類與其他物種沒有不同，我們會產生的行為，事實上是自然透過我們在運作。

14 作者注：斯賓諾莎的上帝是什麼？就是宇宙。斯賓諾莎用*Deus sive Natura*（上帝或自然）表達了他對「神」的觀念，意思是上帝即自然。這兩者都屬於一種實體，事物只是它的表達形式，你可以依照個人喜好稱它「上帝」或「自然」。

多數人都是蠢蛋，都以為自己的行為是自由選擇的結果，其實他們根本不自由，因為他們無知、無法思考，也不能控制自身的激情。唯一可能擁有自由的只有智者，因為智者知道自己被什麼條件制約，並學會控制這些條件和原因。所以，不要到處問人你該怎麼辦，把時間跟精力花在了解你行為的原因吧。

如果你想讓自己更焦慮，你只要想：在你閱讀本章節時，時間不斷流逝，現在你剩下更少的時間來決定該怎麼做了。而且，如果你想知道如何減少焦慮感，那麼我建議你快點進入下一章。

＃ 哲學挑戰 11 考不上理想志願怎麼辦？

Boecio 波依修
Schopenhauer 叔本華
Leibniz 萊布尼茲

幾年前我有位學生，夢想是考上父親和祖父就讀的醫學院。雖然錄取門檻很高，但她還是竭盡所能朝夢想前進。大學入學考前一天，她撞見男友跟她閨密搞在一起。於是她寫錯了許多答案，考試並不順利。當她收到成績時頓時覺得天要塌下來了！她只差百分之一就能錄取。她人生第一次感到命運如此惡意，帶給她沉重的打擊。

在同個班級還有個同學想成為一名舞蹈家。她費盡唇舌說服父母讓她走專業舞蹈這條路，父母同意後，她花了兩年時間全力以赴準備非常困難的西班牙高等音樂學院入學考。她不但通過考試，還帶著熱情和毅力以第一名畢業。但就在她即將成功之際，她被檢查出膝蓋軟骨患有先天性疾病，使她不得不放棄舞蹈，放棄夢想。

努力就一定會實現夢想嗎？你覺得是什麼讓你不像她們那樣倒楣？你準備好面對失敗和挫折了

嗎？一個人在遭遇不幸之後還能快樂嗎？該怎麼做？快樂跟運氣有關嗎？如果沒有，又跟什麼有關？要怎麼樣才能確保擁有快樂的人生？又要如何才能在不幸發生時，依舊感到快樂？

哲學的慰藉

有位哲學家知道「真正的倒楣」是什麼，他可以教你如何在災禍之後保持快樂。他生活在五世紀的羅馬，名叫波依修。他出生在羅馬最古老與最有影響力的家族，成功對他唾手可得。波依修是個出色的學生，年紀輕輕已經擁有超越同齡人的文化素養。他將希臘偉大的智者作品翻譯成拉丁文，多虧了他，義大利人才能夠認識柏拉圖、亞里斯多德、畢達哥拉斯、托勒密、阿基米德或歐幾里得；他也精通哲學、科學、工程學和音樂。

他的性格友善，富有同理心，堪稱人生勝利組，一出生就自帶光環的那種——至少他當時這麼認為。當他讀到柏拉圖的《理想國》，他感到熱血沸騰，馬上投身政治。他太贊同柏拉圖的觀點了，這位希臘哲學家認為由哲學家來統治國家，公民會過得很快樂，或者讓政客去學哲學也行。不久波依修的職涯扶搖直上，三十歲就被當時的皇帝狄奧多里克大帝任命為執政官，這可是僅次於皇帝的官職！

接著，他一生中最幸福的時刻來臨了。他在兩個兒子的執政官任命儀式上演講致詞。他過著令人稱羨的生活，彷彿幸運之神加持，他擁有每個人所渴望的一切，包括崇拜他的女人、成功、財富、最高權勢者的友誼、子承父業的兩個好孩子。截至目前為止一切都很幸運，沒道理不會繼續幸運下去。

後來狄奧多里克大帝懷疑有某些元老院成員在醞釀謀反，他帶著衛兵衝進了元老院。波依修走上講台為他的同伴辯護，試圖讓年邁的國王恢復理智。不過事情出乎意料，此舉不但沒有消除國王的疑慮，反而讓國王認為波依修正是陰謀的主導者。這位哲學家被捕入獄，不但被控叛國罪，還因為使用數學和天文學而被控瀆神罪。

這個故事最悲傷的部分來了。他入獄後遭到元老院所有成員的背棄與孤立，他們要他背黑鍋。審判期間沒有人幫他辯護，波依修最後被判處死刑。不過至少他在元老院的最後一次演說中，狠狠地出了一口惡氣，把眾人說得目瞪口呆、啞口無言。這位前執政官在死牢待了九個月，最後被殘忍的拷打並處決。

如果你知道你時日不多，等待你的只有緩慢又痛苦的死亡，你會怎麼辦？剩下的日子你會做什麼？你能在災禍中保持快樂嗎？當一個人無法掌握自己的命運，他能過上充實的生活嗎？而波依修，用了他生前最後一段時光完成哲學巨著《哲學的慰藉》，這本書後來上了「中世紀哲學類暢銷排行榜」，可惜他拿不到版稅了。

這本著作開頭描述波依修在牢房中對現況感到沮喪和痛苦。他曾經擁有全世界，現在卻一無所有。但是他的痛哭、咒罵跟抱怨突然被一個陌生女子的出現打斷了。這個陌生人是誰？波依修仔細觀察，這名女子有智慧的面孔，眼神彷彿能透視人心，在她身上有種熟悉的感覺，就像在年輕時照顧他、教導他的褓母——哲學。她為何會出現？她是來拯救波依修的。哲學雖然無法改變他悲慘的命運，但可以幫他重拾往日的快樂。

這位哲學家在人生最高峰、運氣最旺的時候忘記的一些真理和重要教訓，在此刻被這位睿智女性重新喚起：命運主宰我們的生活。古代人用「操縱命運之輪的幸運女神福爾圖娜傳說」告訴我們這個真理。中世紀的藝術中有許多關於命運之輪的描繪，我最喜歡的版本是在法國修道院發現的一本圖文並茂的中世紀手稿《快樂花園》（*Hortus deliciarum*）。

這部作品中，幸運女神頭戴皇冠坐在寶座上，身旁是她隨心所欲轉動的巨輪和手柄。巨輪頂端可以看到當下最受女神青睞的人（通常是國王），如果我們像看漫畫一樣繼續往下看，會看到原本最頂端的角色如何慢慢走下坡，最後被剝奪一切。這類插圖有些會附上文字描述，告誡我們命運是多麼不可預測和變化多端，我們永遠無法得知女神何時會轉動命運之輪。

哲學提醒波依修把自己的快樂建築在運氣之上的人有多麼愚蠢。如果你的人生計畫是奠基於可能被運氣奪走的東西，那你注定不會快樂。如果你的人生動力是成功、權力或財富，那你將不可避免地遭遇失敗，因為那些幫助你實現夢想的好運氣也可能隨時被奪走。你也不該將快樂建築在健康或美貌之上，因為就算你正享受這類快樂，但總有失去它們的一天。哲學會教你不去被這些不可控因素影響，只享受你可以控制的事。若你實踐哲學，你會找到平靜來面對那些無法改變的事，找到力量來掌控能力所及之事，而且也能擁有理解世事無常的智慧。

宇宙學家霍金（Stephen Hawking）就是一位知曉如何在逆境中保持這種哲學觀的人。在傳記電影《愛的萬物論》（*The Theory of Everything*）中將這位哲學家如何面對生活描述得很精彩。這位英國科學家的命運之輪突然轉動，他逐漸失去了對身體的控制，但霍金知道怎麼依靠研究工作、幽默感和友誼來面對挫折——這三樣東西是命運無法奪走的。總之，波依修會請你反思一件事：如果身患運動神經元疾病的霍金都能過上充實的生活，而你只不過未能進入理想的學校，你怎麼能因此活得不充實？別慌張，來點哲學就好了。

生活就是受苦

有位德國哲學家性烈如火，他會告訴你不要聽信波依修的鬼話，因為快樂根本就不存在！快樂只是癡人說夢，或是青少年的愚蠢幻想。你只能接受「活著就是受苦」的事實，頂多在悲慘的生活中減輕一點痛苦罷了。如果你還奢望獲得快樂，只會徒增痛苦。沒錯，你將看到史上最悲觀的哲學家，他抱持著那種將散發正能量的「完美先生」系列產品丟進火堆燒掉的強烈悲觀，他就是**阿圖爾・叔本華**。

叔本華認為，人活著就有欲望，而欲望會帶來痛苦，所以人生的本質是痛苦。舉例來說，當你牙痛時，你只會感到口腔不適，而不會感到身體其他部位狀況良好，因為疼痛是生命的本質。只要活著就會感到痛苦，直到我們成為黃土一坏才能停止受苦。總之人生就是為了欲望而受苦，為了死亡而戰……日復一日不斷循環，直到地球被炸成碎片。

其實這種想法令人如釋負重，它可以讓你在遭遇不幸之後得以擺脫責任，反正沒有人是快樂的，也不可能快樂。所有人一生都在追求會使自己快樂的事物，有些人即便實現了夢想也還是感到失望。說不定你如願以償考上了大學，一切並不如你所想像的那樣美好。

我不知道這麼說能否安慰你，但實際上無論如何，你的結局都是成為一個不幸的可憐蟲。如果你沒考上大學，你會覺得自己很失敗而痛苦不已，但如果你考上了，你也會因為失望而痛苦，因為你會發現就算實現了願望，一樣無法快樂。你這輩子永遠無法滿足，永遠渴望你所缺少的東西，想念你所失去的東西。因此，總是希望事情變得更好，只會讓你無可避免地不斷失望下去。

電影《雲端情人》（*Her*）訴說了這樣的故事。主角西奧多剛結束了一段長時間的感情，分手令他心碎又崩潰，為了擺脫寂寞繼續過日子，他決定啟用「莎曼珊」這種比手機助理更先進的人工智慧軟體。莎曼珊是他此生見過最不可思議的人，他們最終墜入愛河。你可能會對這段愛情的結局感到訝異。但就像叔本華告誡我們的，這並不奇怪，就算對象變了，故事走向還是一樣，一樣會嫉妒，接著是冷漠，最後失望。

對叔本華而言，人類因為有所求而受苦。當我們求而不得會感到痛苦，就算求而得之，也只是將痛苦延緩，因為我們很快會產生新的欲望。痛苦永遠是生命的一部分，只能緩解，但無法消除。人類總是渴望，永遠不滿足。還記得小時候到了聖誕節前夕，睡前你總偷偷期待著隔天起床看見夢寐以求的禮物？如果拆開包裝看到不是想要的禮物，尤其還是收到睡衣之類的，你會覺得很痛苦。不過，就算收到你想要的禮物，你也會痛苦，因為過一陣子你會發現這個玩具已經不能滿足你了，你有了別的想要的東西。

如果上大學這個夢想就像你小時候對玩具的期待那樣呢？你現在可能覺得高中畢業上了大學就會快樂，事實上，就算念了大學，你還是會跟現在一樣空虛。等你上了大學，你會覺得工作成就才能帶給你滿足，進入職場，你會夢想著趕緊過上退休生活，然後在你最意想不到時，措手不及的死亡會打斷你這些愚蠢的夢想。所以振作點！放棄快樂的念頭，快點學會忍受悲慘的生活吧！在《人生的智慧》一書中，叔本華提出了建議，讓生活變得至少可以忍受：

- 想獲得快樂，請盡最大的可能擺脫痛苦。
- 借用佛教觀念——斷除貪欲。欲望會導致不滿，不滿會產生痛苦。唯有消除欲望根源，痛苦才會消失。當你壓制欲望，你會進入一種平靜狀態，這是你生命中最接近幸福的時刻。你真的需要剛上市的最新款手機？如果你不被鋪天蓋地的廣告影響，你不會更快樂嗎？如果你滿足於你所擁有的，你不會更平靜嗎？

- 藝術、音樂和大自然可以幫助你忍受生命的痛苦。當我們在電影院享受一部好電影，不但能忘卻一時的煩惱，甚至能忘卻肉體的疼痛。如果你必須選擇某種藝術，記住，音樂是人類發明最好的慰藉，它不但能改善情緒，還能讓你在煉獄中起舞。你也應該去享受大自然，把它當成可以身臨其境、與之融為一體的藝術品。你嘗試過在夕陽下衝浪嗎？當你爬山登頂，難道不覺自己是某種巨大力量的一部分？請繼續嘗試這樣的經歷。
- 消除嫉妒心。既然這世上沒人能快樂，你的嫉妒心有何意義？想過另一種生活，只不過是把現有問題換成另一種問題罷了。
- 低調點，不要引人注目。少和別人說話，多對自己說話。
- 你真正該努力爭取是友誼。但記住，只有當你也是對方的益友，你才能擁有友誼。
- 像整理電腦文件那樣整理你的思想。處理問題時，你會打開檔案，問題處理完，你會儲存之後才打開另一個檔案，你不會同時處理兩個檔案。所以當你跟朋友相處，請把注意力放在你們的談話內容，而非心不在焉想著下週的考試。
- 十分之九的幸福都建立在健康的基礎，包括吃得健康和運動。
- 不要以為事情可能有所不同——學會接受必然。如果你被分手，不要糾結於該怎麼做才能挽留對方，因為無論你怎麼做，他都會離開你。這麼想才是解脫。
- 不要預期事情會好轉，如此才不會失望。多想想可能出問題的地方，採取預防措施。如果你想結婚，就先預設可能會以離婚收場，並且需要妥善分配資產（謹慎行事是社會生存的必要美德）。

保持樂觀

哲學家、外交官、數學家兼科學家哥特佛萊德・威廉・**萊布尼茲**認為，我們生活的世界是眾多可能的世界中最好的一個。這位德國思想家是少見的樂觀主義者，以至於他相信有辦法讓歐洲各個王子、立場不同的教會和諧相處，他的夢想就是讓全歐洲政治和宗教團體融合無間。（要是讓他經歷英國脫歐，他可能會昏倒吧！）他建立了集結科學知識的社團，甚至試圖創造一門通用語言。萊布尼茲的基本思想就是世界和諧。

萊布尼茲主張，我們處在一個理性、井然有序、富有意義的宇宙。構成宇宙的所有物從無限小到最大，都和諧的互相關聯。我們都是這個宏偉系統的一部分，這個系統就像瑞士錶一樣精準的運行。生活中發生的事在這個巨大整體中都是有意義的。

當然，我不會否認壞事的存在，也不會說「失敗是好事」這種荒謬的話。但我可以肯定，若從整體來看、而非以單一事件分析，你會發現這只是表面上的壞事。例如，你考不上志願，其實是最好的結果，就算你現在不明白為什麼。相信你一定有過以下經驗：在事情發生的當下你覺得很不幸，但隨著時間流逝，你卻改變了看法。最早的判斷並不正確，因為長遠來看，這件事對你及你的周遭，都帶來了正面影響。你發生的壞事不是因果報應，而是事出必有因。

這個世界不但理性，也不難理解，每件事都有存在或發生的理由，一切都有合乎邏輯的解釋。身為一名優秀的數學家，萊布尼茲將邏輯應用在生活上，並相信還有許多「可能世界」，我們身處的只是其一。在創造真實世界前，上帝在腦中考慮過無限多個可能世界。萊布尼茲的上帝有點像翻修建築師，使用類似虛擬實境的軟體來預測客戶的空間和各種可能性。然後祂會評估並決定執行其中某一項。

所以問題來了：為什麼上帝的決定是「你考不上大學」？為什麼祂不把你設計成人生勝利組？因為上帝完美又善良，祂決定創造最好的可能版本，讓這個世界將擁有最多數量的善和最少數量的惡。萊布尼茲的上帝是如此完美善良，所以祂也計算出我們最低能容許的惡，讓世界能夠以最好的方式運行。

也許你對萊布尼茲的論點不怎麼滿意，你想知道上帝能否多花點功夫創造一個沒有壞事，你也不會失敗的世界。對此，萊布尼茲認為，從邏輯上來看，許多的善與惡互有關聯。若我們希望世界上有好的東西，就無法避免必須接受與之相關的惡。舉例來說，所有人都愛美食，但如果你想感受最美好的滋味，就必須經歷飢餓的痛苦。

對萊布尼茲而言，自由意志（決定自身行為之能力）是一種巨大的善，但我們選擇時一定會犯錯（必要之惡）。失敗當然是壞事，但這種惡與人生道路上的自主之善息息相關，失敗也是你學習的機會。當你用某種角度和整體觀點來分析你的經歷，答案會像拼圖那樣完整浮現，你會發現當時的不公或荒謬事件的真實意義。你會明白每件事發生必有目的，而且最終為你帶來了益處[15]。

電影《火線大逃亡》（*Seven Years in Tibet*）講述了著名奧地利登山家哈勒（Heinrich Harrer）的故事，他試圖成為第一個登上南迦帕爾巴特峰的人。這座山是世界第九高峰，極度危險。結果攀登過程失敗了，這支登山隊不得不調頭，下山時竟遇上二戰爆發，被英國軍隊給俘虜，關在印度北部的集中營。囚禁期間，哈勒收到妻子的離婚通知，以及他從未見過面的兒子不想認他的消息。而哈勒的失敗明顯是迫使他展開西藏旅途的原因。至於你的失敗，會不會也是更高次元的力量用來幫助你找到真正的目標呢？

---

15 作者注：如果你對萊布尼茲的樂觀不甚滿意，我建議你閱讀伏爾泰於一七五五年，里斯本大海嘯奪走所有教堂祈禱的信徒生命之後所著的《憨第德》。伏爾泰用文字抨擊萊布尼茲，認為這場造成十萬無辜人民死亡的巨大災難沒有任何邏輯可言明其目的，因此，在這場大災難過後還保持樂觀非常愚蠢。這部名著是一部諷刺小說，對萊布尼茲的樂觀主義進行了無情的批評。

#哲學挑戰12　課本裡為什麼沒有女性、同性戀和移民？

Lyotard　李歐塔
Vattimo　瓦蒂莫
Hegel　黑格爾
Fukuyama　法蘭西斯・福山

各位可以做個測試。翻開課本，尤其是歷史課本，算算看扣除「某人的女兒和妻子」等形容詞身分，書裡總共提到幾名女性。或者，你可以闔上課本出門走走，順便數一下你所在城市街道的名稱，有幾位是女性姓名。當然，如果你懶得出門，用網路查詢街道地圖也行。怎麼，意外嗎？我們的歷史似乎是由「白人、男性、異性戀」所創造的。

德國作家布萊希特（Bertolt Brecht）曾在詩文中向讀者介紹了一位勞工，這位勞工喜歡讀歷史，還提出許多疑問，例如，埃及的底比斯古城是誰建造的？書中只提到國王的名字，但這些國王挑過半塊石頭嗎？同樣的，書上也說亞歷山大大帝征服了印度，他是一個人打的仗嗎？西班牙國王腓力二世在無敵艦隊被擊沉之後痛哭，那麼，其他人沒有哭嗎？

法國史學家米修諾（Stéphane Michonneau）這位歷史記憶專家曾提出評論說，西班牙似乎對自身過往感到不適，所以民眾在酒吧和聖誕餐桌上爭論不休，也為公共場所中讓人不時想起佛朗哥獨裁統治的象徵吵個不停。二〇〇七年，西班牙眾議院通過「歷史記憶法」引起了廣大爭議，甚至抗議。「恢復歷史記憶」似乎意味著我們的歷史必須被重寫。現在我邀請各位學習布萊希特書裡的那位勞工，問問自己：歷史是什麼？誰寫的？又是為誰而寫？歷史只有一種版本嗎？有沒有別的版本？有的話，哪裡找的到？哪個才是真的歷史？

強姦羅生門

法國哲學家**讓・弗朗索瓦・李歐塔**對這些問題非常感興趣。他十幾歲時還不是很確定未來的志向，在修士、作家和歷史學家之間搖擺不定，不過他很快剔除了第一個選項，因為他承認：「我太愛女人了！」他還說自己不在乎貧窮，但無法對女人忠誠。他在十五歲嘗試寫作，然後發現自己不適合，他寫過虛構小說，卻不怎麼成功。然而，他最後一個選項也沒有實現，因為他堅信「歷史是不存在的」。他最後成為一名歷史上重要的後現代哲學家。

李歐塔非常贊同尼采的名言：「沒有事實，只有詮釋。」這個概念可以在日本導演黑澤明執導的電影《羅生門》中看到。這部影片主要敘述一場強姦，一樁殺人案，卻有四個版本。首先是被強姦的婦女，接下來是犯罪，後來是被殺害的人，最後是事件的目擊者樵夫。

隨著敘事的重疊，真相越來越模糊。這部電影產生了極大的影響力，以至於產生了所謂「羅生門效應」一詞，用以解釋主觀性如何影響事實的陳述。而且儘管每個故事參與者的說法不一，但令人驚訝的是，所有版本都很合理，每個版本都是經歷事件後的個人觀點，所以沒有一個為真，也沒有一個造假，假的頂多是把自己的解釋當作「唯一事實」的人。各位也可以在《黑色追緝令》、《記憶拼圖》甚至是卡通《辛普森家庭》第十二季中的情節「荷馬切斷拇指篇」，看到羅生門效應。

對李歐塔來說，歷史並沒有告訴你事實，那不是它真正的作用。歷史的目的是讓某種意識形態合法化，並以「唯一事實」的觀點強加於人，呈現出一種令你無法質疑的客觀性，消除了異議。你覺得課本是無害的，卻讓父權制變得合法化，因為歷史一直是當權者用來讓自己合法化的工具。教會利用歷史在歐洲社會變得合法，馬克思主義利用歷史解釋暴力革命和建設新社會之必要，資本主義利用歷史告訴我們市場經濟是唯一可行的選項。

各位可以觀察到民族主義是如何讓一個失落的民族從壓迫的枷鎖中解放出來。這些偉大故事都有相同的結構：先訴說一個故事，故事中人民的未來幸福又美滿，以證明當下的犧牲是值得的。但李歐塔認為，我們所處的時代正好見證了偉大故事的消亡。再也沒人相信這些故事，因為結果與當初的承諾完全不同。天主教的故事死於宗教裁判所，馬克思主義死於蘇聯的勞改營，而科學進步的故事則死於原子彈的傷害。不過，這些偉大故事的消亡還是帶來了正面影響，因為這意味著我們必須聽信其他比較小的故事。

李歐塔提出的解決方案，就是捍衛「歧論」，也就是那些歷史上沒有發言權、小人物、小事件、被邊緣化和被壓制的事實。你必須協助編寫新的歷史，你得說出女性、同性戀、非白人族群的故事，你不能讓真相淪為某種強加於人的簡化版本。

李歐塔邀請你在歷史課本寫下不為人知的歷史。例如，打開西班牙語文課本搜尋「二七世代」這個主題，看看是否有寫到利昂（María Teresa León）、德昌波爾辛（Ernestina de Champourcín）、門德斯（Concha Méndez）、馬略（Maruja Mallo）、桑布拉諾（María Zambrano）、查賽爾（Rosa Chacel）、德拉托雷（Josefina de la Torre）或羅塞（Marga Gil Roësset）？「二七世代」是由西班牙文化圈最具影響力的藝術家和作家所組成，但這圈子只有男人嗎？為什麼課本都只提男性？再做另一個試驗：在Google輸入「二七世代」，你可以在搜尋到的圖片中找到為數不少在團體照中的女性。歷史課本有提到她們嗎？為何對她們的存在默不作聲？隱藏的目的為何？你又能做點什麼，讓她們在未來的課本中現身？

聽見真相就拔槍

吉安尼．瓦蒂莫同樣贊成尼采的論點：「沒有事實，只有詮釋。」也許這就是這位出生於義大利的哲學家，最終成為尼采作品的義大利語主要譯者的原因。瓦蒂莫演講時經常引用德國納粹時期的宣傳部部長戈培爾（Joseph Goebbels）的話，不過他會事先說明，他可一點都不喜歡這個人！據說，戈培爾常說：「我聽到『文化』就想拔槍！」這句話被瓦蒂莫改編成「我聽到真相，就想拔槍！」

為什麼瓦蒂莫對真相的厭惡程度有如戈培爾討厭文化？因為他的經驗是，每當有人對他使用「真相」這個詞，都是希望強迫他做不想做的事。所謂「客觀真相」其實是一種逼迫，歷史課本只想把某種觀點強加於你。你應當問自己：歷史書籍是客觀的嗎？為什麼書上說的就是真的？沒有其他歷史嗎？為什麼其他歷史沒寫出來？作者真正要表達什麼？他們想灌輸哪些價值？一旦你提出質疑，你就會削弱這些強勢想加諸於你的言論。你必須盡一切力量讓歷史不再是屬於勝利者的歷史。我們必須為弱勢族群發聲，包括婦女、同性戀、非白人和移民。

沒有人了解我

哲學家**黑格爾**絕對不認同瓦蒂莫和李歐塔的觀點。這位德國哲學家的思想非常複雜，他甚至聲稱「只有一個人了解我」。我當然希望他說的是我啦，不過恐怕黑格爾指的是他自己。

黑格爾試圖解釋「一切」。他自認他的思想是整個哲學史的顛峰，在他之前的理論，都只是他偉大終極作品的前傳而已。黑格爾年輕時恰逢法國大革命鬧得如火如荼，他以高度熱情參與其中，深信他是為自由而戰。他認為人類歷史就是一個為自由奮鬥的故事，資產階級的革命讓自由得以實現。所以他與大學同學共同種下「自由樹」，高唱《歡樂頌》——這首歌在當時可說非常具有革命性。

黑格爾會告訴你，「沒有事實，只有詮釋」根本是胡說八道，你可千萬別信！他認為女性或同性戀的歷史並不存在，「全人類的歷史」才是唯一，因為真正的歷史不是一種個人經歷，而是整體人民的成果。每個人的本質、思考和行為都跟他們所屬時代和文化息息相關。例如，如果你是古希臘人，那麼你會崇拜不同神明，使用別種語言，擁有別的觀念，甚至美食或性觀念也截然不同。

對於黑格爾來說，每個文化都對這部獨特的人類史貢獻了章節。希臘人寫下重要的篇章，羅馬人和東方人（如中國）也是，就這樣構建了人類史。那麼為什麼史書中沒有出現非洲人？因為非洲人民沒有貢獻有趣的章節——這是事實沒什麼好說的。為什麼史書中沒有更多女性？因為截至目前為止，歷史都是使用男性角色。黑格爾對女性並無成見，不過如果女性沒有對歷史發展起決定性作用，那麼我們就不能硬去創造歷史。好比說，拿破崙的情人不像拿破崙一樣具有重要的歷史意義，把他們放在同樣的位置，根本就是在操縱輿論和說謊。

黑格爾關於歷史的另一觀點是「進步」。這位德國哲學家認為，當我們繼續閱讀這本人類持續書寫的大作，會慢慢理解所有事件都有原因，歷史是有方向和意義的。隨著時間演進，各個部分會整合在一起，就像拼圖那樣逐漸成形。這種感覺就像一部製作精良的連續劇接近尾聲，所有片段都整合了起來，讓你逐漸看清一切。如今我們能夠比前人更了解人類，是因為我們身處的系列中有幸能看到之前的篇章。如果用連續劇來比喻，那麼李歐塔和瓦蒂莫會告訴你，黑格爾在看的並非唯一一部連續劇，你還有其他台可以選擇。

話說回來，歷史就像好萊塢電影有其內在結構和意義，如果你能夠理解，你就可以看到完美結局。因為歷史不斷進步，每克服一個階段，人類就變得更強大。我們正朝向建立一個人人享有自由、權利被尊重的社會模式發展，這就是歷史的完美結局。而對黑格爾來說，這個理想已經實現了，那就是國家。但不是隨便一種國家，而是法國大革命後出現的國家模式，因為該模式完美協調了法律和自由。

一九九二年，日裔美國政治學家**法蘭西斯・福山**在他極具爭議的著作《歷史之終結與最後一人》中，提出了黑格爾的進步觀點。他曾於共和黨前總統布希任職其間擔任政府顧問，在作品中辯稱黑格爾的觀點在某程度上是正確的，但也有部分錯誤。福山贊同歷史是不斷進步的過程，可以使人類邁向最好的社會模式，但黑格爾錯誤的以為當時已經到了盡頭，無法再進步了。黑格爾的國家並非歷史終點，美國的新自由主義國家模式才是。柏林圍牆的倒塌象徵著共產主義的失敗和資本主義的最終勝利，從政治上來說，已經沒辦法再往前走了，唯一可行的是選擇美國的自由民主，因此其他國家應該加以仿效。我們不再需要意識形態，必須以經濟學來代替。

哲學挑戰 13 如何度過分手情傷？

Marco Aurelio 馬可・奧理略

Nietzsche 尼采

你心碎過嗎？你知道該怎麼做才能忘掉你愛的人？有人教你如何止痛嗎？幾年前，英國BBC播出一個精彩節目，瑞士哲學家艾倫・狄波頓（Alain de Botton）在「哲學：幸福指南」（*Philosophy: A Guide to Happiness*）節目上告訴大家如何用哲學過更好的生活。

有一集介紹了法國哲學家蒙田（Michel de Montaigne）。節目一開始是一群剛從劍橋大學（也是艾倫・狄波頓的母校）畢業的年輕人，鏡頭上的他們看起來才華洋溢，已經準備好面對成人世界。艾倫說服校長讓他對一些學生進行「智慧測驗」，題目多半是大學不會教的內容。但是如果我們想獲得快樂，最好知道怎麼面對這些問題。

其中一個問題是：如何結束一段關係？劍橋大學的學生無疑具備書寫文章、蒐集資料、提出合理論點的能力，但他們沒有足夠的智慧來回答這個問題。你覺得你受的教育是否能培養足夠的智慧來面對這種情況？你想知道該怎麼做嗎？

像皇帝一樣愛

如果您想克服心碎的痛苦，就學著像皇帝一樣思考。因此，你最好的選擇就是閱讀古羅馬哲學家皇帝奧理略的《沉思錄》。這是奧理略在生命最後十年寫的作品，當時他正帶領羅馬軍團對抗安息帝國和日耳曼人入侵。這位皇帝的全名是馬可．奧理略．安敦寧．奧古斯都，號稱羅馬帝國五賢帝之一，在史上擁有「哲學家皇帝」的美譽。

他從未想過從軍，更不用說當皇帝了，他熱愛的是文學，但他總是把義務置於在個人意願之上。他每天毫無怨尤地穿上沉重的盔甲，接受自己的任務就是統治和保衛有史以來最偉大的帝國。歷史家希羅狄安（Herodiano）稱他為「唯一用生活方式，而非透過理論演說來證明智慧的皇帝」。

奧理略的一生就像一部精彩的電影。實際上，你可以在《神鬼戰士》（*Gladiator*）第一幕看到由演員李察．哈里斯扮演他的角色。不難想像這個場景：奧理略身處危急的多瑙河戰線，距離家鄉西巴尼亞（Hispania）和他羅馬富麗堂皇的宮殿有數千公里之遙。他孤身一人待在軍營，身旁營火抵抗不了刺骨的寒冷。他用莎草紙寫下日記。《沉思錄》不是寫給別人看的，而是他的私人日記，提醒自己如何行動，以及如何面對生活中發生的事。非常幸運的是有人將這本日記保存了下來，你現在才能讀到這些文字。

《沉思錄》第一句話是：「我從祖父維魯斯那裡學到了好的品德，並且要待人和氣。」之後奧理略列出了一串很長的名單，帶著深深的愛回顧了所有影響他生命的人，和他在這些人身上學到的東西，以此償還感激之情。

我很喜歡讀這段文字給我的學生聽，因為在現代個人主義下，有些人認為他們的成就是自己努力換來的結果，沒有虧欠他人，也不需感謝任何人。而這位古代最偉大的男人卻能意識到他所擁有的美好都來自於他人的付出，實在令人訝異。有趣的是，在這一串致謝名單中，他老師的名字出現在非常顯眼的地方，這位皇帝對那些將畢生所學傾囊相授的人深表敬意。據說日本有個傳統：老師是唯一可以不用向天皇鞠躬的人。因為每個人都知道，在一個沒有老師的國家，也不可能有皇帝。

就算你難以置信，奧理略的日記真的可以幫你解決相思病。因為他奉行斯多葛主義，一種意欲消除生活痛苦的思想流派。不管發生多麼可怕的事，斯多葛學派透過一系列的思考練習來保持鎮定的情緒。斯多葛主義不會擔憂、恐懼或焦慮，不生氣，不緊張也不抱怨。如果你想成為其中一員，你必須遵循六個原則：

- 你必須相信自然界存在著一股力量，支配了包括你在內的一切事物。
- 你要接受生活中有些情況是無法掌控、也不能改變的。並非所有事物都取決於你，或處於你的控制之中。
- 停止抱怨那些發生在你身上的事，那只會增加痛苦，無法解決任何問題。

- 控制並且消除欲望。不要想那些超出你能力範圍或無法取決於你的事物。如果你的心願是不想變老，那麼你只會換來沮喪，不過醫美診所或許會因此稱心如意。
- 別再煩惱了！如果擔心會讓事情有所改善，那為什麼還要繼續擔心？如果擔心無法改變任何事，那你為什麼要擔心？
- 不要成為情緒的奴隸。學會控制憤怒、仇恨、悲傷和恐懼。

電影《鐵達尼號》（*Titanic*）中出現了斯多葛主義的例子。電影中有一幕令人難忘的場景：船即將沉沒，音樂家決定繼續演奏優美的旋律來面對不可避免的死亡。當乘客因為恐慌而絕望，這些藝術家決定在完全的和平與安寧中結束生命。

你也能這樣生活嗎？當然可以，奧理略就是最好的證明。你曾想過平靜的接受對方不再愛你的事實，禮貌向她道別，並感謝她與你分享的一切，然後不憎恨也不悲傷地繼續過活嗎？如果你覺得這樣聽起來不錯，你不用向奧理略一樣跑到中歐森林去紮營，也不用砍一大群的德國蠻子；你只需要每天做以下練習：

練習一：寫下斯多葛哲學派的經典語錄，這些警世名言能在艱難時期為你指引方向。記住這些話，思考這些話。在《沉思錄》中有不少名言佳句，例如「既不傷害任何人，也別作惡」、「一切都是意見」、「發生的一切都必然會發生」、「不要抱怨被傷害，就不會被傷害」、「你說的有道理，為什麼不去運用它？」、「不要以為自己會活上千年」、「想獲得安寧，就少做點事」、「你只是裹著屍體的渺小靈魂」、「萬事萬物稍縱即逝，無論是記憶或是被記住的對象」、「像被浪花拍打的岩石那樣堅定不移」、「別做自己的敵人」、「如果不對，就別去做；如果不是事實，就別去說」、「潛入內心的花園」、「惶惑不安都源於自身」。

練習二：想像一下自己和所愛之人的死亡。這麼想可能會讓你嚇一跳，但這不是目的，而是當你意識到生命並非永恆，才能賦予事物應有的重要性。蘋果創始人賈伯斯知道這個練習有多麼重要，他在大學畢業典禮的演講上說：「我十七歲時讀過一句話：如果你把每天當成最後一天來過，總有一天你會證明自己是對的。這句話對我影響甚深。過去三十三年來，我每天早上對著鏡子說，如果今天是我生命中最後一天，我還會想做今天要做的事嗎？當一連好多天答案都是否定，我就知道，改變的時刻到了。」這就是這個練習的目的。如果你明天就會死，你會想在怨恨她離你而去的情緒中過完今天嗎？

練習三：你應該在分手前就這麼做，不過這個練習對你的下一段感情仍然有用。請想像你可能會遭遇到的壞事。這麼做的是讓你在壞事真正發生時有所準備，並讓你思考最好的應對。這個思考練習的另一好處是，一旦壞事真正發生，對你造成的影響會比較小，因為某程度來講你已經「經歷」過了。舉個例子吧！如果你現在處於交往狀態，你就有可能面臨日後分手的心碎，因為無論你們現在關係多麼緊密，結局也可能很糟。所以試想一個畫面：你的另一半對你說「我們得談談」，然後你在毫無準備的情況下聽到她提出分手，而且情況無法挽回，不管你說什麼或做什麼都無法令她回心轉意。現在思考：你希望怎麼反應？想像各種可能：流淚懇求她不要走？勃然大怒摔門離開？還是平靜接受你不能強迫她愛你，並且重新開始你的生活？哪個選項最好？

練習四：試想你是至高無上的神，在奧林帕斯山頂俯視人類的生活（高興的話你也可以想像你是在教師辦公室的老師啦！）相對於你的永恆存在，你會發現人類生命是多麼短暫而微不足道。你不覺得浪費短暫生命去恨一個不再愛你的人，是件很蠢的事嗎？

恨，讓你變成超人

德國哲學家**弗里德里希．尼采**曾瘋狂愛上俄羅斯詩人莎樂美。一開始是朋友保羅介紹給他一位美麗聰明又熱愛哲學的女性，當時尼采沒時間到羅馬去見她。不過當他親眼見到莎樂美，立刻對她說：「我們是從哪個星球一起降落到這裡？」尼采墜入了愛河，連他妹妹都說尼采簡直為她瘋狂！他們去了義大利北部奧爾塔湖畔的聖山旅遊，兩人舉止親密曖昧，當時尼采覺得自己是世界上最幸福的人。不過粉紅泡泡沒有維持太久，莎樂美並不愛尼采，她純粹是欣賞這位哲學家的才華。她最後拒絕了尼采的求婚，並跟保羅走了。

於是尼采發現了愛與恨是同一源頭：在破碎的心中，痛苦總是伴隨著怨恨。尼采寫下一封信寄給他此生唯一愛過的女人作為報復：

莎樂美：

我所受諸多的痛苦，比起你無法發現自己的問題，是多麼微不足道，我親愛的露。

我從未見過比妳更不幸的人。無知，但足智多謀，能夠充分利用妳所知道的。

沒有品味，但對這種缺乏卻很自在。

在細節上真誠而公正，通常很固執。對生活的整體態度是不誠實。

對於給予或接受，沒有絲毫的感性。

靈魂空洞，缺乏愛人的能力。在感情上總是病態且瀕臨瘋狂。

不知感恩，無恥對待妳的恩人。

尤其是：完全不可靠、行為不端、對榮譽無感……擁有發展初期跡象的大腦。

貓的性格：偽裝成寵物的捕食者。

堅強的意志，但針對的不是偉大的目標。

不勤奮也不純潔。

由於萎縮和發育遲緩而導致幼稚的自私。

沒有對人的愛，卻愛著上帝。

精明，在男性面前充滿自制力。

妳的弗里德里希・N

很難想像尼采寫下這些充滿仇恨的惡毒話語時，內心是多麼痛苦和屈辱。但這位說過「凡殺不死我的，必使我更強大」的哲學家知道如何克服痛苦，並將之轉化成生命的力量。他看著載著莎樂美永遠離開他生活的火車，他寫了一首詩回顧了失敗的愛情。他用了第一次見到莎樂美所說的話：「星星的碎片——我用這些碎片打造了一個世界。」

說到這裡，我推薦各位去看歐文・亞隆（Irvin D. Yalom）根據尼采對愛的失望而寫成扣人心弦的小說所改編的電影《當尼采哭泣》（*When Nietzsche Wept*）。片中維也納名醫布雷爾（Josef Breuer）接到莎樂美的會面邀請，為的是拯救當時默默無聞、卻前途不可限量的哲學家尼采。莎樂美傷了哲學家的心之後，收到了幾封尼采的信，信中表現出明顯的自殺傾向。布雷爾醫生受到佛洛伊德的影響，接受了莎樂美提出的建議：在尼采不知情的情況下對他進行心理分析。

尼采在愛情的斷壁殘垣建立了一個新世界，讓世人看到這位哲學家用什麼方法克服心碎。他將痛苦轉化成史上最重要的哲學著作《查拉圖斯特拉如是說》。這本書是對生命的讚美詩，闡述了他獨特的思想：「超人」和「永恆回歸」。尼采創造了文學人物查拉圖斯特拉[16]來傳達對生命意義的思考。查拉圖斯特拉是位先知，他決定與人類分享智慧，因此放棄山中孤寂的生活，來到市集向所有人宣告「上帝已死」和「超人將臨」。一直以來，我們的文化都利用宗教強行灌輸我們道德觀、價值觀和生活方式，最早可追朔到蘇格拉底，透過上帝的觀念，我們被教導善與惡的特定概念。

年幼時，我們似乎沒有覺得有什麼是不好的，因為那時還沒被灌輸「上帝」的觀念，然而有了宗教之後，我們學會了羞恥和內疚，開始壓抑生命力，成為上帝的奴隸。例如，所有人都知道，必須以理性壓抑身體的本能和情感。但現在這個時代，過往「上帝神聖」的觀念正處於危機之中，這意味著我們可以擺脫罪惡的沉重負擔，因為沒有上帝，就沒有罪行，一切都被允許。

但尼采並不是主張我們可以隨心所欲作惡或殺人，而是我們可以自由創造價值觀和生活方式。尼采要我們不要覆誦別人給我們的指示，而應該盡快將自己的生命化成一種藝術！舉例來說，宗教告訴你什麼才是「正確的性行為」，其餘都是罪過。但如果沒有上帝，那麼任何形式的性愛都沒有善惡之分，你可以自由決定。

而所謂「超人」，是指一個學會了在沒有上帝的情況下生活、熱愛生活，不被道德準則壓制的人。他管理自己的生活，不受他人控制，拒絕羊群效應，創造自己的價值觀和態度。他接受存在的

16 作者注：尼采書中人物靈感來自一門古老的宗教祆教，傳說中祆教的創始人是先知查拉圖斯特拉，或譯「瑣羅亞斯德」（Zaratustra）。該宗教主要教義是兩種對立原則——代表光明的善神阿馬茲，和代表黑暗的惡神阿里曼的長期鬥爭。祆教的重要思想還包括：相信世界末日、死後的獎賞、最終審判、死者復活以及處女將生下救世主等預言，對後來的猶太教、天主教和伊斯蘭教影響深遠。順便告訴你們一件很妙的事，在祆教信徒中，有位真名叫作法魯克．布勒薩拉（Farrokh Bulsara），他是大名鼎鼎皇后合唱團的主唱佛萊迪．墨裘瑞（Freddie Mercury）。

有限性，不會利用宗教來逃離現實，並接受生命所給予的一切。他有勇氣，不會逃避痛苦，因為他知道怎麼將痛苦轉變成積極的事物。他每一天都熱愛生命的深度、熱情、健康、快樂、美麗、身體、性愛。超人是自己的主人，是自由的靈魂，而尼采知道如何運用痛苦蘊含的力量，將自己轉變成一個超人。

這位德國哲學家說，他在一八八一年八月於席爾瓦普拉納湖邊散步時突然冒出了「永恒回歸」的想法。這個他最深奧的思想是一種與西方解釋時間的主流方式相反的論題。天主教教我們一種線性歷史和時間的觀念，建構了我們的生命意義和方向，讓我們期待未來的幸福。我們往往為了更好的未來而犧牲了此刻。然而，永恆回歸卻教我們現在就要快樂，因為根據此論題，我們所經歷的一切都會無限次重複。他在《歡娛的智慧》（*La gaya ciencia*）一書中闡述了這個想法：

假如有個惡魔對你說：「人生是你目前或往昔所經歷的生活，將來仍會不斷重演，毫無新鮮之處。每種痛苦、歡樂、念頭、嘆息都會重現……包括同樣這個時刻以及我。假如這種想法在你腦中扎根，那麼也許你會被它改造，甚至被輾得粉碎。那麼，你應該多愛生命，多愛自己，除了這個至高無上的永恆，其他別無所求。

如果你覺得這種可能性很可怕，那是因為你的生命缺乏必要的深度。你應該從現在開始，把存在的每一刻變得美好又有意義，而不只是某個為了達成未來目標的過渡階段。若你成為超人，你會覺得「永恒回歸」這個概念積極又正面，因為你已經創造了有深度又美妙的生活，就算重複無限次對你來說也很棒。

尼采的超人接受存在的不理性。如果你憎恨你的前任，那你就恨吧。仇恨不是罪過，也並非不道德，而是一種自然本能，沒有任何神明會因為你放縱自己去仇恨就懲罰你。不要壓抑痛苦，接受它，就像查拉圖斯特拉中的牧羊人咬斷蛇頭[17]那樣。但不要忘記把它變成一股能讓你生命更有深度的力量。

17 作者注：在〈論幻覺與謎〉這篇中，有一幕牧羊人被蛇嚇得動彈不得，看到這個情況，查拉圖斯特拉就叫牧羊人快點咬掉蛇的頭。一開始牧羊人感到非常噁心，但當他用自己的牙咬斷蛇頭，他擺脫了壓迫。尼采以這一幕來比喻解放，而決定咬蛇頭，則表現了勇於面對生活的態度。

哲學挑戰 14 如何面對所愛之人死亡？

Epicteto 愛比克泰德
Buda 釋迦牟尼

幾年前的冬季，我在教師辦公室改考卷時接到了秘書處轉來電話，打電話來的是我班上學生荷西的父親。他請求我讓他兒子早退，因為荷西那患有淋巴癌母親在醫院裡病危。他拜託我先跟荷西談談這件事，盡可能讓他平靜下來直到他來接走荷西。我花了點時間思考能對我的學生說點什麼。

我上樓去宿舍拿了本舊書，這本書裡畫滿重點，連書皮都快要脫落了。然後我去了荷西的教室，當時他正在考試。我請他出來到一間小型會客室，我看著他的眼睛：「你媽媽快要死了，你必須去跟她道別。」然後給了他一個擁抱。我把那本書遞給他，希望它能以某種方式幫荷西克服所面臨的困難。多年後荷西來拜訪我，將那本書還給我。我忍不住問他那本書對他有幫助嗎？荷西回答：「它不但幫了我，還使我成為一名腫瘤科醫生。」

很少有電影能比《擁抱豔陽天》（*Monster's Ball*）更深入探討失去親人的痛苦了。故事訴說了兩個飽受折磨和痛苦的朋友相遇，並開始了一段關係。女主角蕾莎的丈夫剛死在電椅上，男主角漢克的兒子桑尼則在他面前自殺。他們都在小鎮監獄的死囚牢裡工作，桑尼還因為在面對殘忍的死刑處決時忍不住作嘔，被父親漢克責備連職責都做不好。其實早在很久以前，蕾莎與漢克的痛苦命運早已交織在一起，只是他們對此一無所知。

奴隸的哲學

上述那本舊書《手冊》（*Enquiridión*），是一本講述斯多葛哲學的書籍。沒有人知道作者的真實姓名，大家都叫他愛比克泰德，意為「奴隸」，因為當他還是個孩子時，就被帶到羅馬賣給了尼祿的秘書，被當成畜生對待。愛比克泰德領教了什麼是身體的疼痛、飢餓和屈辱，但據說他從小就學會自我控制和忍受痛苦。

有一次，主人狠狠鞭笞他的腳，他只是平靜地告訴主人：「再這麼用力打，我的腿會斷掉。」他得到的回應是更加粗暴、導致他終生跛行的狠很一腳。但愛比克泰德還是平靜地解釋：「我告訴過你，我的腳會斷掉的。」這位未來哲學家在那一刻已經實踐了他的思想：「忍受痛苦，並且不要抱怨。」

經歷無數苦難後，愛比克泰德終於贖回自己的自由。如果換做你，你獲得自由之後會做什麼？你打算如何度過餘生？至於愛比克泰德，他決定將往後的生命奉獻給哲學。他加入一位斯多葛哲學家的門下，並在多年後跟隨他所敬愛的老師，也成為一名哲學家。這是怎麼做到的？因為對斯多葛學派來說，哲學是用行動來實踐，而非光說不練。因此想成為一名哲學家，必須在生活中證明自己的所學。

沒有比觀察學生的生活更好的測試了，包括他們的日常各方面，例如穿著（你難道不希望哲學考試把你穿的衣服列入計分？）當時的哲學家多半走「蘇格拉底風」，也就是長髮、蓄鬍加上簡單的披風（現代稱為「休閒風」）。不過即便如此，不同學校還是會有差異，因此從服裝上一眼就能認出你是誰的學生。但愛比克泰德認為，穿衣只是為了保護身體，而非裝飾自己，最好選擇簡單又不引人注目的衣著，保持乾淨整潔就可以，不需要太過奢侈。如果你穿著名牌，那你絕對不會成為一位最高等級的斯多葛哲學家。

愛比克泰德在羅馬創辦了一所學校，但後來被古羅馬最爛的皇帝圖密善給關閉了。這位皇帝跟愛比克泰德是沒有私人恩怨啦，只不過他似乎跟西班牙前教育部長維爾特[18]有著相同的教育理念，因此決定將所有哲學家趕出羅馬。等圖密善雙腿一蹬，愛比克泰德才得以返回城裡，重新開辦學校。此後愛比克泰德聲望日隆，甚至連新任皇帝都去上他的課，但他完全沒有改變生活方式，還是住在一間破破爛爛、看來隨時會倒的破房子。

這位哲學家死後，他上課時使用的簡陋油燈以三千德拉克馬（按現在匯率，約九萬五千歐元）的天價售出！有次我在課堂講這個故事，結果學生要求我給他一個我平時用的打火機，讓他拿去賣，搞得我不知該感謝他把我比做偉大的哲學家，還是該擔心我的健康狀況。事實上，那天之後我就戒菸了。

愛比克泰德沒有留下任何文字，幸運的是，他的學生上課時做了筆記，這些筆記流傳下來成為《手冊》這本書。這本書挽救了美國飛行員史托戴爾（James Stockdale）的性命。越戰時期，史托戴爾的飛機被擊落，他被關押在戰俘營遭受殘忍虐待長達七年才被釋放。日後某次採訪時他說，那些沒有倖存下來的同袍多半是樂觀主義者，因為他們期待有朝一日能重獲自由，但看到日子一如往常一天天過去，他們最後「死於心碎」。史托戴爾能撐到獲救，是因為他決定以斯多葛哲學態度面對囚禁，他記得在《手冊》中愛比克泰德的建議，了解到他雖然無法改變自身處境，但仍擁有保持高昂士氣和自尊的能力。雖然他無法避免痛苦，但可以決定如何忍受痛苦，他是自己思想唯一的主宰，沒有人能夠控制他的思考。

於是，史托戴爾決定不把夢想寄託在遙不可及的自由夢，而選擇不屈服於敵人。從那刻起，他學會控制情緒、欲望和食欲，讓自己不受支配，不讓痛苦摧毀他的靈魂。就像卡馬隆的那首歌：「我比鋼鐵還堅硬，寧願折斷也不彎曲。」

而愛比克泰德又會對你提出什麼建議，教你應對失去至親的痛苦？首先，你要做的第一件事，就是明白有些事情取決於你，有些則不然。你無法決定所愛之人的生死，但你可以控制你的願望、

---

18 譯注：維爾特（José Ignacio Wert）於二〇一一至二〇一五年擔任西班牙教育部長。

幻想和思想，以及最重要的——你的行為。第二個建議是。不要去期待不可能發生的事。死亡是自然又無可避免的過程，你阻止不了至親的死亡，所以不要期望它不會發生。

第三個建議是，記住所愛事物的本質。若你珍愛一個陶罐，你應該知道陶製品難免會破裂，這樣有朝一日當它真正破掉時，你就不會感到意外而承受不必要的傷痛。同理，如果你愛一個人，你必須時刻記住人終有一死，就像陶製品那樣。第四個建議就是：承認死亡並非一件可怕的事。因為總有像蘇格拉底這樣睿智的人，把死亡看作一個自然過程，得以平靜的死去。

愛比克泰德給你最後的忠告是請你理解：你的命運賦予你一位母親，但她從來不屬於你，你不過享有她一段時間罷了。當命運要收回她，你就必須放手。這是很難做到的，每次我在課堂講解時都會補充，可能要經歷過痛苦，才能理解愛比克泰德所說的。

我覺得這位哲學家想告訴我們，對於那些發生在自己身上的事，我們應該改變看法。我們可以繼續為母親的離世而痛苦，或者我們可以這麼想：這些日子以來，命運讓母親陪伴在我的生命裡。我們可以抱怨或感激，但要明白這些情緒都可以自己選擇。

不知何謂「痛苦」

悉達多[19]王子出生於古迦毗羅衛國（今日的尼泊爾），至今已經超過兩千五百年。他的國王父親為了讓他一生幸福快樂，不受外界傷害，從不允許他離開宮殿。他在宮殿中被舒適、快樂和財富所圍繞，渾然不知痛苦和憂愁為何物。

直到有一天，年輕王子想了解宮殿外的世界，他發現了改變他一生的三件事：衰老、疾病和死亡。悉達多意識到這三件事是每一個人無可避免的命運，他受到很大的觸動，有了憐憫之心。他決定親身體驗人類的苦難。這位年輕王子毅然放棄奢華舒適的生活，去尋找人類痛苦和磨難的答案：為什麼所有人都會受苦、衰老和死亡？

悉達多離開了宮殿，走上完全相反的道路。他蛻下華服加入一群住在森林裡、藉由放棄舒適生活以尋求淨化的苦行僧。他就這樣默默生活了七年，沒有離開森林，渴了就喝雨水，餓了就吃草。不過悉達多後來放棄了這種生活，因為這種修行並沒有帶來和平與自我實現，只是令身體和精神變得衰弱罷了。悉達多從這段經驗得到的結論是，這條路既不在宮殿中的感官享受，也不是像森林裡的禁欲苦行這種另一個極端。悉達多決定採取「中道」。

後來悉達多找到痛苦的答案，教導世人擺脫痛苦的哲學，他的弟子稱他「佛陀」，梵語意為「覺悟者」。佛陀教導了關於苦難的四聖諦，幫助你克服所愛之人死亡的痛苦：

---

19 作者注：如果各位想了解悉達多的生活和思想，我推薦你們去看電影《小活佛》（*Little Buddha*，柏納多・貝托魯奇於一九九三年執導的劇情片）。

- 苦諦：一切生存皆是苦。當然這個說法並不否認生活中也有美好、快樂和愉悅，但此真理篤定身為人類就會受苦。「就是這樣，比丘們！所謂苦諦者就是生苦、老苦、病苦、死苦、憂悲惱苦、怨憎會苦、愛別離苦、所欲不得苦」。
- 集諦：集是有關苦的成因，人的苦難來自於對欲求的不捨。欲求分成三種：對感官愉悅的渴望、對成就的渴望、擺脫事物的渴望。欲望不是痛苦的成因，但執著欲望就會產生痛苦。例如，你痛苦的根源就是因為放不下「希望所愛之人不要死」之願望。
- 滅諦：只有放下對欲望的執著，才能停止痛苦。若想減輕痛失所愛的痛苦，就必須用客觀的立場看清自己的欲望，讓自己放下，別再執著。
- 道諦：你必須找到「中道」，遠離極端，例如因痛苦、內疚或怨恨而變得盲目。如果想從痛苦和欲望中解脫，必須尊循以下八法：

一、正見解：明白一切存在都是短暫，你所愛的人生命稍縱即逝，失去至愛的苦亦是如此。
二、正思惟：建立純淨思惟，遠離邪惡和不健康的思考。
三、正語言：只說高尚、溫和之言，不欺騙、不咒罵、不抱怨。
四、正行為：一切行為皆追求善。
五、正生活：選擇誠實的生活方式。
六、正精進：有自覺地努力消除那些會傷害到你的心理狀態。

七、正意念：時刻關注思想、語言和行為，時常禪修，讓意念更加清醒。

八、正禪定：學會引導自己的思想，利用禪修集中注意力。你的思想可能是你最好的朋友，也可能是最大的敵人。

#哲學挑戰 15 為什麼死亡令人懼怕？

Epicuro 伊比鳩魯
Heidegger 海德格

電影《第七封印》（*The Seventh Seal*）以一隻鷹在空中盤旋開啟序幕。下一幕是名參加十字軍的騎士東征歸來，終於回到家鄉海濱，旁白響起《啟示錄》的段落：「當羔羊開啟第七印，天上靜默了約半小時。」鏡頭轉到躺在岩上休息的騎士，他手握寶劍，身旁有一副西洋棋盤。伴隨著海浪聲，騎士若有所思，他往臉上潑了點海水讓自己清醒，然後跪下來禱告。不過出現在他面前的不是上帝，而是死神。

死神的臉白得像牛奶，身穿長袍和黑色斗篷。騎士已經知道答案，卻還是問道：「你是誰？」死神用一種平靜得讓人起雞皮疙瘩的聲音回答：「死神。」騎士問死神是否為取命而來，死神說，他已跟隨騎士好一段時間，然後他打開了斗篷問騎士「準備好了嗎？」騎士跟死神商量，兩人下一盤棋，如果自己贏了，就讓他活下去。如果自己輸了，他願意跟死神走。棋局開始，雙方一邊下棋，一邊談論生死。

導演伯格曼似乎被斯德哥爾摩的教堂壁畫激發了靈感。那幅壁畫中，死神正和祂的受害者下著西洋棋。如果你能跟死神對話，你會問他什麼？你們會聊什麼主題？電影裡的騎士在死神面前承認他浪費了生命，還說他的存在一直很荒謬，沒有人知道即將邁向虛空，還能坦然面對死亡。為什麼我們會害怕虛無？這種恐懼是好是壞？我們該去除這種恐懼，還是該永遠記住它？

死亡恐懼

伊比鳩魯認為，如果你想擁有充實的生活，就必須消除對死亡的恐懼，因為，幸福就是一種消除恐懼之後所獲得內心平靜的狀態。有些恐懼是特定的，有些是全人類都害怕的，例如，我特別害怕督學請我提供課程規劃，那總是令我睡不著覺。但所有人都有一種確切的恐懼——就是死亡。誰不害怕死亡？想到可能不再存在於這個世界，有人能不恐懼嗎？

雖然聽來矛盾，但唯有思考死亡，才能消除對死亡的恐懼。對伊比鳩魯而言，對抗恐懼最好的抗憂鬱劑就是服用高劑量的哲學，如果能夠仔細思考死亡，恐懼就會像「雨中的淚水」[20]一樣被沖淡。請試著從「活著才有感覺」這個道理去思考，當你想品嘗一杯美酒或感到悲痛，一定是因為你還活著，身體才有感覺。因此合乎邏輯的結論是，你不可能感覺到死亡。當你死亡時，軀體也停止

20　作者注：「雨中的淚水」是電影《銀翼殺手》（*Blade Runner*，雷利．史考特執導，一九八二年上映的科幻電影）中的最後獨白。在電影史上我們很少會對一個角色的死亡如此感傷。

運作，因此你沒有感覺、不會痛，也不會疲勞或痛苦。

總之，你不可能「經歷」死亡。你會恐懼是因為某些錯誤的認知，例如你可能覺得死後會有一部分還活著，所以能感覺到發生在身體內的事。或者，你誤以為有某種靈體可以從體內跑出來，站在旁邊看著軀體死亡。但這都是荒謬的想像，因為你不會知道大腦停止運作的感覺——感官可是得靠大腦來處理。

伊比鳩魯寫了一封信給好友美諾寇（Menoeceus），除了分享快樂的建議，也請他別為死亡而煩惱，因為「**我們活著時，死亡尚未來臨；當死亡來臨，我們早已不在。**」如果伊比鳩魯這個著名論點無法說服你，請不妨想想，在你出生之前，你並不存在，也沒有害怕過，所以理論上你也不用害怕死亡使得你再次不存在。

你可能擔心死亡會破壞你原本的計畫，你還有尚未完成的事。例如德國哲學家胡塞爾（Edmund Husserl）在去世前幾個月寫到：「我不知道死亡竟如此令人困擾，正好就在我能夠展開自己的道路，正好就是此刻，逼得我必須中斷工作，無法結束任務。」你是否有同樣的恐慌？深怕死亡讓你留下遺憾？都已經做了這麼多努力，卻什麼都沒了？

伊比鳩魯建議，要避免這種痛苦，就必須保持超然的態度。要知道，那些你生命中出現的人與事可從未屬於你！所以不要為未來做計畫，也別把心思或期望寄託在未來，除非你真的別無選擇。

不要整天夢想著某些既不屬於你、也捉摸不定的將來，不要為夢想的承諾抵押了你的現在。活在當下，不要把幸福放在未來，也不要緬懷過往，更不要說「如果我最後能得到工作，我會很快樂」、「如果能找到愛人，我會很幸福」、「當我實現所有目標，我會很高興」之類的蠢話。跟你的狗兒學習怎麼生活吧！牠們沒有抱負，卻懂得享受活著的快樂。就像伊比鳩魯所言：「吃吧！喝吧！明天我們就要死了！」

或許你害怕的是死亡的過程，也就是垂死的痛苦。放心，伊比鳩魯也有解決方案。他可是個很了解痛苦的人，畢竟他健康狀況不好，病了四十多年，而且用親身經驗掛保證，無論痛苦有多麼可怕，每個人都有能力承受。伊比鳩魯向你保證，如果我們遭受強烈的疼痛，持續時間會很短，如果是長時間疼痛，那麼程度就會很弱，你一定可以輕鬆應對。如果伊比鳩魯有幸能接受現代醫療和藥劑，他可能會開心的飛上天吧？現在跟他的年代可是截然不同，我們早就有消除疼痛的藥物和療法了。如果你受苦，那一定是你自己選擇的，沒有什麼折磨是一劑嗎啡解決不了的。

伊比鳩魯的死亡也很合乎他的哲學思想。他七十二歲罹患了泌尿系統疾病。在人生最後階段，他忍受著巨大的痛苦，卻平靜的令人吃驚。他意識到自己時日無多，便將財物悉數分發出去，做好安排，寫信給朋友道別，還準備了一個熱水澡，喝了一杯美酒，並告訴他的學生，能和眾人一起談論哲學有多麼快樂。就像他平時的生活，他享受了生命中的美好，身邊圍繞著朋友，就這麼平靜的過世了。

在電影《老爸的單程車票》（*Les Invasions barbares*）描述了一個跟伊比鳩魯類似的故事。一位大學教授在醫院奄奄一息，他兒子決定讓父親在最後的時光有尊嚴的離去，於是花光積蓄讓父親跟老友、前女友團聚在湖邊一棟美麗的房子，一起吃吃喝喝，談天說地。教授用一種命運主人的姿態跟大家道別，因為他決定了如何以及何時結束自己的生命。

為死亡苦惱是好事

馬丁．海德格是一位對死亡有很多話要說的哲學家。雖然他一直是優秀的思想家，不過他做人很不上道。海德格的老師是猶太裔哲學家胡塞爾，胡塞爾出面幫他爭取大學教授的職位，還在退休前提議讓海德格接替他的位置。一九三一年，海德格迷上希特勒的形象，加入了國家社會主義德國工人黨，並公開支持他。納粹政府很懂得獎勵忠誠，於是任命他為佛萊堡大學的校長。一九三三年，海德格執行了納粹政府的反猶太法令，剝奪了他老師榮譽教授的頭銜，同時禁止他使用學校圖書館。一九四一年，海德格在著作《存在與時間》的新版中刪除了「獻給胡塞爾」的字眼。

雖然《存在與時間》是由一名集權主義的反猶太主義哲學家所撰寫，但不可否認，它仍是有史以來最具影響力的哲學書籍。書中包含了對死亡的反思，可以為你的生命提供幫助。我要提醒你，在哲學領域，你可以有喜歡或不喜歡的論點，但要避免犯下一個錯誤，那就是「因人廢言」。例如，你不該因為海德格的政治立場而貶低他的思想。因此，讓我們先把支持納粹的海德格放一邊，來看看哲學的海德格。

海德格在《存在與時間》中告訴我們什麼呢？他認為人類之所以與眾不同，是因為他們不僅存在，還是唯一會質疑存在意義的物種。好比說，我眼前的天竺葵就只是一個存在，不會問自己「身為天竺葵是什麼？」當然我希望我的花繼續維持現況，要是它哪天真的這麼問我，我除了幫它換肥料，可能還得去找個口碑好的精神科醫生！

我的天竺葵的另一個特點是它的存在是確定的，而且只有一種形式，一朵花無法思考它想成為一朵什麼樣的花，也無法做決定。但是你不一樣，你可以決定。最後，我的天竺葵跟對面陽台女士種的那株天竺葵，兩株花的存在形式完全一樣。而人類的存在方式可就完全不同了。我們的存在方式不是預先設定好的，我們的每個選擇無論多麼微不足道，都會形成這樣特殊又獨特的存在方式。例如，陽台女士和我各自決定了我們的存在方式，在生活的每一刻，我們做出一系列的選擇。就像現在，我可以坐在電腦前打字，也可以帶狗去海灘散步，或選擇去市場採購。在我面前有三種可能，無論我選擇什麼，我還是我，所有選項都是等價的。

海德格指出，你可以逃避某些可能，例如你可以不生孩子或不上大學，但有種可能是任何人都無法避免的，而且存在於生活中每一刻。你猜到海德格指的是什麼？沒錯，每個人都會面臨、而且任何時候都可能發生的死亡。這個週末你可以跟朋友出去玩，或待在家裡看電視，或是死亡。

現在懂了嗎？就像電影《第七封印》的騎士，死亡一直伴隨著你。這是生命中永恆存在的可能性，無法逃避，因為沒有人能夠不死。海德格發現死亡是生存的本質，因為沒有人能替代他人死亡，死亡是屬於個人的事——這就是存在的真正意義。海德格將死亡定義為生存最終極的可能性，讓生存趨近於不可能的可能性。人類是什麼？就是一種會死掉的存在。

如果你剛發現自己竟是一個「會死掉的存在」，通常會感到悲傷。如果你儘管意識到存在有盡頭卻絲毫不難過，那你很可能是一株天竺葵喔！不過海德格並不認為這種感覺很消極，因為悲傷會讓你意識到自己是有限的，這讓我們脫離穩固的框架，知道世上沒有什麼事情是絕對或確定的。不過，這種強烈感也會讓一切事物失去價值，某些時刻你甚至會覺得世上的事物都很多餘：一個心煩意亂的人應該怎麼看待一隻價值一千六百歐元的智慧型手機？或是，他又會多在乎老闆的怒氣？還是對最新時尚產生什麼興趣？

多數人一想到死，難免認為這種可能性很遙遠。雖然我們知道有可能在這一刻死去，卻無法正視這個事實，彷彿死亡並不存在，也與我們無關。但對海德格來說，從出生那一刻起，我們就已經大到可以死了，但我們卻認為死亡會在許久之後才發生，這種想法讓我們過著虛假的生活，把事物當成一種目的，而非過程。

電影《美國心玫瑰情》（*American Beauty*）有個令人難忘的場景，正是海德格所謂不真實存在的概念。那一幕是中年危機的丈夫在家裡安靜的喝著啤酒，而他那沉迷於事業和金錢的妻子進了家門。他望著她，誇讚她的新髮型很好看。他們的女兒不在，丈夫慢慢靠近妻子輕聲問道：「天啊卡蘿琳！妳什麼時候變得這麼不開心？那個無聊時在派對上假裝癲癇發作的女孩呢？那個在我們第一間公寓的屋頂上奔跑，在警用直升機前脫光衣服的女孩呢？妳都忘了嗎？我可沒忘。」他們的唇越靠越近，這段死灰般的婚姻似乎再次燃起愛的火花。

突然間，妻子意識到啤酒可能會灑在她新買的昂貴沙發：「萊斯特，你會把啤酒撒在沙發上！」丈夫不耐的說，這不過就是張沙發。妻子卻反駁：「這是一張四千美金的沙發！沙發布是義大利真絲製成，不只是一張沙發。」丈夫怒不可遏：「這就是一張沙發！這不是生活，但對妳來說它比生活還重要。親愛的，這太瘋狂了！」當我們意識到生命不是無限的，沙發就只是沙發。

海德格也指出，不願面對死亡的另一個危險，就是導致我們過著平庸生活，也就是人云亦云、隨眾從俗的生活。所以海德格請你勇敢過著真誠的生活，在生活中，所有事物不過是在你有限生命中讓你能夠實現自我的過程。一九七六年，海德格在他出生的黑森林小鎮去世了，就像有意實現伊比鳩魯的格言：「每個人終將離去，如同出生般別無選擇。」

＃哲學挑戰16 要買多少東西才會快樂？

Thoreau 梭羅
Aristóteles 亞里斯多德

今天是超級購物日！至少亞馬遜網站這麼寫。一群高中生利用下課時間飛奔到市區商圈，不一會兒帶著五顏六色的提袋回學校上課。當我踏進教室，一名女學生正展示新買的衣服：一套銀灰色亮片連身褲。她既開心又興奮，打算在年底派對上亮相。其他學生紛紛分享他們在網路上搶到的便宜，有帽子、運動鞋、上衣、喇叭、無線耳機、相機、鏡頭、遊戲機、控制器、背包等。

我一時興起，請他們說說都買了些什麼，花了多少錢，並且記錄在黑板上。當金額超過一千五百歐元，米麗安舉起手激動的表示：「老師，我一定是傻瓜，我什麼都沒買！」我問她為什麼不趁難得的優惠日去購物，她回答：「我什麼都不缺。」另一位同學吐槽她言不由衷，於是我們展開了辯論，討論到底要買多少東西才能感到滿足。

有些人認為，擁有越多，生活就越輕鬆、越有趣。有位學生想起了伍迪．艾倫導演的名言：「金錢不會帶來幸福，但會讓人有類似的感覺，可能需要一位很厲害的專家才能分辨出兩者差異。」有些學生則認為，生活越簡單，要擔憂的事情就越少。我們不該藉由買更多東西讓自己滿足，而應該盡可能減少需求。也就是說，擁有讓我們感到安全感的東西就足夠了，享受生活不需要太多的奢侈品。

森林生活

當我的學生還在七嘴八舌討論，我問了一個問題：如果你住在森林裡一棟人煙罕至的小木屋，你會快樂嗎？美國哲學家**亨利・大衛・梭羅**想證明這件事，並在《湖濱散記》寫下了他的見解。梭羅想嘗試一個人是否能在沒有錢也不需要消費的情況下，過著幸福快樂的生活。他不像別的哲學家只用理論去分析，而是將思想付諸實踐。一八四五年，這位哲學家搬到瓦爾登湖畔的森林，親手打造了小屋。他怎麼了？為什麼發這種瘋？他在想什麼？怎麼會有人放棄現代化的舒適生活跑到荒郊野外？不是擁有的東西越多就越快樂？沒有自來水、沒電、沒網路、沒智慧手機、沒膠囊咖啡機、沒吸塵器、沒有冰箱也沒有汽車，還能愉快生活嗎？

梭羅認為多數人都在浪費生命。為了賺錢，我們選擇了不喜歡的生活，然後把賺來的錢拿去買些讓我們更加遠離存在意義的東西。台下的學生們聽完之後陷入了沉思，我趁機讀了一小段《湖濱散記》跟他們分享：

我幽居森林，是因為希望小心謹慎地生活，只面對生活的基本要素，看看能否學會生活必定會傳授我的東西，以免死到臨頭才發現白活一場。我不希望我的生活過得不叫生活，生活是如此寶貴；我也不願去修行過上隱逸的生活，除非萬不得已。我要充實的生活，從生活中汲取精華，我要活得艱苦，從而根除一切非生活的東西……

班上一位好動的學生迪亞哥舉起手說，每個週末，他會到他家位於雷德斯國家公園深山裡的一個小農莊度假，也有同樣的感覺。迪亞哥家養了不少牛，有時他不得不和牛群待在山上，在小木屋過夜。他承認他在那裡很快樂，而且當他走進一片山毛櫸林聽著「樹的語言」，他覺得比以往任何時候都更有活力。

迪亞哥認同梭羅的道理，文明生活帶來的舒適感往往很不划算，因為舒適的代價是負擔和失去自由。我們在購物時花費的不是金錢，而是我們的生命。梭羅告訴我們，在他居住的城市，一棟普通房屋（當時）的價格為八百美元，要賺到這筆錢，代表了要為別人工作十五年。經過一番計算，他問自己：為什麼不按照我自己的喜好蓋房子？為什麼我的房子要別人辛苦幫我建造？於是這位哲學家離開城市，不但親手打造一座小屋，同時建立了自己的生活。如果你願意讀一讀《湖濱散記》，你會了解在他沉浸在自然裡的經歷與反思。

很享受自己蓋房子的梭羅認為，多數人都做著不喜歡的工作，因此產生了無限的煩惱。難道只為了掙一份薪水，然後買些永遠無法填補空虛的東西？梭羅才不會為了價值超過一千歐元的智慧型手機而浪費生命，在他眼裡，多數人都瘋了，因為將生命耗費在工作上，還把錢消費在那些根本不需要的物品身上。此外，我們把還有用的舊物扔掉，只因新款已經上市了！人生不該只是累積財富，而是要享受當下。

我想梭羅一定會喜歡《鬥陣俱樂部》（*Fight Club*）這部電影中布萊德．彼特的論調。他說，「我看到許多人才，卻在浪費生命。整個世代的人都去做加油工、服務生或白領奴隸。廣告讓我們追求汽車和時尚，讓我們做著自己憎恨的工作，好有錢去買一堆其實並不需要的垃圾。」梭羅從森林中的生活領悟到，如果你很容易滿足，你可以減少工作量，也就有更多時間享受生活。所以你應該煩惱能否擁有更多時間，而非擁有更多的物質。從現在開始，改變人生的方向吧！快捨棄虛假的價值觀，例如我要很有錢、要出名、要成功、要受人歡迎……等，試著選擇簡單明智的生活，放慢步調，讓日子過的更簡單。

例如，穿衣服回歸保暖和舒適的本質，選擇便宜、耐用的衣服。東西壞了別急著扔，先修理看看。房子只要能遮風避雨就夠了，不要為了追求更大的空間或更高的天花板而抵押你的生活。吃的方面只要為了維持健康，簡單經濟為原則，當然也可以自己做麵包或種植蔬菜。離開高壓的工作環境吧，工作只有一個目的，就是養活自己。多花點時間在大自然中散步，做運動，保持健康。不要喝酒或吸毒。關上電視，讀一本好書吧！不要太關注新聞，因為媒體基本上是一種操縱手段。去過上沒有負擔的自由生活吧！

梭羅的生活哲學啟發了整個世代的年輕人，他們在六〇年代發起名為「嬉皮」的反文化和自由主義運動。他的思想也點燃了克里斯多夫・麥肯迪尼斯（Christopher McCandless）的熱情，這位家庭背景不錯的年輕人大學一畢業就散盡家財，跑到阿拉斯加最荒涼的地帶生活。他的故事被西恩・潘改編搬上了大螢幕——《阿拉斯加之死》（*Into the Wild*）。不過，要是亞里斯多德看了這部電影，他會說這個年輕人的所作所為是那個年紀特有的天真和愚蠢，而且跑到森林深處的小木屋居住，也不是聰明的作法。

法庭生活

亞里斯多德的腿很纖細，眼睛很小，身穿昂貴的衣物，手戴戒指，髮型優雅——是典型的貴族風格。他家境優渥，家裡供他出外念書，他很幸運進入最著名的私立學校，也就是柏拉圖在雅典創辦的學院。亞里斯多德從未完全融入雅典的社會，因為他一直被當作次等移民對待。他在學校裡是個怪胎，同學還很輕蔑地為他起了「朗讀者」的綽號。他會被這麼叫，是因為當時亞里斯多德與其他學生很不一樣，他不用奴隸在課堂上幫他唸書或抄筆記。拜託，要是有奴隸幫你做這些事，誰還需要iPads或電子黑板啊？他是很麻煩的學生，因為無論老師說什麼，他都要提出質疑，完全管不住自己的嘴。柏拉圖要是說了一些讓他覺得很蠢的話，他會馬上舉手說出意見，完全不會不好意思。

學院成員批評他對老師不忠誠，而且指責他不像同伴，更像對手。對此亞里斯多德的回應是「吾愛吾師，吾更愛真理！」不過據說柏拉圖待他有如最愛的弟子，還為亞里斯多德開脫：「亞里斯多德的確不時會批評我的言論，不過那就像剛出生的小馬對母親踢了幾腳罷了。」柏拉圖對這位弟子讚嘆不已，甚至不直呼其名，而用「**聰穎**」這個暱稱叫他。

文藝復興時期的藝術家拉斐爾（Rafael Sanzio）在藝術史上最著名的壁畫《雅典學院》，畫面上柏拉圖手指向天，而亞里斯多德則手指下地，師徒兩人在畫面中央爭論了幾世紀，絲毫不顯疲態。

不過也有其他版本的故事指出他們根本沒有傳說中的相親相愛。柏拉圖可會記仇了，甚至讓亞里斯多德以為自己是學院接班人，然後為了修理他，把學院交給相較之下愚蠢的姪子。於是亞里斯多德辭去職位，創立了自己的學院，還成功的復仇了——他成為教導亞歷山大大帝的老師。

這位柏拉圖的弟子當上了年僅十三歲的未來皇帝的老師。他教亞歷山大像希臘人那樣思考，像野蠻人那樣戰鬥。據中世紀詩人所述，他還教亞歷山大希臘文、希伯來文、巴比倫和拉丁文，教他海洋和風的性質，向他解釋了星辰的軌跡，蒼穹的演變和宇宙的永恆。此外，亞里斯多德還教亞歷山大正義和辯論，並警告他遠離放蕩的女人。這位由亞里斯多德親自教導、古代最強大的戰爭機器最終拿下了典雅，征服了希臘，在世界各地部署軍隊，建立了當時最強大的帝國——這簡直是這位初出茅廬的哲學家對柏拉圖學院帶給他的羞辱，所能做出最好的反擊。

亞里斯多德學派被後人稱為「逍遙的哲學」，這個詞在希臘文中意為「漫步者」，由來是亞里斯多德喜歡在花園裡邊散步邊上課，花園內還有身上塗滿了油準備練習摔角的運動員。如果你夠精明，找個天氣不錯的日子，把這個故事說給你的老師聽，或許可以說服他帶你去散步。

雖然你可能覺得奇怪，亞里斯多德竟把他的哲學學院辦在健身中心（體育館），這所名為萊西姆（Liceo）的學院也是為了向呂西亞的萊西安·阿波羅（Apollo Licio）致敬。請不要以為亞里斯多德在一個滿是飛輪健身車、撥放震耳欲聾的動感音樂，周圍都是身穿名牌運動服的環境授課喔！當時的健身中心可跟現代截然不同。在古雅典，這種場所不單培養強健的體魄，也會培養思想。你能想像你的體能訓練不是仰臥起坐，而是用邏輯練習題來收尾嗎？不過如果我們今天不單注重體態，也努力使精神思考更加強大，這樣聽起來似乎還不錯。

總之，希臘的健身中心其實是個社交場所，當時大家可以在那裡聊天、辯論或交流。而「健身房」（gimnasio）一詞的語源來自於希臘文gymnos，意為「裸體」，因為當時全身光溜溜的做運動可是非常正常的，這樣才能更好的享受運動員的肉體啊！也不知道是否因此亞里斯多德後來開始招收柏拉圖學院的學生。據說亞里斯多德用一種巧妙的方式來控制自己的睡眠時間。他睡覺時會手握一粒青銅球，並在球下方的位置放個銅碗，當球掉到碗上，他就會被噪音吵醒。從這件事可以看出他是多麼自律，又懂得充分的利用時間享受生活。

亞里斯多德的研究主題當然也包括了「如何獲得幸福」。他非常清楚每個人都必須與他人共同相處，才能充分發展生活——人類本來就是群居動物。如果你活的像梭羅那樣離群索居，那麼你所謂的美好生活只能算是動物屬性，而非人類屬性的。另一個亞里斯多德堅持人必須與他人相處的原因，是他認為人類需要友誼才會快樂。所以請你告訴我，你如果總是孤伶伶的，要怎麼結交朋友？還是你可以跟松樹或甲蟲聊天聊到欲罷不能？亞里斯多德認為，如果你像梭羅那樣簡樸的生活，你永遠無法獲得幸福。貧窮一點都不好，選擇清貧的生活若非無知，就是有點瘋狂。的確，財富不能確保幸福，但這不代表著貧窮就能過上充實的生活啊。

這位希臘哲學家認為，所有生活型態中，當個智者無疑是最好的選擇。換句話說，如果你今天可以選擇要當奢華拜金的希爾頓、千萬年薪的足球員梅西、大企業家賈伯斯，還是西班牙首富奧蒂嘉或愛因斯坦，你一定要選擇後者，因為沒有任何財富比得上智慧。不過如果愛因斯坦的生活窮困潦倒，那無論他再怎麼聰明，他可能都開心不起來。貧窮不是好事，我們必須從我們的生活和社會中將其根除。況且，在各種環境下，貧窮時常是犯罪和騷亂的起因。

對亞里斯多德來說，最理想的情況就是大家都成為中產階級。仔細觀察你會發現，一個擁有大量中產階級的社會，才是最和平、發展最好的社會。你得追求舒適的生活，才能享受安寧和健康的快樂。貧窮不會帶來任何好處，但財富可以。不過所謂舒適生活不在於你「擁有」多少物品，而是你怎麼「看待」物質。物質只是幫助我們更能發揮能力，你不該把追求物質生活當作最終目的。

如果你帳戶的錢夠多，那麼你就可以更好地照顧自己的健康，可以旅行，換取豐富的經歷，你可以實踐夢想的計畫，使人生更完整。你可以單純為了興趣而學習等。金錢可以給我們時間和自由去發展人生中真正重要的事，就是那些亞里斯多德認為能帶來快樂，能讓我們成長的事情。如果你窮得要命，是要怎麼盡情享受音樂或攝影？

但是如果是撒錢炫富，毫無節制的花費，或買一堆不必要的奢侈品，那可就非常愚蠢了。當我還是個學生時，我得靠販售抽獎券來籌措教育旅行的費用。當時我詢問一位繼承了豐厚遺產、住在城堡的富有女士是否願意買彩券，她答應了，並不忘說她希望能中獎。我忍不住問她為什麼想中獎，既然她已經這麼有錢了！這位女士回答，「是啊，我很有錢，但還是有人比我更有錢。」

亞里斯多德可能會評論說，這位女士已經迷失生活的方向，完全忘了金錢對於生活的作用。這位希臘哲學家並不認同過度依賴或缺乏克制，他的理想是當一個平衡的人，既非森林中的帳篷生活，也不是滿是僕奴的豪宅生活。中庸才是美德。

亞里斯多德要對梭羅的觀點提出最後的反駁：我們要展現所有的美德，才能獲得幸福。若生活貧困，難免就無法施展某些美德。例如你一無所有，要怎麼展現慷慨？你當然可以辯駁說，窮人也可以付出他們少得可憐的東西。好吧，那麼其他美德呢？例如寬宏大量。你住在森林裡，是要向誰展現寬宏大量？你又該如何體驗節制？在亞里斯多德結束漫長的散步之前，他提醒你，那些支持梭羅理念的年輕人最後還是會變得清醒而成熟，並接受了人生不可能這麼幼稚的事實。

哲學挑戰 17 為什麼總有人不快樂？你也不快樂嗎？

Escuela de Fráncfort 法蘭克福學派
Aristóteles 亞里斯多德
Kant 康德

根據世界衛生組織的資料，全球有超過三億人罹患憂鬱症。在西班牙，抗憂鬱劑和安眠藥的銷量領先全歐洲，這表明了有大量西班牙人感到沮喪，而這些人每天面臨的問題使他們焦慮到睡不著覺。西班牙醫藥暨健康產品局的數據顯示，自二〇〇〇年至二〇一三年，服用抗憂鬱劑和安眠藥的西班牙人增加了兩倍，抗焦慮藥物和鎮定劑的支出也大幅增加。每一百個西班牙人之中就有八個人必須服用藥物才有辦法出門。你可能成為其中之一嗎？什麼原因讓你覺得「不會」？你認為那些正在吃抗憂鬱劑的人，在你這個年紀，會懷疑自己長大後能否幸福嗎？為什麼他們不快樂？

法蘭克福復仇者聯盟

在二十世紀，有一群思想家被稱作「法蘭克福學派」。他們跟能打敗壞蛋、宇宙最強存在《復仇者聯盟》有著異曲同工之妙。不同之處在於，漫威英雄是向北歐神話的諸神宣戰，而法蘭克福學派則向資本主義宣戰。法蘭克福的超級團隊由以下超級哲學家組成：

- **麥克斯．霍克海默**（Max Horkheimer）：毫無疑問，這個團隊領袖的超能力是擁有「超級遠見」，他能發現法西斯主義實際上並未消失，而偽裝成某種資本主義的面孔。
- **狄奧多．阿多諾**（Theodor Adorno）：他的超能力是能看穿一切文化產品背後的意識操縱，從電影到夏季舞曲，在他的法眼下皆無所遁形。
- **華特．班雅明**（Walter Benjamin）：號稱「歷史的守護者」，他博覽古今歷史，發現一個事實：歷史是由勝利者所書寫。
- **赫伯特．馬庫塞**（Herbert Marcuse）：他能解救被科技、消費主義所束縛的受害者。跟他聊過天，你就不會買新手機了！
- **埃里希．弗洛姆**（Erich Fromm）：他的超能力是消除恐懼，幫助你反抗世界，並讓你感到自由。
- **于爾根．哈伯馬斯**（Jürgen Habermas）：他是年紀最輕的成員（雖然我寫這本書時他已經八十歲了），也是最晚加入這個團隊的。他的超能力是發現所有不合法的規則和習俗。

法蘭克福超級團隊認為社會中有個大反派，讓民眾在渾然不覺的情況下變得鬱鬱寡歡，得依賴藥物麻痺自我，才能生活下去。這個邪惡敵人就是資本主義經濟體制，它利用媒體、廣告跟大眾文化控制我們的思想。這個壞蛋成功的征服人類，所以我們只能被搾取智能，幫助它去創造和發展，達到它的目的。它讓我們以為我們是自由的，實際上我們只是為整個制度所利用的齒輪。

資本主義允許我們從技術上發展為一個社會，但不允許我們思考要過什麼樣的生活。我們的生活方式都由這個制度來決定，包括讀書、工作、消費，以及教育下一代。我們費盡心思拚命開發家電、車子、手機應用程式或社交軟體，卻從未停下腳步思考，要這些東西做什麼。照理說，應該先搞清楚想達到什麼目標，再尋找實現目標的方法，這樣才合乎邏輯吧？但事實並非如此，因為所有目標都是由資本主義決定的。

法蘭克福學派以「工具理性」說明我們的思考只是用來為制度效命。資本主義就是利用這種智力來控制人類和自然。所以，現在你應該了解，為什麼近代雖然是人類史上科學和技術高度發達的年代，卻還能出現納粹主義、史達林主義這類非理性的體制。因為滅絕營的目的雖然極不理性，卻無可挑剔的合理又有效。我們的社會在開發設備方面日新月異，卻不曾想過：我幹嘛要這些東西？

有一部叫《極度空間》（*They Live*）的電影闡述了法蘭克福學派的思想。這部片是典型的外星人入侵地球情節，但導演卡本特用這個梗不遺餘力地諷刺新自由主義體系。故事講述無家可歸的主角約翰無意間撿到了一副能看到隱藏在表象下真實世界的眼鏡。戴上眼鏡後，約翰看到的世界是黑白的，原來的廣告招在白底之下冒出兩個黑色大字「服從」；另一則印有比基尼女郎的廣告，卻讀到另一種訊息「快結婚生孩子吧！」透過眼鏡看到的報紙、雜誌、廣播或電視節目都只傳遞了一個訊息：「消費」。當主角戴眼鏡望著鈔票，上方的總統肖像消失了，出現的是「這是你的上帝」。最可怕的是從眼鏡看出去，大部分的居民都是活死人，對處於奴隸狀態渾然不覺，所有人都一無所知的過日子。這部電影吸引了美國藝術家費爾雷（Shepard Fairey），他創作了一款傳播到世界各地的貼紙，貼紙上畫的是巨人安德烈（六〇年代受歡迎的摔角選手），配上「obey」[21]一詞。

法蘭克福學派、導演卡本特和費爾雷的觀點是：你不可能在無知中快樂。把頭埋在地下只會讓你產生虛假的幸福感，然後在意想不到之時爆發、導致你開始吃百憂解。無知的你既不可能真正快樂，也得不到真正的自由。資本主義制度成功擺布我們加速走向沒有選擇的命運，能與這種邪惡對抗的方法，就是停下腳步，思考我們真正想要的未來。

收集美德

古希臘羅馬的哲學家在「什麼是幸福、如何獲得幸福」的主題上進行了大量的討論。最早把該主題寫成書的是亞里斯多德，這部名著稱為《尼各馬科倫理學》（*Nicomachean Ethics*）。這本書據說是哲學家寫給兒子尼各馬科的，他在書中告訴兒子，應該接受什麼樣的教育和生活方式，才能獲得幸福。亞里斯多德也有一位女兒，不過書裡可沒寫給她半句話，或許是他認為幸福跟政治和哲學一樣，都是男人的事。由此可見，智者也有犯蠢的時候。另一種對書名解釋是說，尼各馬科並非亞里斯多德的兒子，而是某個負責幫他收集整理倫理學著作的可憐傢伙。無論如何，這本書流傳後世，到了現代還是能讓你在追求幸福的路上受用無窮。

如果你將來不想依靠抗憂鬱劑過活，你首先要做的就是把「幸福是一種開心或歡欣的情緒」這種念頭拋開！如果有這麼簡單，那麼發明一種讓我們持續保持這種狀態的藥物就好了呀。對於亞里斯多德而言，幸福應該是過上值得一提的生活，獲得存在的滿足感，實現對我們而言真正重要的目標，發揮全部的能力。總言之，幸福就是成為最好的自己。想像一下在你生命最後的日子，如果有人把你的一生拍成電影，你覺得值得花門票錢去看這部電影嗎？你會喜歡這部電影，還是覺得很無聊？你覺得主角會讓觀眾喜歡，還是厭惡？

亞里斯多德認為，幸福是一種學習和訓練的成果。如果你能向智者求助，並且鍛鍊自己，那麼你就有機會成為幸福人士俱樂部的一員。許多人把幸福和其他看起來不錯卻無法建構幸福的事物給混淆了。例如，有些人認為事業有成就會幸福，有些人則認為名聲能讓他們幸福，有些人認為幸福是金錢、歡愉或更多新鮮體驗。事實上，這些美好事物都無法保證你會幸福。所以，你到底需要什麼？亞里斯多德說：「努力成為一個擁有美德的人，你就會得到幸福作為回報。」

---

21 作者注：如果你喜歡玩滑板和塗鴉文化，那麼你一定知道有個服飾品牌用這張圖作為商標。不過，你不覺得一邊批評消費主義，一邊賣一件八十歐元的T恤，這作法有點矛盾嗎？

如果你想理解亞里斯多德所謂的「美德」，可以拿一個足球員要成功的必備特質來舉例。如果你熱愛足球，你一定很熟悉一個優秀足球員應該具備的特質。好比說，他是一個多方位球員、充滿爆發力、速度快，團隊配合度高等。要知道這些優點，我們首先要思考一個球員應該執行哪些動作，然後去找出成功執行這些動作的特質。如果某個球員的典型表現是跑步，那麼「速度」就是他必須擁有的優點。

以足球這個例子繼續討論下去。你要怎麼做，才能獲得優秀足球員的美德？我相信各位已經知道答案了，就是努力訓練。好，現在試想，你不想當球員，而想成為一個優秀的人。為了達成目標，你必須確保自己能夠執行「人的美德」。總之，如果你想獲得幸福，快別收集寶可夢了！從現在開始收集「美德」！為了讓你的美德之路輕鬆愉快，亞里斯多德幫你列出了幾項幸福生活中不可或缺的美德：

- 勇氣：這項美德處於懦弱和魯莽的中間地帶。「恐懼」本身不是壞事，它是大自然賦予人類的機制，警告危險即將來臨。魯莽者就是不知道恐懼，才會做些瘋狂又冒失的事。例如某個在公路上以每小時一百八十公里的車速狂飆，還老神在在說「安啦，都在我掌握之中」的愚蠢白痴。另一方面，懦夫則是在沒有危險的地方還覺得危險，例如影集《宅男行不行》的主角庫珀就是個例子。庫珀不但無法克服恐懼，而且他的恐懼很不理性，比如說，他罹患了

「三角恐懼症」，也非常害怕看見任何緊密結合的幾何圖形。

與上述情況相反，勇敢者知道「何時」以及「為何」感到恐懼，也知道什麼時候應該克服恐懼。如你所見，勇氣和謹慎、自信有關，勇敢者的特點就是能在高壓時刻保持冷靜。有勇氣的人都能在極端情況下展現出偉大之處。克林・伊斯威特執導了一部關於勇氣的故事《薩利機長》（*Sully*）。故事發生在二〇〇九年一月十五日，由機長薩利駕駛的空中巴士A320雙引擎客機遭受鳥擊，引擎失效迫降在紐約的哈德遜河。電影中由湯姆・漢克飾演的機長在事發當下沒有驚慌失措，始終保持鎮定，冷靜思考最佳的選擇，最後成功挽救了機上一百五十五人的性命。

- 節制：在享樂中保持平衡。如果你擁有這種美德，就會明白去派對時不該喝到連花瓶的水都不放過。我不是要你像隱修會修士那樣清心寡欲、離群索居，你只需學會均衡飲食和睡眠就可以了。對亞里斯多德而言，關鍵在於控制食欲，不要被它支配，也不要像小孩一樣無法控制衝動。

電影《醉後大丈夫》（*The Hangover*）中四個麻吉舉辦了一場史上狂野單身派對，你可以看到沒有節制的歡樂和慶祝最終的後果為何。另外，如果你想獲得幸福，你必須在憤怒、喜悅、愛、恨、嫉妒、同情等情緒中尋求平衡點。拿憤怒來說吧，如果你在該生氣時生氣，並掌握了該對誰生氣以及如何生氣，那麼你就是一位有德之人。克林・伊斯威特飾演過的許多角色都是「節制者」的典範，如果要我選擇一個經典代表，我會推薦他自導自演的電影《經典老爺車》（*Gran Torino*）裡的主角華特，因為他非常清楚何時、對誰，以及該如何憤怒。

- 慷慨：你不該被人利用，但也不能成為一個像海蒂．格林（Hetty Green）那樣的人。格林被《金氏世界紀錄》封為「世界上最貪婪吝嗇的人」。這個十九世紀最富有的女人從未幫助過任何人，甚至當她兒子摔斷了腿，她竟然將他送進慈善醫院，以節省治療費用。
- 雄圖：這是指能做大事的美德，能勇敢執行困難卻令人尊敬的計畫。不過，在西班牙會不會被尊敬似乎有待商榷，因為西班牙人好像很難為自己的同伴或鄰居的成功感到高興。要獲得這種美德，重要的是不能自視甚高，也不能妄自菲薄。亞里斯多德所謂的「雄心壯志」，類似於那些我們稱為「成功企業家」的人。
  電影導演休斯頓（John Huston）可謂「做大事」的代表。他不但是數一數二的優秀電影人，還身兼拳擊手、作家、軍人、獵人、養馬師和藝術收藏家。他有很多電影作品描寫了偉人及冒險的故事，我推薦大家去看《大戰巴墟卡》（*The Man Who Would Be King*），這部片簡直是無畏、浪漫和冒險精神的化身。
- 豪爽：知道怎麼花錢的美德，包括不浪費和不小氣。對亞里斯多德來說，重要的是把錢花得有價值，例如捐款給社區建設或慈善公益，就很值得讚揚。你也可以放心把錢花在打造房子、款待客人或籌辦一場獨一無二的活動，就像電影《教父》（*The Godfather*）中，教父柯里昂為女兒舉辦的盛大婚禮。不過這個例子有點不適當，因為亞里斯多德警告我們，如果想成為一個值得尊敬的人，你的金錢必須是靠自己努力賺取而來；而柯里昂的資金來源可能不是很乾淨。

- 耐心：這是聰明人的美德。如果你在面對意外、不幸或痛苦時無法控制情緒——尤其是憤怒——就代表你離智慧還有很長一段路。你知道為什麼無知的人很沒耐心？因為他的天真讓他覺得事態必如他所預期般發展，他們急躁而且不切實際，認為生活無時無刻都應該公平美好。如果在超市遇到大排長龍的結帳隊伍，這種人會覺得全世界理所當然得辛苦排隊——除了他自己。如果發生流感，他也認為病毒會攻擊四千六百萬的西班牙人，只有他不會有事。智者跟這種自以為是的傻蛋不同。他們知道什麼是現實，該如何應對，懂得區分各種情況，不讓自己陷入憤怒的情緒。一個人如果擁有「耐心」的美德，那他必定是個堅如磐石的人，能夠忍受痛苦而鮮少怨言。如果你想成為這樣的人，你必須知道，要有某種程度的智慧和思想成熟才能培養出耐心，才能理解生活中哪些是重要的問題，以及如何面對問題。作家錢德勒（Raymond Chandler）筆下的角色偵探馬羅（Philip Marlowe）就是典型的耐心人物，他的故事多次被搬上大螢幕，包括亨弗萊．鮑嘉（Humphrey Bogart）、蒙哥馬利

（Robert Montgomery）及勞勃・米契（Robert Mitchum）等大明星都演過這個角色。馬羅告訴我們，世界上沒有什麼事是一杯烈威士忌解決不了的，一切都值得耐心等待。

- 正義：這裡指的不是盲目遵守法規，而是追求人類的共同利益。正義需要佐以智慧，才能在法律不公的情況下發揮效用。我建議你回顧經典老片《紐倫堡大審》（*Judgment at Nuremberg*）。這是場特別的審判，審理的不是犯罪，而是對法律和執法的制度。你會在片中看到這個法庭上，坐在被告席的是納粹政權時期的首席法官，因為他們創造並執行了不公的法律。法官的責任應該是保持正義，但他們的作為竟然允許法律對基本人權造成了侵害。
- 謹慎：唯有審時度勢，才能擁有這項美德。魯莽者無法預想到行為的後果，但你面臨的問題是，世界上也不存在一種通用規則來幫助你判斷各種情況下該怎麼做，因為「汝之蜜糖可能是彼之砒霜」。以教育來比喻。世界上有許多教學方式，但懂得因材施教，才能當個好老師。不過，完全沒有一個標準可以告訴老師們在哪些情況下怎麼教學，唯有優秀的老師能靠著經驗和智慧來因應和判斷。所以，如果你想獲得這項美德，唯一能做的就是花時間思考和反省。你必須審視自己，評量自己和他人的行為。

學會謹慎絕非易事。現代許多年輕人知識豐富，卻不謹慎，因為那必須靠經驗累積。那麼，如果你還沒活到足以累積經驗的年紀，又想謹慎行事，該怎麼辦？你可以聽取阿公阿嬤的建議。長輩和專家從人生中汲取了諸多智慧，也樂意與你分享。所以，請聽從明智者的觀點和判斷，而非來自youtuber或網紅的金句。為了讓你深入了解這項美德的意義，我建議你看一部電影《郵報：密戰》（*The Post*）。故事發生在一九七一年六月，《紐約時報》和《華盛頓郵報》不得不做出重大抉擇，考慮公布一份機密的五角大廈文件，將政府刻意掩蓋的事實公諸於世。他們必須決定一件事：對美國公民來說，知情權和安全，哪個比較重要。

- 友誼：我們可以把這項美德以農作來比喻。一個好農夫知道如何耕種土地，才能結出最美的果實，而一個好的朋友也知道如何讓友誼發展出好的結果。對亞里斯多德而言，友誼是幸福人生的必要美德，因為一切事物只有在與朋友共享時才顯得有價值。此外，友誼需要時間經營，這並不是說，你跟某人從小就認識，你就自動和他成為朋友。雙方必須擁有善良和品德，才算得上是好的友誼。我們無法跟惡人交朋友，所以反過來說，你必須先成為好人，才配的上他人美好友誼。

亞里斯多德還說，你不可能擁有非常多的朋友，因為友誼意味著親密性，需要花時間維持。當然，人與人的相處還有其他關係，例如為了休閒或共同利益而建立的關係，但這些都不能算友誼。亞里斯多德建議，你應該在「擁有一堆朋友」跟「一個人形單影隻」之間取得平衡，就像加一點鹽巴調味那樣。

你是否注意到，亞里斯多德所提出的美德都有一個共同點？它們都是兩種極端的中間值。因此記住，過與不及都會破壞美德。就拿運動來說吧，過度運動當然不健康，但每年都報名健身房，卻上了兩堂課就放棄，也不是什麼好事。那麼，該如何擁有美德？事實上，你得靠著學習和不斷練習，別無它法。美德是一種習慣，唯有一遍遍重複相同的行為，才可能真正學會。好比說，想學好開車，只能不斷試車上路，不可能靠著死背交通規則就學會。想成為一個正義之人，只能不斷去實踐，不可能只靠理解善良是什麼，就成為一個好人。

亞里斯多德告誡我們，愉悅和痛苦都會對我們的習慣造成影響，使我們無法順利擁有美德。你很可能為了一時快樂而做了惡事，也可能因為行善會帶來痛苦或困擾，所以不再行好事。不信嗎？那麼我問你，你今天讀了多久的書？多數人生活糟到無藥可救，都是因為自身的懈怠、懶散和缺乏鍛鍊，才會過得平庸而不快樂。你有建立起讓你擁有美德的習慣嗎？

如何幸福

亞里斯多德結束了發言，現場掀起熱烈的掌聲。大家開始就「哪個才是能確保幸福的重要美德」展開滔滔不絕的討論。斯多葛學派哲學家認為，「智慧」是最重要的美德，我們應該多運用理性並控制情緒和欲望，才能獲得智慧。伊比鳩魯學派則認為，「享受」也是美德，但可不是隨便一種樂趣，而是自然而然、有節制的享樂。至於懷疑論哲學家則認為，美德是一種讓你保持在不受影響的狀態，讓你一生都很平靜的智慧。天主教徒也參與了盛會，他們提出「愛」才是首要的美德。

最後康德的發言為這場辯論劃下句點。對這位德國哲學家來說，討論美德和幸福，就跟討論世界上最美味的食物一樣荒謬。因為他認為幸福是欲望和喜好的滿足，而每個人都有不同特質，根本無法斷定哪個才是人類的共同理想。好比說，讓你感到快樂的事物，可能會對我造成截然不同的觀感。這麼說吧，最能讓我感到放鬆愉快的事，就是在學生考卷上打個零分！我發現那種手腕發力迅速劃圈的動作令我非常愉悅——不過我可不保證這件事對我學生有同樣的效果。

幸福真是因人而異的主觀感覺嗎？這種差異跟文化或時代是否有關係？或者，其實世界上存在著某種普遍經驗之下的幸福基礎，可以廣泛運用在全人類？換句話說，有沒有一種幸福的方法對所有人都有效？如果有，是什麼？這場辯論還在進行，歡迎你提供新的答案。

＃哲學挑戰18 該信任維基百科嗎？

Descartes	笛卡爾
Locke	洛克
Hume	休謨
Peirce	皮爾士
William James	詹姆士
Pirrón	皮羅
Arcesilao	阿爾克西拉烏斯
Russell	羅素
Carl Sagan	卡爾・薩根

某次我交代學生的作業，是請他們寫一份「宇宙學研究報告」。可是他們不知道，在前天下午，他們的混蛋哲學老師故意在維基百科該條目下張貼了內容完全錯誤的文章。例如，「目前主流的宇宙學理論是智能設計論，這個理論認為世界上存在著某種超自然智能，這個理論獲得科學界的

驗證和支持。」我的學生們全都像蒼蠅掉進陷阱般被執行了慘無人道的「零分大屠殺」。他們全都犯了一個錯誤，在未檢查訊息的真實性之前，參考了同一個來源。只是他們沒想到哲學老師竟然是個邪惡天才，以聰明才智欺騙學生，令他們信以為真。

很多年前，我的高中老師是少數發現這個事實的人。他意識到我的性格之後，試圖用一些話勸阻我：「如果你把聰明才智用在行善而非作惡，世界會變得更美好。」不過，誰能向你保證我不會繼續在某個下午坐在電腦前，一邊品嚐美味的葡萄酒，一邊在維基百科上傳遞假訊息？你應該相信網路上的內容嗎？你怎麼區分真實和虛假資訊？你應該依據什麼標準，以確保所謂的事實為真？

別相信哲學老師

我相信哲學家**勒內．笛卡爾**絕不會落入我設下的陷阱。因為他反對崇尚權威，他的理性才是唯一能決定「正確觀點」的法官。這位哲學家的一生過得非常充實，十歲就被送進歐洲最好的教育機構，從小接觸最好的書籍跟師資。這傢伙聰明得很，學的快，讀書對他來說一點也不難。不過體育課就另當別論了，要他運動、痠痛、流汗，還是「謝謝再聯絡」吧！不過年輕的笛卡爾因為身體不太好，校長允許他睡到自然醒，不像其他倒楣同學必須一早在教室裡忍受冷空氣，對著老師昏昏欲睡。

笛卡爾每天睡到上午十一點才懶洋洋起床，獨自安靜閱讀，這個習慣維持了一輩子（我想這個習慣應該不難維持吧！）他因為家人的「建議」而學習法律，不過他承認他沒有學到任何有趣的東西。在《方法論》中，他表示他從小就立志學習，不過知道得越多，疑慮也越多，發現的錯誤也越多。儘管他念的是歐洲最好的學校，周圍都是學識豐富的人，但當他大量研讀科學，他唯一的收穫就是發現他實際上一無所知。多年後，羅素也有同樣的感覺：「人類的問題在於，笨蛋過分自信，而聰明人則充滿懷疑。」

於是笛卡爾做了個決定：離開學校。他決定放下圖書館裡的書本，打開「世界之書」，報名「生命大學」。他藉由旅行認識新的國家，學習新知。由於當時沒有歐洲火車聯票，要走遍歐洲的唯一辦法只有參軍，所以他在奧蘭治親王轄下擔任軍事工程師，盡其所能四處旅遊。那時發生了一件趣事：每當有重要政治事件發生，笛卡爾都碰巧在事件發生的城市，所以有傳記作家懷疑他根本不是軍事工程師，其實是詹姆士・龐德的同行！而且年輕的笛卡爾跟這位軍情六處的間諜還有著共同的愛好：賭博和女人。據說他曾住在某個貴族的宮殿，大大取悅了宮殿女主人，不過不是用他偉大的哲學頭腦，而是用他身體的其他部位。結果宮殿主人發現這位哲學家在幫他妻子「補習授課」非常不高興，就把他給趕出去了。

一六一六年十一月，笛卡爾在德國旅行期間得了流感，當時他在旅店裡渾身冒汗，把自己關在一個有暖爐的小房間，因為發燒、燃燒的爐火加上通風不良而開始神志不清，結果夢見了鬼、學校、西瓜、字典、拉丁詩集、還有「是」、「否」兩個詞。笛卡爾覺得這個夢境一定是上帝暗示他將來要走上哲學之路。他自認被賦予了前所未有的任務，就是建構一門不可能犯錯的確定性學科。於是笛卡爾離開軍隊，幾乎全心投入了哲學。我會說「幾乎」，是因為他從來沒有完全放棄賭博和女人。笛卡爾同意亞里斯多德的觀點，他認為當哲學家是所有生命選項裡最好的選擇，不過那不代表不能享受某些精緻的樂趣。當然，這些樂趣得在當時的王室階層才找的到，所以笛卡爾以「偉大哲學家」的身分造訪了全歐的宮殿。他是個狂熱的旅行者，搬過三十次家，找房子的唯一條件是附近要有教堂跟大學。

他在某次旅行中再次失去了心愛的女兒弗朗辛。當時他年僅五歲的女兒身患猩紅熱死去，他笛卡爾聽到消息後大受打擊，眼神茫然，幾個月都說不出話來。可能因為無法接受女兒的死亡，笛卡爾決定讓女兒「復活」。由於他精通解剖學和力學，於是打造了一個取代小弗朗辛的機器人。這個機械人偶讓他重燃活下去的念頭。他將機器人裝箱，帶著它到處旅程。在一次橫跨北海的航行中，船長打開了箱子，看到一個金屬製的小女孩會說會動，恐懼得以為那是魔鬼的產物，就把機器人給扔下船了。

不出所料，笛卡爾最後還是為了女人神魂顛倒。年輕的瑞典女王克莉絲汀娜很有個性，受過良好教育，會說八種語言，精通數學、天文、地理、歷史和哲學，而且長得非常漂亮。克莉絲汀娜把斯德哥爾摩的皇宮打造成歐洲的知識中心，當她邀請笛卡爾擔任她的老師，笛卡爾毫不猶豫答應了！女王把課程時間安排的很早，她不僅早起，也不怎麼怕冷，總是要求將房間的窗戶打開。結果這位一生中從未早起過的哲學家就這樣染上了肺炎，五十四歲就雙腳一蹬，走了！以上是官方版本，還有一個非官方說法是，笛卡爾死於一種稱為「砷」的自然毒物，因為他根本不是以哲學家身分去了斯德哥爾摩，而是雙重間諜。

無論笛卡爾是怎麼死的，他令人瞠目結舌的傳奇還沒結束。在把遺體運送到巴黎的途中，有人私自留下了他的頭骨，只有身軀回到法國。笛卡爾的頭顱被賣到黑市，兜兜轉轉過了好幾手，最後被賣給博物學家居維葉（Georges Cuvier）。居維葉把笛卡爾的頭顱頭還給法國政府，後者則決定把頭顱和身軀分開保存。所以，如果你想參觀這位哲學家的頭骨，你得去巴黎的「人類博物館」，但如果你想對哲學家那具少了頭顱的遺體致敬，你必須穿越塞納河，到聖日耳曼德普雷修道院。

笛卡爾生活在這樣的一個時代：你每天起床都會發現幾世紀以來被視為是真理的東西，其實根本大錯特錯。偉大的智者錯了，科學書籍充斥著錯誤，根本無法確認所謂真理是真是假。你能想像你每天都要修正你的課本，因為又發現了新的錯誤嗎？或是新來的物理老師用一種相距甚遠、甚至與先前完全相反的解釋，告訴你宇宙是如何運作的。此時你該怎麼辦？該聽誰的？該相信誰？

笛卡爾決定誰都不信，他把自己的理性奉為唯一權威。他不在乎經典的內容，或某位受人尊敬的大人物所說的話。對笛卡爾來說，就算維基百科寫的又怎樣？如果他的理性無法清楚明白的證實這些東西，那麼他就不認為是真的——就這麼簡單！要是我的學生像笛卡爾那樣只相信理性，他們就不會抱鴨蛋了。他們會因為維基百科的內容矛盾而產生質疑，因為邏輯告訴我們，互相牴觸的事實不可能同時為真。

笛卡爾崇尚懷疑，他知道這才是發現真相的方法。為了驗證真理，必須對所有事物抱持懷疑，至少一生一次。如果笛卡爾不得不在身上紋個符號，那一定是個巨大的問號。笛卡爾為了發掘真相所設計的方式可能讓你困惑，但你必須相信他。這位哲學家認為，你應該對日常生活所有理所當然的一切提出質疑，直到找出毋庸置疑的真理。

首先，笛卡爾會分析感官帶來的感覺。我敢肯定你從起床開始就相信一切事物都如你所感知，包括倒在杯中的牛奶是白色的，喝下去有點燙……但是你確定嗎？我想你應該還沒忘記網友swiked在Tumblr貼的那張禮服照片所引起的爭議吧？那件禮服到底是什麼顏色？當時全世界分為兩個陣營，一邊再三強調這件禮服很明顯是白色加上金色，而另一邊則堅持禮服是藍色的。這就是很好的例子，說明了感官並非可靠的來源，這也是為什麼笛卡爾不接受「感知就是現實」的原因。

好吧！也許牛奶不是白色，但你至少可以確定它存在，就跟裝牛奶的杯子一樣吧？等等，別那麼肯定！你難道沒有做過一種非常真實的夢，真實到你醒來才意識剛才是在夢中？或者，你有過「夢中夢」的經驗，醒來還不知道自己依然在夢中嗎？那些虛假的現實不就跟真的一樣？誰又能向你保證，你此刻不是夢見自己正在讀這本書？

我知道你現在開始緊張了。對，這就是我的目的。如果你也喜歡這類笛卡爾式妄想，我推薦你看《全面啟動》（*Inception*）。這部電影說的是一些人能夠進入別人的夢境，讓做夢者以為自己身在現實的故事。當你看到最後，你根本就分不出是夢境還是現實。導演李昂尼（Sergio Leone）也在一九八五年上映的電影《四海兄弟》（*Once Upon a Time in America*）中表現過這種笛卡爾式思想。

如果你還沒看過，我建議你直接翻下一頁，因為接下來我要大爆雷了！這部電影令人驚奇的結尾告訴我們，我們實際看到的竟是虛構情節中的幻象。勞勃．狄尼洛（Robert De Niro）所飾演的主角對兒時好友之死覺得自責，罪惡感讓他終日躲在鴉片館，靠吸毒沉浸在令人安慰的夢境。在夢中他解救了好友，而非害死了他。所以，整部電影讓我們看到的，其實是勞勃．狄尼洛的夢？

說到這裡，你跟笛卡爾都不知道該相信什麼，或者該信任誰了！不過在你把所有課本扔進資源回收車之前，請記得，至少數學可能是正確的。雖然你感受到的不見得是真實，但你就算作夢，也不會夢見一個沒有三個邊的三角形吧！所以當笛卡爾發現了數學的確定性，他終於抹去額頭的冷汗，深呼吸，在椅子上調整出舒服的坐姿。

請想像一下這位法國哲學家翻閱數學書籍的畫面：笛卡爾可能在複習某些定理，突然間他背脊發涼，臉色大變！一個可怕念頭突然閃進腦海：如果有個邪惡、而且比我更有智慧的存在控制了我的思考，那怎麼辦？會不會有人邪惡到不只在維基百科胡搞瞎搞，還能控制我的思維？如果這個假設成立，會造成兩種後果。首先，無論我再怎麼確定，我都無法保證任何事物的真實性。其二，我也無法得知是否真的有這種存在。

笛卡爾的假設稱為「惡魔論證」，後來美國哲學家帕特南（Hilary Putnam）以「桶中之腦」這個著名的思想實驗提出解釋：你並不知道你只是個被泡在福馬林溶液中的大腦，被連線到某個超級邪惡的科學家的電腦。你看到的影像和聽見的聲音，都是這個壞蛋以電腦程式製造出來的。如果你是這顆腦，你不可能知道，因為你的所知所感和正常血肉之軀沒有兩樣，你完全無法得知自己身處顱中還是桶中。導演華卓斯基姐妹（Lana y LiLly Wachowski）非常喜歡這個思想實驗，喜歡到製作了一部顛覆了動作片的電影《駭客任務》（*The Matrix*）。如果你還沒看過這部片，未免也太落伍了！快點闔上這本書，去享受那部藝術之作。

你可能會得出這樣的結論：笛卡爾放棄了哲學，他對於我們的知識比「Yahoo知識＋」還要無濟於事感到非常失望。其實你猜錯了，笛卡爾懷疑一切，但他卻發現了一個堅定的真理，堅定到你不可能去懷疑，也成了哲學界的名言：「我思故我在」。雖然很多引用這句話的人不見得知道這句話的意思，說這句話，只是希望自己看起來更有魅力，唉！我希望你不是那種人。

笛卡爾的觀點是，就算有某個會騙人的邪惡存在（他是說某個邪惡天才，可不是哲學老師），但還是有某種不可質疑的存在，那就是——我的思想是存在的。如果思想不存在，那個噁心的大壞蛋怎麼可能操縱我？所以，如果這些想法屬於我自己，那麼「我」就是存在的。

笛卡爾所發現的真理，你可能會覺得「這不是顯而易見？」不過這位哲學家志不在發掘新知，他只想找出絕對的真理，就像數學那樣，可以從一些真理推斷出另一些真理。你大可不必開始妄想自己活在虛擬實境（這種幻想就留給哲學家柏克萊[George Berkeley]或影集《黑鏡》的編劇好了），笛卡爾懷疑論的關鍵在於，你要意識到自己是個理性的存在，你可以靠自己找到真理。如果你的理性無法清楚看見某件事為真，那麼你就不能相信它，即便它出自維基百科或教科書，或是你朋友剛剛傳給你的WhatsApp簡訊。

眼不見不信

洛克和大衛．**休謨**認為理性不是知識的來源，他們被稱作「現代經驗主義之父」。經驗主義是另一個學派，他們認為經驗，也就是感知，才是知識的起源和極限。我們只會認知到我們所能感受的東西，至於無法感知的東西，人類一無所知。在哲學史上，如果「理性主義」是皇家馬德里，那麼「經驗主義」一定就是巴塞隆納。理性和經驗的對峙可比這兩支世仇球隊來得久遠且經典。

洛克有一顆科學頭腦。他在牛津大學讀醫，和科學家波以耳（Boyle）和牛頓是朋友。不過他最後還是受了笛卡爾的啟發而投身於哲學。洛克認為，理性不是我們建立事物知識的直接來源，大腦中所有觀念都是建立在感官所提供的基礎。我們出生時，頭腦一片空白，就像剛出廠的手機還沒下載任何APP。我們的知識奠基於觀念，而觀念來自我們對事物的反應方式，而非事物本身。

以手機為例，你無法直接接觸到的事物，可以透過手機或相機去接觸。若洛克所言為真，那麼我們會面臨一個問題：「該怎麼確定觀念的真偽？」為了解決這個問題，洛克將實體區分成「初性」與「次性」。如果是「初性」，我們可以百分之百確定，因為它是客觀的，是可以確切感知的事物。就像你現在手上拿著的這本書，你可以確定這本書的尺寸和形狀。如果你懷疑你手裡拿的不是長方形物件，我建議你趕快預約一個精神科醫師（除非你正在讀電子書）。至於「次性」，則是顏色或聲音等屬性，並非實體，而是實體對感官造成的影響。

所以，「禮服到底是什麼顏色」的熱議根本就很荒謬，因為它實際上是無色的，顏色只是我們視覺系統接觸到物品所產生的次性感覺，它是一種主觀感覺，並非真正的存在。以現代的知識水準，我們知道看一個物品所產生的色差，取決於視網膜及大腦所受的訓練。視網膜就像電影院的螢幕，影像會透過瞳孔和水晶體反射到視網膜，但視覺終究是大腦活動。至於照片中的禮服顏色改變，是因為照片上有部分光源亮到接近了閾值，所以藍色布料的反光就被大腦判斷為白色。大腦為這個世界上色，是為了幫助我們區分事物，這對人類生存非常有利。你想想，如果我們的祖先沒辦法分辨灌木叢和獵食者的顏色，後果會如何？

而蘇格蘭哲學家**休謨**設計了一個標準來區分某個觀念什麼時候是客觀的，什麼時候則是錯誤、臆測或偏見的產物。你應該從現在就開始應用休謨的規則。他說，「我們必須審視是否對該觀念有印象[22]。如果有印象，那麼這個觀念就成立；如果沒有，則是不合邏輯的。」

22 作者注：休謨所謂的「印象」是指我們內在或外在的感知。

其實以更簡單的方式來總結他所提出的檢測標準，那就是——只有能夠感知的，才能被確認。如果我的學生將這條規則應用在前述「維基百科事件」，他們馬上會知道不該相信維基百科，因為，有什麼經驗數據能夠證明宇宙中存在著更高智慧的「設計師」？休謨在套用此標準時可說是非常激進，他甚至主張，如果我們手上有一本神學書，我們應該立刻把書扔進火裡燒掉！因為書裡只有謬論和幻想，這麼做至少讓這本書能發揮溫暖房間的效果。

不過，休謨並不否認上帝的存在。只是他覺得我們不可能了解上帝——祂已經脫離了我們能夠感知的領域，所以我們對祂一無所知，應該存而不論。

有用就是真的

實用主義在美國是非常流行的哲學趨勢，由哈佛的兩位教授——**皮爾士**（C. S. Peirce）和**威廉．詹姆士**（William James）共同創立。廣義上來講，他們認為一個觀念是否真實，在於是否能為個人或團體在奮鬥時帶來實際的效果。如果把禮服看成藍色，能讓妳懂得搭配上一雙浪漫粉色的高跟鞋，並讓妳成為派對女神，那麼這件禮服就是藍色的，無須多言！

皮爾士身為哲學家的同時，也是一名科學家。他認為如果有實驗或經驗數據來支持某個論點，那就是真的。但對於他的同行詹姆士來說，真理不一定是基於可觀察的事實，而是「行之有效」的東西。詹姆士在著作《宗教經驗之種種》中將實用主義應用在上帝的概念：既然信仰對人類有用，我們就必須接受「上帝存在」為真理。他所謂的「有用」，是指對人類社會發展有助益。就這點來說，愛、同理心或宗教都能產生社會效果，發揮約束力，使我們成為更好的人。因此並不存在著「絕對真理」，因為我們擁有的，其實是人類根據自身需求所建立的標準。

如果把實用主義應用在「是否該相信維基」這個問題，皮爾士會建議你，為了驗證內容的準確性，請尋求可以支持的科學來源。而詹姆士則會告訴你，如果文章內容會帶來有益的社會影響力，那麼你和你的老師都應該考慮接受這些說法。

別相信任何人

哲學史上有一種派別，既不相信感官，也不相信理性。這正是厄利斯的**皮羅**（Pirrón de Elis）被稱為「懷疑主義之父」的原因。我們需要更多像他這樣的哲學家，想必他的哲學很大程度幫助了當時的居民，以至於從那時起，哲學家都不用再繳稅了！希望西班牙財政部長能夠看到這段文字，並向值得讚揚的厄利斯居民學習。

皮羅是位了不起的旅行者，他陪同亞歷山大大帝前往印度探險，認識了許多不同信仰、習俗和思考方式。你可能會對這位希臘哲學家的想法感興趣，因為如果運用得當，你就能證明老師強迫你考試或寫作業根本毫無意義。如果皮羅必須完成我交代給學生的作業「宇宙學研究報告」，他絕對不會去參考維基，他會交出一張白紙並且辯稱：「老師，你又沒有客觀標準來評估我的報告！」

皮羅認為我們只能知道事物在我們眼前的樣子，無法認識事物本身，而這正是問題所在。同一件事物在不同人眼中造成了不同的觀感，我們永遠不會有一個標準去評斷哪個想法正確。如果分析人類的知識，會得到以下結論：我們不該說「這個就是這樣」，只能說「我覺得是這樣」或「有可能是這樣」。所以下次考試，如果你在考卷上寫「沒有人知道，也永遠不會有人知道」，那麼我也能夠理解啦！

皮羅的追隨者之一阿爾克西拉烏斯（Arcesilao）的教學方式一定會讓你傻眼。如果這個愛搞怪的哲學家幫你上一堂哲學宇宙學，他第一天上課，一定會以無懈可擊的論述來批評「宇宙無限論」是錯的，說的跟真的似的，讓你不得不信！呵呵，真笨。然後隔天上課，他會在黑板上寫上「宇宙有限？」，並重複一次昨天的流程，然後大肆批評「宇宙有限」的論述其實才是大錯特錯。等到你的眼睛瞪得跟盤子一樣大，這位哲學老師就會請你學習智者的態度——對一切持保留態度。

因為我們沒辦法確定什麼是善、公正或真實，所以應該避免做出價值判斷，保持超然的態度。下次的聖誕晚宴，當你的家人開始爭論各種話題，聲音越來越大，請記得保持冷靜，趁機在自己的盤子裡把火腿夾好夾滿，葡萄酒也倒滿，告訴他們你不予置評，保持超然的態度。

愚蠢檢測工具包

在笛卡爾的教條主義與皮羅的懷疑主義之間，存在著一種介於兩者之間的立場。英國哲學家**伯**

特蘭・羅素（Bertrand Russell）會告訴你「兩者都不對」。不要總以為你的觀點是正確的，不過真理也並非無法證明。

教條主義者總說，「我確定絕對是這樣」，而不願聽取其他觀點，因為他已經預先認定別的觀點是錯的。教條主義者還會覺得錯的永遠是別人（有些傢伙特別容易陷入這種迷思）。而另一邊則是非常懶惰的懷疑主義者，硬是把無知當成美德，他們最常說的話就是：「每個人都有自己的觀點，而每個觀點都應該受到尊重。」面對兩種極端立場，羅素希望你採取科學態度，面對未知時保持「我覺得應該是這樣或那樣，但我不確定」以及「我不是很了解，但我想知道」的姿態。

卡爾・薩根（Carl Sagan）是有史以來最了不起的宇宙學家兼自然科普作家。他認為不只是科學家，每個人都該採取溫和的懷疑主義。如果我的學生在交宇宙學研究報告之前去諮詢薩根的意見，他會給他們一個「愚蠢檢測工具包」，讓他們透過檢測發現維基百科的內容根本就是胡說八道！

- 找尋不同且獨立的來源以確認真實性。認真的新聞工作者在發佈資訊前，必須以三個不同的來源進行確認。
- 傾聽專家的看法和討論。
- 「專家」不等於「權威」。在科學領域沒有權威，只有專家。權威的話不可違逆，但是專家的觀點是可以討論的。請記得，權威也會犯錯。另外，請小心「假」權威：去拍吐司廣告的科學家絕對不是專家，而是靠廣告賺錢的人罷了。

- 記住，事情絕不會只有一種解釋。不要盲目相信第一種解釋，無論是你自己想到的，還是別人提供給你的。Google的第一篇文章不見得是最好的！請思考所有可能性，排除不可能的假設，直到獲得最可能的假設。
- 不要因為是你自己的想法，就固執己見。假設只是通往知識的一小步。你可以問問自己為什麼這個解釋會吸引你，別受「小我」的影響而偏離了真理。你應該公平比較其他的論點。試想，如果你的論點不成立，比起讓別人否認，不是由你自己提出來得較好？
- 如果你的論點可以測量或量化就更好了，這樣可以更輕鬆的驗證。模糊和定性的解讀總會因人而異。
- 在推論中的所有環節，都必須是有效的（包括前提）。光是大部分的想法正確，還不夠。
- 記得，最簡單的假設（也是最容易被反駁的假設）往往是最有可能的。這是英國邏輯學家奧卡姆的威廉（William of Ockham）所提出的原則，此後科學家一直運用這個原則。
- 如果有人對你提出無法證明或不可反駁的論述，你應該知道那就等於很廢的論述。如果你無法證實他人支持的內容，或無法重複實驗以達到相同的結論，同樣是無用的內容。

卡爾．薩根認為懷疑主義其實早已融入生活，而且為你帶來不少好處——就算你沒有意識到。舉例來說，你要去一間中古機專賣店買手機。你當然可以想：「這個店員看來忠厚老實，應該不會騙我，他推薦的機款我買就是了！」但你也可以懷疑：「這類型的店家可能為了將商品脫手而欺騙消費者」，因此採取了一些預防措施，例如檢查手機是否正常運作，或向賣家提出適當的問題，並將賣家的回答與手機官網的資訊做比對；或參考專家的分析數據，甚至去類似的商店比價，以及請教你那些很懂科技產品的朋友。想必你也知道，在這種情況下，你需要抱著一點懷疑心態，事情會比較順利，你也比較不會被騙。如果店員說什麼你都照單全收，那麼你遲早會付出雙倍的代價，換來「為什麼不多懷疑一點」的教訓。

既然你已經知道「懷疑主義」對許多情況（例如買中古手機）有好處，那你是否該用這種態度去看待維基百科的文章、政客言論、廣告、媒體信息、順勢療法、另類療法、偽科學、星座運勢、那些跟你說wifi信號會致死的人、說疫苗無法免疫的人、超神奇減肥法、別人傳來貌似假新聞的訊息……或你現在正在閱讀的本書內容？因為，你怎麼確定我告訴你關於卡爾．薩根的內容是真的呢？

#哲學挑戰19 下次選舉你會去投票嗎？

Simone Weil 西蒙娜．韋伊
Gramsci 葛蘭西
Platón 柏拉圖
Russell 羅素

今天是投票日前的假期。你老早邀了朋友在家裡玩《要塞英雄》。客廳桌上擺滿洋芋片和隔夜的加熱比薩。賽局結束時，一位朋友問：「你們明天要選誰？我已經想了整個星期，到現在還是不確定。」另一位朋友一邊解決比薩一邊說：「算了吧，選舉要是有用，早就被禁止了！」這兩人把手上的PS控制器放在地上，眼神對視的當下便激烈討論了起來。你保持中立，不時插個幾句話。此時你阿公回到家，把鑰匙跟一包藥放在玄關桌上，他脫下了帽子和圍巾走進客廳問：「你們怎麼啦？大呼小叫的！」「他們兩個啦！在吵明天到底值不值得去投票。」一位朋友回答。

阿公說：「我在你們這個年紀，根本不能像你們這樣討論，因為那時民主還不存在。投票原本不是權利，是我們這代人努力奮鬥才爭取到的。我記得一九七七那年我們是懷著多大的期待去投票啊！我跟你阿嬤起了個大早，到了投票站才發現老早大排長龍。但所有人面帶微笑，互相談論對未來西班牙的想像。我能理解你們的不信任，就連我自己也對政治現況感到失望。不過呢，我還是覺得投票是對當時為了民主權力而奮鬥的那些人，盡一份道義上的責任。」

聽完阿公說的話，你心裡還是疑惑：如果不想去投票，就代表你漠不關心，或者你是個不負責任的公民嗎？國家越來越不為人民著想，日子越來越難過，我們這個世代又該對這樣的國家盡什麼樣的義務？放棄投票意味著對國家政治冷感嗎？還是其實這也是一種政治行為？可以因為道德義務而放棄投票嗎？待在家難道就不算是對目前民主模式表達不滿嗎？而又是為什麼你要把自主權交給政治人物？難道現代的技術不能讓你直接表達想法嗎？……

盡政治義務，不一定要投票

很少哲學家像法國思想家**西蒙娜・韋伊**那樣充分實踐了自己的政治思想。不過如果你問她上述問題，她會鼓勵你不要去投票。韋伊幼年時就對他人的苦難異常敏感，她五歲起決定不再吃糖，因為她發現有些跟她同齡的孩子根本沒有錢買糖果。長大之後，她越來越無法忍受不公平的事，自我要求也更加嚴格。

韋伊是很優秀的學生。十九歲時她以第一名成績進入巴黎高等師範學院，這是法國大革命之後成立的教育機構，旨在利用啟蒙精神和批判性思維培養傑出的學生。這所學校選擇並培養最好的教授、知識份子及科學家，所以你一定會很驚訝，法國政府將這所學校的學生視為公務員，並且發予薪水。該校出過十三位諾貝爾獎得主，是世上學生獲獎最多的教育中心。

巴黎高等師範學院的學生有兩種選擇：文科或理科。韋伊選擇了前者，並在入學之後對哲學越發熱中。當她讀到了德國哲學家馬克思（Karl Marx）對不平等的看法，她對哲學的熱情攀上巔峰。韋伊有個同學叫西蒙．波娃（Simone de Beauvoir），這位著名的女權先驅談到求學那些年，總說十分佩服韋伊：「當時我對享有聰明、獨特盛譽的她很感興趣。那時一場大飢荒肆虐中國，她得知消息之後淚流滿面。比起她的哲學天分，反而是這些淚水使我更加尊敬她。我羨慕她有一顆為全世界跳動的心。」

韋伊是個對工人苦難和不公處境感同身受的思想家。她認為，如果忠於自己的政治思想，就應該站在弱勢那一方，無論這會為她帶來多少負面影響。例如，她成為教師之後，就跑去領導一場失業工人的示威活動，即便這麼做她很可能會丟了飯碗。此外，她知道唯有教育才能消滅不公平，於是她不只教育法國的知識菁英，也教育那些沒有機會唸書的人。她成立了「社會教育小組」，不但教授勞工所有的學科，也讓他們能深入理解馬克思的思想，從而認知到自己受壓迫的狀況，以及能改變此現象的力量。

隨著她不斷的抗爭，教育當局刻意轉移她的工作地點。但無論她走到哪裡，她永遠為正義而戰。韋伊從未參加政黨或工會，她不相信這類組織，認為那些都是政權結構的一部分。她尤其對共產黨有所批判。事實上，她與俄羅斯共產主義主要領導人托洛斯基（Trotski）在巴黎會面時，還嗆得對方顏面掃地。被一個年僅二十一歲的女孩撕了面子，托洛斯基簡直氣得七竅生煙。而韋伊則覺得，這些便宜政客嘴上宣稱為工人發聲，但對工人的真實狀況根本一無所知。

不久，忠於自我的韋伊辭去教師職務，開始在巴黎的阿爾斯通電力公司（Alstom）擔任操作員，後來又去了金屬工廠工作。在工廠的那段時日，她體驗到可怕的「奴隸生活」，原來奴隸制從未被廢除，只是隨著時代裹上一層「雇傭勞動」的外衣。她在工廠經歷了屈辱、疲勞、痛苦、壓迫和不公，正如她寫給好友的信中所述，這種經歷深深觸動了她的心靈：

> 在那裡，我所遭受的痛苦使我留下深刻的印象。他們對我說話毫不留情，以至於我不禁覺得一定有什麼地方弄錯了。我的身體和心靈都被撕碎，這種痛苦扼殺了我的青春。在那之前，我不曾經歷過痛苦，因此我自身的痛苦對我來說似乎無關緊要，只能算有點糟糕的生理狀態，並非社會性質的痛苦。我深知世上有很多痛苦，我雖密切留意，卻從未透過長時間的接觸來證明這點……讓他人的痛苦進入我的身軀及靈魂中。現在我完全融入這些人，因為我真的忘記了我的過去，也不期待任何未來，我幾乎無法想像在如此困境中生存下來的可能性……在那裡，我永遠接受了奴隸的烙印，像羅馬人在最下等奴隸的額頭上用燒紅的鐵去烙印那樣。從那以後，我一直把自己視為奴隸。

韋伊經歷過這段日子，當她看了卓別林的《摩登時代》（*Modern Times*）電影首映，立即表示很少有藝術作品能如此妥切的反映勞工生活的悲慘現實。

韋伊不只努力改善勞工的生活條件，同時致力於捍衛自由，反對所有形式的集權主義。她去了德國，試圖了解德國勞工為何把選票投給希特勒；她也嚴厲譴責史達林在俄羅斯犯下的罪行。責任心加上政治理念讓她加入了國際縱隊，投身於西班牙內戰。不過艱難的戰事還是逼得她離開了前線，因為她發現公平的戰爭根本不存在，雙方人馬都不遵守最低限度的人道主義。所有人都企圖消滅、羞辱、征服和毀滅對方的陣營。

她最後一次以行動支援弱勢是在一九四三年，也就是她去世的那年。為了躲避納粹入侵法國，韋伊逃到倫敦，積極參加法國抵抗運動。但同年她就得了肺結核，不得不住院治療。她無法忍受自己臥病在床，無法繼續為解放祖國而戰，於是決定只吃與納粹集中營被俘虜同胞相同的食物。這種近乎絕食的飲食方式導致她在短短五個月內就過世了。

這個充滿政治責任感的女性怎麼可能建議你不要投票？你可以請韋伊喝杯咖啡（在附近的小咖啡店就好，可千萬別約她去市中心的高級連鎖旗艦咖啡店），她會告訴你：政黨制度是社會最大的毒瘤，就算我們目前用政黨制度來表達意見，也不代表應該繼續保留這種制度。

韋伊會這麼建議：「我們應該研究政黨存在的利弊，如果政黨制所帶來的惡大於善，就該找另一種政治制度來替代。」「在開始檢測利弊前，最好先定義什麼是『好的』政治。」她啜飲一口咖啡之後詢問道：「能否為真理、正義和公共利益而努力，是嗎？」她又吸了一口菸：「就因為公民課本說『民主最好』，你就這麼認為？親愛的，民主不是為『所有人』的政府，而是為『多數人』的暴政。你難道沒有在班上參加過考試日期的表決？你告訴我，辯論和投票的結果，對所有人都是公平和有利的嗎？你難道不覺得這只是把多數人的利益加諸在其他人的利益之上？你同學在辯論中所持的論點是為了真理，還是僅僅為了說服別人，而將自己的立場強加於他人？記得，只有公平才合理，至於強制、壓迫和謊言，無論在何種情況下，都不合理。」

不過我們先回到「政黨」的話題，韋伊一邊點第二杯咖啡，一邊告訴你，在她看來，政黨制度至少有三大弊端：

- 政黨是「群情激昂」的製造機，而這會造成無法公正的情況，因為唯有理性思考才能判斷什麼是公平正義。情緒激動只會遮蔽理性，使我們無法清晰思考。任何有理性的人都知道，兩種完全相反的論述不可能同時成立，更何況，很可能你怕蜘蛛而我不怕，或者我熱愛足球，但你無感。現在問題出在許多人把政治給足球化了，對某政黨懷有盲目的熱情，就像支持球隊一樣。他們不是選賢與能，而是選邊站。不信你看有多少人投票前仔細瞭解過他所支持的政黨政見？多數人思考的不是公眾利益，而將政治視為一場想辦法擊敗對手的鬥爭，甚至被教導「那些跟我不同意見的，都是敵人」。政黨能幹嘛？只是助長我們最低等的熱情，包括恐懼、仇恨和憤怒。

- 政黨是一個對成員思想施加集體壓力的組織。為了建立「黨的紀律」，所有黨員都必須順服領導的意志。在政治上如果你想分一口殘羹剩飯，那你最好閉嘴不要說話。黨員和支持者會收到應該怎麼想、該說什麼的指示，任何偏離安排的行為，哪怕枝微末節，都會被指控為叛徒。
- 所有政黨最主要、也是唯一的目標，就是穩固自身的發展，且為達目的不擇手段。真理、正義和公共利益並非優先考量，這也意味著為了黨的利益，可以說謊或做出不公平的行為。如果你想深入理解這種想法，我建議你去看電影《騙局》（*El reino*），這部毫無冷場的政治驚悚劇情片揭露了一個令人不安的事實：政黨是一部腐敗機器，太像黑社會了！

所以韋伊會提醒你睜大眼睛，千萬別被不義所利用。你得知道所有的政黨其實都是極權主義。一般情況是這樣的：這幾天你一直在思考要投給誰，最後因為某黨的宣傳符合你所認為的公平良善，你就投票給該黨。但就算這個黨言出必行，說到做到，它也不可能對所有公共議題都提出解決辦法。如果你把票投給它，就等於接受了這種「忽略」。如果下次選舉沒有人去投票，那麼政府將毫無選擇地審視現有的政黨制度，並找尋替代方案。我知道事情沒這麼好解決，但我認為一個宣稱「公平」的政治制度，最終都必須消除政黨體制。

討厭無感

此時在韋伊身後有位紳士，一臉有話要說的樣子。他看來約三十五歲，身材矮壯，一副知識份子的形象。他頭髮凌亂，戴著橢圓形眼鏡，一看就知道近視不淺。真是太神奇了！義大利哲學家**安東尼奧．葛蘭西**此刻竟然出現在這間小咖啡店。

與韋伊不同的是，葛蘭西的窮不是後天際遇，他出生在一個貧窮家庭，學生時代也不像韋伊在巴黎高等師範學院讀書那麼優渥，葛蘭西領取的獎學金甚至不足以支付暖氣費用，他必須站著讀書，身上蓋好幾條毯子在房間走動，時不時跺個腳來保暖。葛蘭西年紀輕輕就進入政壇，後來成了意大利眾議院議員。一九二六年，墨索里尼解散了所有反對黨（包括葛蘭西所屬的政黨），並取消了新聞自由權。一群警察闖入葛蘭西的住處逮捕他，完全不顧當時法律保障了國會議員有豁免拘捕的權利。

葛蘭西被控策畫陰謀、煽惑犯罪和階級仇恨等罪名（要不是當時甘迺迪還活著，甘迺迪之死可能也算他的錯！）據說在審判過程中，檢察官宣稱，我們必須讓（葛蘭西）這顆頭腦停止運作二十年！五位法西斯主義法官很可能被這種說詞說服了，因為葛蘭西最終被判了二十年零四個月又五天。這位哲學家利用獄中時間撰寫了《獄中札記》（葛蘭西在取書名方面實在很沒創意）。不過他並沒有服完刑期，因為被囚禁期間，他病的很重，監獄醫師某次向他坦承：作為一名優良的法西斯份子，他的使命並非讓他活著。這位醫生一語成讖，因為葛蘭西年僅四十六歲就過世了。

葛蘭西禮貌詢問能否和你及韋伊坐同一桌：「希望我沒有不禮貌，但我一直在聽你們談話。我熱切關心政治，也對政治有諸多反省。我認為這位小姐的想法本意不壞，卻是錯誤的。如果你明天不行使投票權，你就錯了，而且你的錯誤不只影響到自己，甚至影響到他人。這就是為什麼我討厭那些無感的人，那些對政治漠不關心還沾沾自喜、對重要議題毫無意見的人。」

葛蘭西會這麼說：人活著本來就會有立場。那些冷漠的人根本就是寄生蟲，只知道不勞而獲，享受別人奮鬥爭取來的權力。冷漠的人是歷史的重擔。這種頭腦簡單、不願意思考的一群人讓社會不但沒有進步，還走了回頭路。法西斯主義能捲襲歐洲就是因為這種人都沒去投票，還以「政客都一樣啦」為藉口，把這句話掛在嘴邊的次數多到像在禱告。當法西斯主義開始掌權並取消所有權利和自由，這群白癡才意識到發生了什麼事，但為時已晚。

不公平的法律再也無法透過投票來廢除，唯一的出路只剩革命，當然每次站出來為眾人權利抗爭的都是「別人」。所以，那些說自己不懂政治的人，根本就是利用了別人為自由拋頭顱灑熱血的犧牲。法西斯主掌政局時，有些人哭了，有些人指天罵地，但很少人問自己：「如果我沒有忽略政治，法西斯主義能成功嗎？」

如果你想了解我所處的時代，知道我們犯了什麼錯誤，我推薦你去看電影《一九〇〇》（*Novecento*）。故事從一九〇一年說起，在義大利北部農場有兩個孩子出生，包括佃農家出生的奧爾莫與地主的孫子艾菲多。兩人後來成為密不可分的摯友，卻因為對法西斯主義抱持不同態度而讓關係面臨危機。法西斯主義似乎蠢蠢欲動，有意捲土重來。二十世紀上半葉的言論再次出現在義大利、德國和西班牙。仇外主義、種族歧視、恐同、大男人主義、極端民族主義和民粹主義對民主體制的批評聲浪再度流行起來。同樣的謊言和口號將法西斯主義滲入各機構，像癌細胞那樣在社交網路上傳播。對此你打算做些什麼？還是幾年後，你會變成那些哭泣或指天罵地的人？

民主不公

此時，一位鬍鬚雪白的高大男子把手放在葛蘭西的肩膀上：「安東尼奧，不要用恐嚇的言論嚇唬孩子好嗎？再說，民主並非萬能解藥。民主雖有價值，但也只不過是一種政府體系，而且不是最好的體系。最好是沒有人因為所謂的民主而遭到不公對待啦！」說話者是**柏拉圖**，這位哲學家寫出哲學史上第一本有關政治的作品《理想國》。

其實「柏拉圖」只是綽號，他的全名是「雅典的亞里斯多克勒斯」，不過由於這位先生的體型跟健美先生有得拚，所以在哲學界被稱為「寬闊的背」。柏拉圖一直是思想界權威，甚至有人說，所有西方哲學都只是柏拉圖思想的注腳罷了！以此表達許多哲學涉及的主題幾乎都是由他提出來的。而在所有議題中，政治一直是他最關心的問題。

這位希臘哲學家在韋伊和葛蘭西中間坐了下來，向服務生點了杯葡萄酒，加入了辯論。他開口是低沉的聲音：「我不相信民主，我身旁這兩位都很清楚，不過還是讓我解釋原因。我身處的雅典民主制度將一位最善良公正睿智的人判處死刑，那就是我親愛的老師蘇格拉底。很少有政治制度會鑄下如此嚴重的不公之舉，這也是為什麼民主是最糟糕的政府體制。

民主的弊端在於賦予人民權力，卻沒意識到人民就像被激情奴役的非理性動物。他們很快就能由愛轉恨，沒有絲毫思考能力。而專業政治家知道該怎麼操縱這群人，就像動物訓練師知道用什麼方式讓動物往左或往右移動。當愚蠢的人民選擇了他們的領導者，他們以為選出一個能言善道的人，一定也很會治理國家。但我們的政客除了會寫一堆迎合無知群眾演講稿，還有什麼智慧？甚至他們多半是用你繳的稅金去聘請顧問，演講稿還不是自己寫的。

想像一下你上了飛機，你覺得誰最有資格控制這架飛機？駕駛員應該是最會說話、最擅長辯論的人？還是最有錢的？或是最強壯的？還是大家集思廣義一起來開飛機？或用抽籤決定誰開飛機……你不覺得讓會開飛機的專家來開飛機，才是最好的嗎？

那為什麼我們可以把國家政府交給無能、腐敗又未經培訓的人？假設今天必須討論的是城市電網規劃是否該建造核電廠，你覺得交由民眾投票表決公平嗎？這代表那些傑出物理學家的選票、領域專業人士的選票，以及了解核能發電風險和利益的專家選票，將與可能連自己的名字都不會寫的白癡那一票一樣重要！在所有居民中，無知的人總是比傑出的物理學家要來的多。更何況政治決策是非常艱鉅的任務，比駕駛飛機或管理核電廠困難多了，而且平民百姓也沒有接受過這樣的培訓。由於人民沒有政治能力，難免就會犯錯。不信你看英國，當他們決定用公投表決是否脫歐，造成了什麼結果！

為了避免這些弊端，我的建議是建立一個由智者組成的政府，如果社會上沒有智者，我們就必須建立一個能夠篩選並培育智者的教育體系。所有人的能力都不盡相同，如果每個人都能根據自己的才能在社會上站住應有的位置，全體都會從中受益。一旦公車司機想當醫生，或醫生想從政，問題就出現了。

你明天投給誰其實不重要，因為民主的盛宴根本是場鬧劇。你充滿期待的前往投票所，自以為會改善國家的未來。實際上，明天會發生的，是多數無知民眾不經思考選出了一群毫無作為的人，然後這群人在未來做出影響到所有人的重大決定。明天，你應該開始哭泣，而不是去投票。」

柏拉圖是納粹份子

當這位希臘哲學家表達完立場，有位民主制度堅定的捍衛者出現了，他是英國哲學家伯特蘭・**羅素**。他從容的點燃了菸斗，撫平頭髮，拉直領帶，直視你的眼睛說：「請小心柏拉圖的思想。有很多欽佩《理想國》想法的人，都沒意識到他真正捍衛的根本是集權主義。更何況，希特勒跟史達林都相信自己是唯一有能力做出正確決策以拯救國家的人。幸運的是，歷史告誡了我們這類菁英主義思想有多麼危險。可千萬別被人魚的歌聲給迷惑了。

柏拉圖的建議不但一點也不公平，甚至有個邏輯錯誤。根據他的說法，我們必須訓練未來的統治者掌握執政技巧，但要做到這點，首先要有智者來決定何謂「執政必修知識」。所以根據柏拉圖的建議，若要有明智的統治者，我們必須已經有智者了。這顯而易見根本自打嘴巴。

羅素總結說：「既然必須有一個政府，我寧願它是民主的。民主的價值在於，這個制度可以避免最極端的弊端，或許這個制度不能保證建立一個好的政府，但可以預防某些危險。這個體系還有另一個特點：即便你屬於少數群體，你還是可以確保你的權利永遠得到尊重。民主是唯一尊重少數的政府形式，因此你明天應該去投票，爭取你身為少數群體的生存權利。」

太陽已經升起，今天是投票日了。在昨天的思考日陪伴你的哲學家也陸續離開了。只有你自己獨自面對你的良知，你會怎麼做？

#哲學挑戰20 男性應該支持女權主義嗎？

Simone de Beauvoir 西蒙・波娃

José Ortega y Gasset 荷西・奧特嘉・加塞特

假設今天是三月七號，你和朋友度過了愉快的午後時光。某個女生的手機突然響起行程提醒，她對大家說：「嘿，各位！明天就是三月八號，我們一起去示威遊行吧？」「什麼示威？」一個朋友邊問邊Google：「別鬧了！國際婦女節？不要算上我，我才不要去配合那些女權納粹呢！」聽到這話，女性朋友生氣地反駁：「你說的根本是屁話，你骨子裡的大男人主義明顯到連瞎子都看得出來！」男性朋友回應：「我才不是大男人主義。我只是在捍衛自己的權益。」

沙文主義倒置

你的男性朋友用以下論點來捍衛立場：女權主義根本是倒置的沙文主義，是將男人視為敵人的性別意識型態。你們還記得上次在學校的演講嗎？市政府那位女士說，我們活在一個父權國家，男人都必須再教育。這種說法我覺得很恐怖，讓我想起蘇聯的古拉格勞改營：如果你不同意當權者的意識形態，就代表你生病了，必須改造思想。再說《性別暴力法》吧，施暴者難道只有男人？這條法律非常不公平，因為它嚴重違反無罪推定原則：如果你是女性，就可以假定無罪，直到被證實有罪。但如果你是男性就不行了。這是「正義」嗎？也因此，女性就算誣告也很有利。

拿演員摩根．費里曼（Morgan Freeman）來說吧，他被污衊指控，幾乎毀了他的人生。這些性別法條不是想保護女性，而是歧視所有男性。暴力就是暴力，沒有性別之分。我認同我們應該對抗所有暴力行為，但我無法認同只有單一性別的暴力。難道沒有女性會對男性施暴？既然要用性別分類，那何不按國籍、膚色或年紀來區分暴力行為？我們乾脆擬定法條來反對暴力侵害金髮碧眼的人好了！這就是問題所在，這種意識型態的法律讓很多男性失去了一切。不好意思，明天別指望我去參加示威。我怎麼可能去支持一種提倡女性高於男性的意識形態？我不是大男人主義，但也非女權主義。

女權納粹

你的女性友人耐心聽完上述論點後辯稱：你說的才不是女權主義！你只是為了更容易攻擊它而將它扭曲，你會使用「女權納粹」這種字眼就是證據。這個詞是由一群思想保守的人所創造，目的就是為了詆毀女權主義，將之定義為不單感覺女性優於男性，還像納粹對猶太人那樣對男性懷抱仇恨。不過你可糊弄不了我。哲學課有教，你這就是「稻草人謬誤」，藉由諷刺我的立場並更改語詞的涵義來攻擊我。女權主義並非女版沙文主義，而是一種追求男女平權的運動，所以男性更該參與女權主義。否則，難道十九世紀的美國只有黑人能夠抗爭廢奴？廢奴主義者是想把白人變成奴隸，還是想廢除奴隸制度？

此外，我不接受你將性別意識形態與女權主義混為一談。你這麼做是扭曲事實，把女權主義描寫成一群想報復男人的女性意識形態，又把沙文主義說得像在捍衛男權。站在支持性別平等的角度，你一定是很憤世嫉俗才會批評《性別暴力法》。我了解這個策略：你口口聲聲支持平等，堅稱平等早已存在，其實根本只想繼續享受父權社會對男性的優待，只因你是男性。法國喜劇《男人要自愛》（*Je ne suis pas un homme facile*）精闢說明了何謂女權主義。我建議你去看這部電影，這樣你才會意識到「女權主義是穿裙子的沙文主義」這個觀念，有多麼荒謬。

至於你說的「誣告」，容我提醒你，西班牙總檢察署多次否認此事。另外，根據資料，僅有百分之〇點〇二的投訴不實。現在你們覺得呢？讓社會繼續保持這種性別不平等？你們難道沒想過沙文主義的後遺症之一，就是大量婦女遭到配偶施暴而身亡！

性別是後天形成

請讓我介紹眾所皆知的「女權之母」西蒙・波娃。無論你對女權運動是支持或嗤之以鼻，你都一定要了解這位哲學家的思想。在你不瞭解女權主義前，你無法選擇任何立場加入這場辯論。

波娃出生在巴黎最豪華的宅邸。她家非常富有，有嚴格的道德和宗教規矩。她父親是名享有盛譽的律師，思想保守，同時也是階級主義者。而她母親是有錢銀行家的女兒，天天做彌撒，是一個忠實的妻子。波娃夫婦正是當時社會上典型的資產階級婚姻：男人在外工作，從事體面的行業，女人則負責照顧家庭，將孩子送到好學校接受天主美德教育。西蒙．波娃和她妹妹就這樣依照上帝旨意接受了天主教和清教徒式教育。

所以各位可以想像，當十歲的西蒙．波娃走進客廳，用稚嫩的聲音配上老成的語氣宣稱：「我不信上帝，我是無神論者。宗教塑造了奴隸。」全家人是什麼表情。她母親差點氣得昏倒，她父親則覺得這只是小孩不懂事，長大就好了。可是他錯了，西蒙．波娃很快開始獨立思考，對一切提出質疑。這個女孩日後為整個社會氣氛帶來了許多風暴。

西蒙．波娃就是這麼一位好人家出身的壞女孩，不過，她不只叛逆，也非常聰明。她對知識充滿熱忱，覺得生活太過無趣。她喜歡寫作，很小就會用日記抒發想法。她在班上名列前茅，才智令人驚豔。她父親甚至稱讚波娃「有男人的頭腦」。波娃先生的夢想是生個兒子，送他進世上最好的學校——巴黎理工學院——成為家族的驕傲。他甚至認為膝下無子是上帝對他的懲罰。

幾年後，波娃先生的生意遭遇了災難性的失敗，家財散盡，波娃一家被迫搬到沒有電梯、沒有自來水、更沒有傭人的老公寓。位於雷恩街的簡陋公寓一定像個地獄，讓這對完美的天主教婚姻模範很快破裂了。西蒙．波娃意識到她父母的關係是如此虛幻不實，波娃先生藏不住好色、賭博和酗酒的習慣，夫妻倆幾乎不說話，一開口不是互相指責就是謾罵。這個家庭逐漸崩毀，但在一個只批判表象的虛偽社會，仍然保有完美婚姻的空殼。

西蒙．波娃很快離開了家，在著名的巴黎－索邦大學念哲學，在那裡遇見了終身伴侶和一生摯愛——**沙特**。沙特一見面就對波娃的才智和美麗傾心不已，對她提出了邀約。波娃當下答應卻後悔了，她說服妹妹去和沙特約會，還不忘指點說，妳會立刻認出沙特，因為他是個戴眼鏡的醜男。

讓波娃愛上沙特的既非健身房練出來的好身材，也不是好萊塢電影主角的外表，而是幽默和智慧。沙特和波娃在索邦大學中顯得鶴立雞群，每當他們其中一個去參加口試，都會引來大批學生旁聽。沙特和波娃的友誼不斷升溫直到成為戀人。沙特會親暱稱波娃為「海狸」，因為波娃的姓氏「Beauvoir」發音有點像英文的海狸（beaver），同時也因為波娃跟海狸一樣擁有能幹的工作能力。沙特和波娃總是彼此尊重，終身都以「您」稱呼對方。

某個下午在羅浮宮的長椅上，波娃淚流不止，他們已經完成了學業，被分派到不同城市當老師。沙特被派去法國西北部的利哈佛，而波娃則被派到南方的馬賽。分離令波娃心碎，沙特提出了一個想法：只要他們結婚，就可以在相同的學校任教。不料，波娃的眼淚變成了憤怒的微笑，她從母親身上發現，婚姻意味著女性從此失去自由，只能在家照顧家庭和孩子。身為女性，婚姻讓她的責任倍增，所以她決定終生不婚，也不打算生子。波娃這樣闡述她的想法：「婚姻是令人作嘔的資產階級制度，類似於賣淫，因為婦女只能在經濟上依賴丈夫，沒有獨立自主的可能。」

但是，如果他們不結婚，又怎麼保持遠距關係？接下來我說的可能讓你感到驚訝，因為這兩位哲學家的愛情完全跳脫了當時的道德鐵律：波娃和沙特決定建立自由的開放關係。他們簽署了一份合約，協定雙方可以自由與他人維持關係，但彼此承諾永遠對對方誠實。他們希望過著與上一代截然不同的生活，因為在她的家庭，波娃夫婦發誓對彼此忠誠，卻互相欺騙。於是這兩位哲學家展開了戀愛、性生活自由的多角關係。他們的愛情震驚全法國，成為真愛的典範。沙特對海狸的熱情可以從他不遠千里寄給她的信中看出：

我親愛的小女孩，我一直想在午後寫信給妳。今晚我以一種妳不知道的方式愛著妳。我對妳的愛支配著我，深入內在，構成我的一部分。這種情況發生的頻率比我當面承認的次數還要頻繁，但很少發生在我寫信給妳的當下。請試著理解：我愛妳，而妳卻注重別的外在事物。在土魯斯我只愛著妳。今晚，我在一個春天的午後愛妳。我打開窗戶愛妳。妳是我的，一切都是我的，而我的愛改變了我的周遭，我周圍的一切也改變了我的愛……我全心全意愛著妳。

波娃也對沙特懷有同樣的愛意，只不過她對其他人（還不只一個）也有感覺。一九四三年兩人在盧昂重逢，他們不但有了共同的學生，還有了共同的戀人。波娃與一個女老師和幾個女學生建立了同性關係，同時和沙特的學生發生了一夜情。法國當時還沒準備好面對這麼開放的性觀念，因此波娃被控煽動未成年人性行為而遭到停職。

波娃和沙特很快成為法國知識分子界的明星[23]，奇怪的是，她總被描述為「沙特的伴侶」。彷彿沙特才是哲學家，波娃只是配得上沙特的伴侶，直到《第二性》問世才改變了大眾的這種印象。在這部巨著中，波娃分析女性在社會上的附屬地位，並提出解放女性的策略。

就像笛卡爾在火爐旁完成的著作，或康德讀完休謨之後寫下的作品，《第二性》也是一本受到啟發之作。波娃坦言：「我意識到多數女性在成長道路上遇到的困難、虛假的回報、陷阱和障礙。我得到啟示就是：這是一個男性世界，我的童年是由男性編造的神話所滋養。」至今，《第二性》已成為「女權聖經」，這也是為什麼你該花點時間去閱讀，無論你是支持還是反對。

《第二性》出版後大獲成功，在法國一週內銷售了兩萬兩千多冊，在美國更達百萬冊。此作品無疑是一枚扔給父權社會的炸彈。所謂父權社會，就是家族中以男性為首（族長），（族長）握有權威，同時也是財產、子女和妻子的所有者的一種社會體制。當然，也有部分人士認為這部著作是在質疑他們的權威和特權，因此針對波娃的批判紛紛出現。波娃收到各種謾罵，尤其指控她欲求不滿、性冷感、性愛成癮、性愛狂、女同性戀、流產一百次、黑市母親等。不少書店拒絕販售她的作

23 作者注：如果你想知道關於波娃和沙特之間的故事，我推薦你去看電影《花神咖啡館的情人們》（*Les Amants du Flore*，由伊藍．杜朗．柯恩執導二〇〇六年上映的法國電影）。

品，梵蒂岡也予以強烈譴責，連共產黨也呼籲不要閱讀這本書，因為「這對女性勞工沒有好處」。就連諾貝爾文學獎得主莫里亞克（François Mauriac）也在波娃和沙特共同創辦的雜誌上發表了文章：「我現在已經知道關於你們老闆陰道的一切了！」

波娃到底在《第二性》中寫了哪些荒唐論調？又對你該不該參加示威的選擇，提供了什麼建議？波娃的觀點是：就算婦女已經可以投票和受教育，但仍未處於與男性平等的地位。波娃用畢生所學的社會科學（包含心理學、歷史、社會學和人類學）進行分析，揭露女性在社會上的弱勢。

如果你是女性，波娃會向妳解釋文化是如何在妳沒有意識的情況下，把妳塑造成某些男人設計的「女性典範」。那些使妳與男性有所區別的女性特質，並非源於賀爾蒙，而是文化所造成的，它並非一種天生自然的狀態，而是讓妳變成男性的附屬品、依賴男性，沒有自我的文化陰謀。好比說，從很小的時候，女性就被教導要服從男性，並認為能實現自我的唯一途徑，就是成為一個妻子和母親。如果妳再不睜眼認清事實，妳還會繼續把這種觀念傳遞給妳女兒和孫女。

安靜的公主

為了證明這個觀念，讓我們花點時間分析你小時候讀過、後來被迪士尼拍成電影的童話，例如白雪公主、灰姑娘或睡美人。童話中的女性必須服從男性角色，如果不聽話，就會陷入困境。所有故事中都有好女人和壞女人兩種角色，好女人很美麗，壞女人都長得很醜。所以如果妳想當個好女人，妳必須長得漂亮。女主角都個性謙遜善良，從不生氣。她們都是好女兒，很聽話，要靠結婚才能獲得幸福。

另一方面，壞女人都沒有結婚，也不受男人掌控，可以享受自由。此外，好女人的重要特徵就是被動，她們無法自救，而必須等待白馬王子拯救，然後得到「婚姻」作為獎勵；而壞女孩的結局總是致命又殘酷的死亡。對於不服從控制和壓迫的女性，父權社會對其施予暴力。這不單是家庭問題，而是整個結構性的惡。造成這種暴力並非因為施暴者瘋狂或殘暴，而是整個文化定義了男女的特徵，也界定了男女的關係。

讓我們繼續分析文化現象。各位可以試著做「貝克德爾測驗」，回想一下至今看過的電影和連續劇，有多少作品達到以下標準：

- 劇中至少有兩位女性角色
- 這兩個角色必須交談
- 談話的內容與男性角色無關

這項測試反映了我們的社會是一個父權社會，女性被歸類為他者。女性被貶為比男性低等的角色，也就是「第二性」。而透過宗教、傳統習俗和文化的影響，女性逐漸接受男人對她們的看法。

第二性

《第二性》的主要觀點是：女性性別並非天生，而是後天形成。也就是說，我們對性別的觀念來自於文化的建構，因此並不存在所謂「女性特質」。女孩一出生就不斷學習社會上約定俗成的女性特質，這些特徵使得女性處於被奴役和掌控的處境。妳收到的玩具，家人為妳朗誦的聖經或故事，字裡行間把妳訓練成「他者」。如果妳想成為一個好女人，就必須成為男人所期待的樣子。「女性價值觀」實際上是一種社會產物，為的就是把妳關在家，將妳排除在製造、決策、政治或任何權力相關的領域之外。

這種沙文主義的結果，就是讓女性失去與社會的連結，永遠不可能自由。對波娃來說，人的本質是自由，每個人都能決定自己想成為什麼樣的人，但女性的模樣卻得由男人來決定，這就是雖然她們可以投票，卻居於弱勢的原因。因此，解放女性刻不容緩，如此一來，女性才能自主決定想成為什麼。此外，要實現這個目標必須做到兩件事：第一，婦女要有工作，經濟要獨立；第二，要集體抗爭。

西蒙．波娃會邀請你和朋友一起為解放婦女而努力，共同建構平等的社會。爭取性別平等不單是婦女問題，而是人權問題。對抗異化、奴化和掌控不一定要是女性，為他人奮鬥也代表為所有人建立一個更加公平的社會。

相輔相成的性別特質

據說，西班牙哲學家**荷西・奧特嘉・加塞特**搭乘郵輪從布宜諾斯艾利斯返回西班牙時，旅途中遇見了一群年輕貌美的美國女性。他以男性面對充滿女性氣質的淑女般語氣與她們交談，結果某一名女性因此覺得被冒犯了。她對奧特嘉說：「我要求您像人類一樣對我說話。」「女士，我不清楚您口中的人類。」奧特嘉回答。他認為這位女士認為有某種比身為女性還要高的價值存在，是個很大的錯誤。人類只是抽象概念，物種是由不同性別組成，女人在本質上與男人不同，但不遜於男人。

奧特嘉在名為「朝向她的短途旅行」演講上講述了此事。這位西班牙哲學家對波娃的女權主義做出回應。奧特嘉的觀點是「性別互補」。男性和女性都是互相參照才構成不同，但波娃和女權主義者都搞錯重點，竟然以為當女性脫離男性建構自己的存在，才會更像個人。

用藝術來舉例，或許可以幫助我們更了解女性和女權主義發展的方向。歷史上每一回的藝術運動都是參照傳統，從中尋找靈感，但現今的藝術流派卻只是一味做些跟以往相反的事。換句話說，「無藝術」變成了藝術。同理，女權主義就是做著同樣的事，它讓女性重新定義自己，跟過去的樣子做切割。女權主義迫使女性變成「非女性」，還打著自由的名號。

奧特嘉認為，男性並沒有決定女性合該是什麼樣子。女性特質是男性與女性自由決定的結果。

女權主義不只犯了知識性錯誤，更試圖讓男女產生對立。事實上，男女的特質和角色，應該是相輔相成的。女權主義把「平等神話」暴力加諸在每個人身上，讓我們以為獲得平權以後，事情會變得更好。對波娃和女權主義者來說，女性依附男性是一種屈從，但我不懂為什麼「自由」與「依附他人」無法兼容？

所以，我不建議你去參加鼓勵「平等」專制的示威活動，你可別忘了前蘇聯打著平等意識形態所創造出來的恐怖事蹟。人類天生就有一種與「男子氣概」截然不同的展現方式，稱為「女性特質」。我們不該追求平等，而應該彼此互補。

好了，三月八號這天來臨。西蒙·波娃和奧特嘉都已經說明了他們對女權主義的看法。現在，做決定的時刻到了：你想活在一個什麼樣的社會？你支持女權遊行嗎？

＃哲學挑戰 21 你怎麼知道這種感覺是不是愛？

Platón 柏拉圖
Diotima 狄奧提瑪
Schopenhauer 叔本華
Abelardo y Eloísa 阿伯拉與哀綠綺思

你正處於一段戀情之中？你曾思考過，你對另一半的感覺，就是大家口中的「愛情」嗎？試著想像一下，某天另一半為你準備了晚餐，他煮了你愛吃的菜，用蠟燭布置好餐桌，還放了動人的音樂搞氣氛。當你們吃到甜點時，他看著你的眼睛問道：「你愛我嗎？」如果你想誠實面對他／她，甚至對自己誠實，那麼在你回答之前應該先問自己：我怎麼知道我的感覺是不是愛？什麼是愛？有什麼症狀？愛對人有益還是有害？愛使我們變成更好、還是更糟？有不同形式的愛嗎？如果有，有較好或較不好的形式嗎？只有人類才會相愛嗎？這些問題只是一小部分，關於這個主題可能還有更多疑問。

半邊柳丁

柏拉圖說不定可以幫你找到問題的答案，因為他最廣為人知的作品，講的就是愛情。在名為《會飲篇》的著作讓我們知道西元前三八〇年前曾舉行一場史上最著名的晚宴。宴會是由詩人阿伽松（Agatón）所舉辦，為了慶祝他的悲劇作品首演成功。他邀請了五位賓客，分別是兩位年輕的戀人、一名醫生、一名喜劇家，當然了，還有偉大的哲學家蘇格拉底——不過他來晚了，他在赴宴前因為太專注於思考，而耽誤了一點時間。

所有賓客決定聽從醫生的建議適量飲酒，加上有些人前晚喝得太多，到現在還在宿醉。有幾個人承認自己昨天簡直泡在酒缸裡，拜託同伴不要嚴格遵從希臘宴會的規定（一定要喝到醉才能停）。而且，他們決定讓樂師先回家，這意味著宴會尾聲不會走上放蕩狂歡的路子。因為依照希臘習俗，樂師的責任除了讓賓客擁有聽覺饗宴，也必須滿足賓客身體其他部位的快樂。不過畢竟有蘇格拉底在場，他們決定用哲學對話來代替狂歡。不曉得這對當天在場的賓客是否是種損失，不過對哲學史來講，這個作法可是獲益良多！

那麼，宴會上要聊什麼？醫生建議討論「愛情」！每個人都同意輪流發表演說，蘇格拉底最後發言。在喜劇家阿里斯托芬（Aristófanes）在演說中藉由有名的雌雄同體神話來解釋愛情：最初的人類身體是一顆巨大的球體，有四條腿、四隻手、一對性器官，以及背對背的兩張臉，並且共用一個頭。人類可以朝兩個方向走，高速奔跑時就像雜耍藝人一樣是用滾動的。當時人類力量強大卻自以為是，他們試圖登上奧林帕斯山，結果眾神決定懲罰人類。

宙斯把人類切成兩半，命令阿波羅把人類的兩個臉轉向，並縫合傷口，於是每個人身上留下了肚臍和一些皺褶處，成為罪行的痕跡。所有人類都被一分為二，都與他的另外半邊分開了。後來宙斯同情心大發，重新下令人類可以透過性器官的結合，再次與另一半連結。這個神話可以用來解釋所有性傾向都是自然的，因為有些男人的另一半是女人，有的男人另一半還是男人。現在，你知道西班牙俗諺用「我的半顆柳橙」來表示對方是命中注定的另一半，是怎麼來的了吧？下次你用到這個詞，記住它出於《會飲篇》的神話。沒想到吧，這個故事可以讓你在求愛之路發揮功效，如果你求愛成功，可別再說「哲學沒有用」這種話了。

那麼，這個神話要告訴我們什麼？那就是，愛是與生俱來的天生渴望（幾乎變成一種需求），我們可以藉此恢復原始的模樣。每個人都是一個不完整的存在，只有愛使我們感到充實完整。只有愛，使我們破碎的存在變得有意義。人活著就是要不斷尋找被神無情奪走的另一半。導演伍迪・艾倫用《午夜巴黎》（*Midnight in Paris*）這部電影把神話帶進大螢幕。在這部影片中，神不只把人一分為二，還將他們置於不同時空。

有趣的是，導演尤格・藍西莫把這個神話用在反烏托邦電影《單身動物園》（*The Lobster*）。片中描述一個單身者沒有容身之處的未來社會。如果你沒有伴侶，就會被關進旅館，你有四十五天的時間可以去認識某人，跟你的終身伴侶談戀愛。如果你沒找到伴侶，最後就會被變成動物。啊！不過你倒可以選擇要變成什麼動物。無論幸運還是詛咒，有另一半真的能讓我們完整？生命一定要有充實感？讓你感到完整的，就只有那個唯一？或者，生命中許多關係也可以讓生命變得充實？這個神話中有什麼真理？還是，它只是個神話？

柏拉圖式戀愛

那麼，我們來看蘇格拉底說了什麼。這位哲學家承認，他所知跟愛有關的事，都是從一位女性——哲學家狄奧提瑪——身上學來的，她對愛情跟許多問題的觀點相當睿智。她會告訴你，「找到失落的另一半」並非產生吸引力的關鍵，「善良」才是。當你愛上某個人，你會被這個人的善良和美所吸引。愛是通往「善」的道路，等我們達到這個目標，生活就會變得幸福充實，因為生命已經別無所求。

每個人都知道，「愛」應該指引你的行為，但狄奧提瑪接下來說的，就不是每個人都知道的事了（喔不！先別闔上書本，你已經算是蘇格拉底的門徒了，一定可以理解愛的奧秘！）狄奧提瑪說，我們很清楚知道「愛是對美的渴望」，但是最美好的事物並非肉眼可見的外表，而是一種非物質的感受。美的事物只是一個可能迎來更偉大永恆價值的跡象，再也沒有比感受到這種美還要充實幸福的人生了。不過要到達這個程度，就必須培養敏感性，否則永遠感受不到它。

也就是說，我們的愛必須純潔而崇高。我相信愛情一開始都是被外在的美吸引，但你很快就會意識到還有比外表更有價值的事物。如果一開始對方吸引你的就是他的靈魂而非屁股，代表你的愛已經到達更高級別。接著，你會慢慢感受到隱藏在正義和真理中的美。這些非物質的美越來越吸引你，直到你來到最高層次的愛，亦即「柏拉圖式戀愛」。它代表了純粹乾淨的愛，不受肉體、膚色或世俗價值污染。所以，現在你知道為什麼大家都把理想愛情稱為「柏拉圖式愛情」了？（柏拉圖把「愛」的標準設得太高了！）

如果你好奇這場晚宴是怎麼結束的，讓我告訴你吧。蘇格拉底的學生阿爾基比亞德（Alcibiades）喝到酩酊大醉跑來狂敲主人的門。他最後被允許參加宴會，坐在主人身旁。他開始對蘇格拉底大獻殷勤，於是蘇格拉底讓他去洗個冷水澡。既然談論的時刻被一個剛從狂歡派對離開的醉漢打斷，宴會上的賓客也忘記了適量飲酒的建議，一個個喝到茫，接連投入夢神摩耳甫斯的懷抱──只除了蘇格拉底。身為一個穩重平衡的哲學家，他默默向主人告辭離開。故事說完了。

那不是愛戀，那叫執念

德國哲學家**阿圖爾．叔本華**會告訴你，你剛才讀的《會飲篇》中關於愛情的內容是一堆屁話。他就是這麼直言不諱，這位思想家在哲學史上尖酸刻薄的程度可說名列前茅。叔本華常以粗魯自私又沒禮貌的方式表達觀點。他一開始讀醫學，第二年就改唸哲學，因為他認為生活才是所有問題中最糟糕的，必須把全副精力投入思考人生。

他極為傲慢，加上壞脾氣。某次他在上完當代偉大的哲學家費希特（Fichte）的課後，宣稱課堂上老師說了一些話，讓他很想拿槍指著老師說「快去死吧，你死不足惜！」有天，他和他的和聲老師在吃飯，老師拿他最推崇的康德開了個玩笑。叔本華帶著憤怒和蔑視的表情大聲咆哮：「您根本不知道康德的哲學有多重要！別再跟我說話了，您配不上我的文化素養。」就連他母親要忍受叔本華，也不是件容易的事。這位哲學家大學畢業後寫了封信告訴家人，說考慮回家跟母親同住。沒想到他母親竟然這麼回覆：「你太煩人了，讓人無法忍受，我覺得跟你一起住非常痛苦！」

叔本華熱愛音樂，尤其是義大利作曲家羅西尼（Rossini）的創作。某次，羅西尼剛好下榻在叔本華常去吃飯的旅館。不料叔本華並不想見偶像，他對旅館老闆說：「站在那邊的那個人不可能是羅西尼，那只是個法國胖子！」叔本華喜歡散步和爬山，這樣他才能站在天才的高度俯視愚蠢的眾生。他鄙視人類這種動物，只在乎他養的一隻叫「愛瑪特」的狗。他聲稱，如果這隻狗不在了，他也寧可死去。他對愛瑪特的愛顯然接近人類的感情，甚至當這隻毛茸茸的動物不順從，叔本華還會對他大吼：「你這個人類！」這位哲學家去世時把一切留給了他忠實的四腳好友。

對叔本華而言，愛情是什麼？你應該想像得到，他說：那只是性愛，是物種的繁殖本能，純粹的生物機制，對性欲、肉體的渴望，就這樣，沒了。「愛情」是人類特有的表達方式，用來形容所有生物生存和繁殖的衝動。「浪漫」不過是人類編造的謊言，只因為自我感覺比其他物種來得特殊和優越。愛情沒什麼特別的，只是一種生物衝動，證明了大自然比我們強大。當我們墜入愛河，我們就成了遵循生物法則的機器人：「交配！繁殖！」。

對叔本華來說，愛情使人盲目，因為它在我們身上起作用，我們卻沒有意識到。這種無意識的力量操縱著我們。那麼，愛情到底要我們做什麼？當然是要我們繁殖，然後讓我們的後代繼續繁殖。我們的子嗣越是強健聰明、有吸引力，就越可能散播種子並繁殖後代。大自然在玩弄我們，讓我們愛上那些能彌補我們身體和性格缺陷的人。

這正是為什麼好女孩總是被壞男生吸引。大自然誘使我們與可以生下最好子嗣的那個人結合，但是在交配任務結束後，他們通常會看著對方納悶：「我是看上這個人的哪一點？」愛情只是一種幻覺，一種癡人說夢，一種我們為了忍受悲慘命運而創造出來的幻想。電影《樂來越愛你》（*La La Land*）就講述了叔本華對愛情的看法，因為在這部電影中，我們被迫區分虛構和現實。由於現實的獨裁專制，男女主角的美麗夢想被犧牲了，而當激情消退，愛情就變得不可能了。

哲學家的愛情

當我們在哲學中談論愛情，總會想起哲學界的羅密歐與茱麗葉——阿伯拉與哀綠綺思。在十一世紀的巴黎大學，一位年輕有為的教授即將成為歐洲最有影響力的哲學家。[24]學生們從歐洲各地蜂

24 作者注：阿伯拉當時已擁有博雅教育學位，也代表他已經掌握了三學（修辭、文法、辯證）和四術（算數、幾何、天文、音樂）等學問。

擁而至選修彼得・阿伯拉的課程。那個年代大學剛開辦不久，開學典禮不是致詞，而是名教授的公開辯論賽。阿伯拉打敗了所有的對手，甚至贏了他自己的老師。他是學者辯論[25]界的拳王阿里，同時也是優秀的哲學家、詩人及音樂家。

故事的女主角哀綠綺思是當時最聰明美麗的女性。依照當時貴族的習俗，年輕的她在阿讓特伊修道院接受教育，年僅十七歲已經精通希臘文、拉丁文、希伯來文、文學、哲學和神學。當時她已經能和最聰明的人辯論，而且辯才無礙。她的名聲遠近馳名，在她離開修道院繼續到巴黎進修之前，整個城市的人都在談論她，每個人都想認識她——當然，阿伯拉也不例外。

哀綠綺思的叔叔福爾伯特（Fulbert）是這個故事裡的壞人，他把她從修道院帶進巴黎大宅，希望她能認識合適的對象，亦即擁有貴族頭銜及大量金錢的那種對象，可惜阿伯拉兩者皆無。不過福爾伯特邀請阿伯拉為他姪女上哲學課，以完成她的學業。甚至還建議阿伯拉跟他們住一起，圖個方便。想當然耳，阿伯拉立刻答應了。

福爾伯特沒想到的是哲學課會發生的事。阿伯拉坦承在授課的過程中，他的激情洶湧澎湃，情難自抑：「書卷雖然打開，我們之間傾訴的更多是愛，而不是經典的詮釋；我們交換的更多是親吻，而不是智慧的想法。我的雙手不常翻動書頁，總在她的胸前流連。」

阿伯拉與哀綠綺思享受著禁忌的愛情。他們的關係引人非議，並非因為他三十多歲而她才十七歲，也不是他是老師而她是學生，而是階級差異；而且，當時大學教授必須保持貞潔。結果，經過兩年的「創新式」教育，哀綠綺思懷孕了，兩隻愛情鳥只好逃離了巴黎。

哀綠綺思躲到古老的修道院生下了孩子，兩人秘密結婚，讓阿伯拉繼續他的學術生涯。不過阿伯拉還是不斷去看望哀綠綺思，無法抗拒幫她繼續「授課」的誘惑。阿伯拉在一封寫給哀綠綺思的信中提到：「我們結婚後不久，妳還隱居在阿讓特伊修道院時，有一次我秘密地去看妳。那一次，我的欲望在食堂某個角落獲得滿足，因為沒有別的地方……」[26]。這兩位哲學家犯下的另一個錯誤，就是為這個可憐孩子取名為阿斯特羅拉布（Astrolabio）[27]。

阿伯拉與哀綠綺思就這樣繼續著秘密的婚姻生活，但是叔叔福爾伯特吞不下這口侮辱家族名譽的怨氣，就像電影《教父》中的馬龍．白蘭度，他派殺手去閹了可憐的阿伯拉，並將哀綠綺思終身關在女修道院。後來哀綠綺思成為該修道院的院長。身為哲學老師，我們要從這個故事學到教訓，所以從那時候起，我們的手只會摸老舊又厚重的書本。

---

25 作者注：學者辯論（debate escolástico）中的「escolástico」一詞源於拉丁文scholasticus，意為「在學校教書的人或學習的人」，指的是中世紀大學所教授的天主教哲學。學者們設計了一種獨特的方式，其中關於爭議性問題的辯論是最重要的部分。

26 作者注：如果你覺得修道院食堂不是做愛的好地點，我建議你閱讀詩人岡薩雷斯（Ángel González）的《適合做愛的地點清單》這首詩。

27 譯注：作者在調侃阿斯特羅拉布（Astrolabio）這個名字。astro是天體和星空之意，而labio是唇的意思，西文這個名字既不好聽又意味複雜。

福爾伯特可以閹割阿伯拉與哀綠綺思之間的激情，卻殺不死他們的愛。這兩位哲學家餘生互相通信，近千封書信表達了他們對彼此的感情。當阿伯拉在四十九歲去世，哀綠綺思要求把他的遺體葬在修道院，並希望自己死後能跟他葬在一起，永遠在愛人身旁安息。但是，阿伯拉與哀綠綺思之間到底是真愛，還是叔本華所謂的「欲望」？

哲學挑戰 22 偷竊很不好嗎？

Proudhon 普魯東
Marx 馬克思
Locke 洛克

你有過順手牽羊的念頭嗎？某天，你跟朋友在店裡閒晃，你看到他偷偷把一些東西塞進口袋。離開商店後，你們一起去喝咖啡，你朋友得意洋洋向你展示戰利品。你會對他說什麼？

讓我們看另一個例子：二〇一三年，雷克納（瓦倫西亞省）的一個年輕媽媽因使用在街上撿到的信用卡購買孩子的尿布和食物，被判處一年九個月的監禁。你覺得這個判決公平嗎？還有最後一個案例：二〇一八年十月，西班牙最高法院裁決，在公證處登記抵押貸款時，登記費用應該由銀行繳納，而非客戶。不過，事後這些機構對政府施壓，結果法院當天就撤回了判決，幾天後又修改了判決。誠如德國作家布萊希特（Bertolt Brecht）所言，「比起開銀行，搶銀行算什麼？」有人認為這個判決根本是銀行在搶顧客，你同意這個觀點嗎？

以上三個案例讓我們自問：沒有財產的竊盜存在嗎？財產也有可能被竊盜嗎？財產是一項權利

嗎？如果是，這項權利賦予什麼？為什麼要尊重他人的財產？沒有私有財產的社會存在嗎？可取嗎？

財產就是盜竊

法國哲學家**皮耶－約瑟夫．普魯東**就是一位重視財產和竊盜問題的人。普魯東沒能讀完高中，因為他來自一個非常貧窮的家庭，負擔不起學費。但你可別以為窮困阻止了他接受良好的教育，普魯東最後靠著自學成為一位才華洋溢的作家。因此，如果你受到上帝保佑，碰上了糟糕的老師，請記住，書本永遠伴你左右。普魯東有一部討論「何謂財產」的作品，而他的答案非常爭議性，他說：「財產就是盜竊」。

普魯東的觀點是：財產權是一種從勞工那兒竊取勞動成果的手段。勞工是那些打造宮殿，卻睡在馬廄，以及那些手織絲綢羅綺，身上卻衣衫襤褸的人。以現代的例子來說，外送餐點的員工一週工作六天，每天十小時，工資不到一千歐元。他是自雇者，沒有固定薪水或工作合約，只靠這個手機外送APP得到工作。他還必須繳納社會保障金，當然，他也沒有失業或休假的權利。外送平台有個外送員評分系統，外送員可以根據得分選擇工作時間。那如何才能獲得高分？答案是接下所有訂單，完全配合。事實上，這代表你根本無法決定何時工作，以及如何工作。

不過普魯東攻擊的並非所有形式的財產，而是那些透過剝削他人而獲得的財產。所以你不用緊張，因為他的觀點並不是說別人有權力拿走你的腳踏車、手機或錢包。

偷木柴的議會

德國哲學家卡爾·馬克思抱持相同的想法。當時他還是個年輕記者，負責報導令人昏昏欲睡的地區議會。在眾多無聊的辯論中，有件事使他忿忿不平：議會通過了一條關於森林木材所有權的法律修正案。在此之前，所有人都可以自由取得木柴來使用，即便是私人土地，唯一禁止的只有砍伐樹木。但法律修改後，即刻起，收集掉落在地上的木柴，將被視為偷竊。

馬克思非常反對這個決議。他認為從樹上自然分離出來的已經脫離了財產範圍，因此不能算是森林擁有者的私有財產。更何況，散落四處的木柴並非地主特意栽種，理應屬於那些花費時間和精力的收集者。年輕記者開始發現，真正的竊盜是私有化，讓以前屬於大家的東西變成了只屬於某人的東西——就是這個人偷了所有人的權力。

財產權是一種允許少數人將自然資產私有化的機制。馬克思會看著你的雙眼問道：「大自然可以是私有財產嗎？」貧窮的村民從地上拾撿木柴並沒有犯罪，犯罪的是剝奪農民生存手段的議會，他們通過了一條「以前屬於大家的，現在都是某人的」法律。馬克思會告訴你，真正的竊盜是那些將教育、醫療、通訊等理應屬於大眾的東西私有化的人。如果馬克思知道了上述貸款的新聞，他一定會讓你明白，銀行是如何利用法律從他們的客戶那兒搶錢，那才是真正的犯罪，在商店順手牽羊根本不算什麼。

馬克思的想法影響了義大利導演派特立（Elio Petri）。他於一九七三年執導了喜劇《財產不再是竊盜》（*La proprietà non e più un furto*），這部片在西班牙以《對財產的苦澀渴望》這個片名上映，這是一部對資本主義發出尖銳批評的電影。

這部電影以恐怖電影的敘事手法展示銀行的業務和貨幣流動。故事主角道達爾（Total）是位年輕的銀行出納員，多年的努力工作，他仍然一無所有。其中一幕是道達爾問父親動詞「有」的變化，藉此向父親解釋人生是多麼不公平：「他們擁有一切，而他卻一無所有」這個可悲事實。既然在腐敗的體制下身為誠實的勞工完全沒有用，道達爾最後成為反對體制的馬克思主義激進分子。

有一幕非常諷刺，很適合我們思考搶劫的道德標準，那就是導演設計了一場「向竊賊致敬」的橋段。綽號「阿根廷人」的帕可在執行業務時死亡，他的盜賊同夥聚在一起為他哀悼致敬。一人激動的發言：「一名充滿想像力、活力、技巧和勇氣美德的人就這麼死了！他原本可以勝任任何工作，卻選擇了做小偷。他原本可以成為那些只顧表面誠實的人，但他拒絕了虛偽！他與證券經紀人不同，他挺身而出、直截了當地承認『我是小偷』。而且要是沒有小偷，這個世界會變成什麼樣？你們可以想想，有多少誠實的白痴會失業啊！沒有小偷，鎖匠又該怎麼辦？保全公司呢？銀行職員呢？律師呢？法官呢？監獄管理員呢？保險公司呢？竊賊暗中偷竊，根本是掩護並合理化那些依法行事的人！」

財產是權力

英國哲學家**約翰．洛克**不同意普魯東和馬克思的想法。洛克在牛津大學念哲學，但他一點也不喜歡這段經歷，他覺得時間都被老師浪費掉了。他被強迫背誦含義混亂的單詞，在牛津大學學到的哲學對他來說不過是種消遣，對日常生活一點用處都沒有（不幸的是，至今還有學校用這種方式教哲學）。

洛克對於練習思考的熱情來自於接觸到笛卡爾的著作，不過洛克也並非完全同意笛卡爾的觀點。洛克對物理、化學、經濟學、政治與經濟學很感興趣，擔任過醫生、教授、外交官等職務。我們可以在《美國憲法》中看到他的政治思想，而每當總統與國會發生衝突，我們也能看到該理論的實踐。

洛克被奉為「自由主義之父」，他的思想成為政治思想重要的流派。你是自由派嗎？如果你想知道答案，可以做以下測驗：

- 我喜歡「放任作為，放任通行，讓世界自己運行」這句話。意思是政府應該盡量不干預人民的生活。是（1分）；否（〇分）。
- 我不喜歡別人告訴我該相信什麼或怎麼思考。在道德和宗教問題上，我認為必須絕對包容。

國家不該就這些問題立法，也不該將特定宗教或道德觀強加於公民。是（1分）；否（〇分）。

- 任何情況下，我的權利和自由都必須被尊重。任何權威都不能侵犯我的權利，就算為了確保所有人的安全。我的鄰居也必須尊重我的權利，就像我尊重他們的權利。政府的作用是確保人民的權利獲得尊重。是（1分）；否（〇分）。
- 我的財產是神聖的，沒有我同意，任何人（就算政府）都不得使用。是（1分）；否（〇分）。
- 只要我遵守法律並尊重他人的權利，我可以對自己的生命和財產做任何事。是（1分）；否（〇分）。
- 普遍性的道德原則不存在。別人認為不道德的事，在我看來不見得如此。因此，國家不應就道德問題來立法。是（1分）；否（〇分）。
- 我認為自由自願的合約對雙方都有利，因此不該用法律來規範。是（1分）；否（〇分）。
- 政府的稅收和支出應該要很低。我寧願服務變少，也不想繳納更多稅金。是（1分）；否（〇分）。
- 資本主義是創造財富的最佳制度，因為這個制度獎勵了努力和工作。是（1分）；否（〇分）。

如果你得到十分，那你徹頭徹尾是個自由主義者[28]。你也會喜歡洛克的財產論：一種以「私有財產權來自於工作」為中心思想的概念。一開始，大自然當然屬於公眾財產，沒有任何東西屬於個人。但這些自然物資只在有人付出勞力時才能被使用。例如為了要喝水，你需要用罐子收集泉水；想吃蘋果，你必須去摘取。你所付出的勞力讓原本屬於公眾的東西現在變得只屬於你，所以當你將勞力加諸於某件物品，這件物品就脫離了「屬於大眾」的狀態，成為你的私有財產。

一旦你將蘋果從樹上摘下，你就為它增加了從前沒有的價值，包括你的勞動力，以及土地的所有權。當一個人從森林砍伐樹木、耕種並播種，土地及其所生產的一切就屬於那個人。沒有耕耘也就沒有小麥田，所以完全沒有「偷竊」這回事。而你順手牽羊時，你其實真正偷的是別人的工作和努力。如果你下載盜版音樂和影片，我實在不想告訴你洛克會怎麼說。事實上，這位思想家認為我們擁有「捍衛財產」和「懲罰犯罪」的自然權利。

不過，保護私有財產會衍生出兩個嚴重問題：第一，有些人可能會「過度」捍衛或懲罰。也許你還記得，珠寶商的女婿殺死了他家竊賊的新聞。第二個問題是，不是每個人都擁有捍衛自己的力量，尤其是哲學老師。這就是為什麼人民決定建立國家政府，為的就是要讓它成為保障我們權利的機構。警察和法官必須保護我們的財產。此外，如果你偷竊，你也知道接下來要面對的是什麼後

---

28 作者注：自由派最喜歡的電影一定包括了《欲潮》（*The Fountainhead*，由金維多執導，一九四九年上映），因為該劇劇本是由自由主義先驅安恩・蘭德（Ayn Rand）所撰寫。

果。正如那位將撿來的信用卡做不法使用的母親，她非常清楚她在做什麼，以及接下來要面對的責任，警察和法官只是克盡職守罷了！

但是請注意，洛克並沒有主張任何人都有無限累積財富的權力喔！照理說，只有我們能使用到的，才能為我們所有。因此，只有那些可以耕種、播種並為自己利益所使用的土地，才是屬於我們的——此外都是別人的。這種賦予財產權的特質同時也限制了財產的數量。好比說，一個人不能擁有三萬四千公頃土地，因為這個人不可能獨自耕作這麼多的土地，這輩子也吃不完土地上的所有收成。那麼，阿爾巴公爵的確擁有三萬四千公頃土地，相當於摩納哥公國的一百七十倍。你認為，這是竊盜嗎？

哲學挑戰 23 「我也是」等於「我愛你」嗎？

Locke 洛克
Frege 弗雷格
Russell 羅素
Wittgenstein 維根斯坦

你非常喜歡他，某天終於鼓起勇氣跟他表白。趁著聚會結束，你抓住好不容易獨處的機會看著他的眼睛說：「我愛你」。你終於踏出困難的一步，現在只需等待對方的反應。你很幸運，他握住你的手說：「我也是」。然後你們相吻，耳邊響起浪漫的音樂，鏡頭微微仰拍，畫面越來越暗……一切似乎很完美。

但是，有個問題困擾著你：「我也是」到底是什麼意思？「我愛你」跟「我也是」意思一樣嗎？好的，先冷靜下來，別緊張，不要貿然做出可能會讓你後悔的草率決定。最重要的是，可千萬別拿這個問題去質問你的新伴侶，如果你還不想分手的話。

不同的詞彙可以表達相同的意思嗎？詞彙的意思是如何形成的？這些詞彙對於聽的人和說的人

來說，意思一樣嗎？英國哲學家**洛克**認為，一個人說話使用的字眼，就是這個人觀念的標記，我們透過語言將思想傳達給對方。例如，你跟另一半對話，你的大腦將思想轉換成語言文字，而對方的大腦則將接收到的語言文字解碼為思想。

洛克認為，我們腦中的想法是由外在經驗（對世界的感知）和內在經驗（對自己思想的感知）組合而成。不過這個說法會出現一個問題：你怎麼知道你的「愛」跟對方所謂的愛是同樣的概念？用相同詞彙就代表一樣的意思？你怎能確定對方完全理解你的意思？你們擁有相同的感覺嗎？釐清這些問題可以讓你和另一半免於漫長而痛苦的討論。

獅子臘腸

哲學家兼數學家**戈特洛布・弗雷格**很受不了語言的模糊曖昧，所以他認為數學語言很完美，因為每種意義都有對應符號，不可能混淆。但語言並非如此。

我朋友貢薩洛小時候是個直腸子。他媽媽叫他去肉店買東西，他回到家時一臉驚嚇，因為他看到肉店招牌上寫「賣獅子臘腸[29]」。他媽媽不得不向他保證，臘腸製作的過程絕對沒有殺掉任何一頭獅子。為了解釋這種語言造成的混淆，弗雷格創造了「意義」和「指涉」兩個術語。「指涉」是我們用符號來指定談論的對象，「意義」則是我們表達這個對象的不同方式。例如，「長庚」和「啟明」都**指涉**金星這個對象，因此你可以放心親吻你的另一半，因為「我愛你」和「我也是」指涉的是同一對象——也就是你們彼此產生的那種情愫，讓身邊人噁心到想吐的強烈情感。

弗雷格還利用「意義」和「指涉」的區別來分析那些沒有參照物的名詞，例如飛馬、美人魚、獨角獸或合理的薪水。如果一個詞彙必須有參照物才顯得有意義，那麼當你妹跟你說：「我生日禮物想要一本獨角獸筆記本！」或你將來的老闆說：「來我們公司工作，你會得到合理的薪資」，你就會聽不懂他們在說什麼了。所以，這些名詞就算沒有參照物，也是有意義的。因此對弗雷格來說，詞彙的含意除了指涉，也包含了可能的意義。

等一下！先別把手伸到你另一半身上。你知道西班牙皇家語言學院對「愛」一詞給出了十四種定義嗎？你怎麼知道貢薩洛的「獅子雙關語事件」不會發生在你嘴上的「愛」這個字？如果你想消除疑慮，我建議你就「語言本質」和「詞彙含意」的問題諮詢兩位專家：**羅素**和他最喜歡的學生**維根斯坦**。他們與眾不同的生活和個性，為我們留下了不可思議的故事。

瞠目結舌的一生

羅素除了是哲學家，也是數學家、劍橋大學教授、貴族、政治運動者、和平主義者、旅行者、

---

29 雷昂臘腸（se vende chorizo de león）是西班牙雷昂省（León）地區的特產，而「雷昂」這個地名就是「獅子」的意思。小孩子誤會了招牌上的león是動物，而非地名。

企業家、作家、諾貝爾文學獎得主和演員（是的，演員。這位多才多藝的哲學家曾在一九六七年的寶萊塢電影《阿曼》中客串）。

在回憶錄開頭，他說：「我的生活充滿三種簡單卻強烈的激情：對愛情的渴望、對知識的追求，以及對人類苦難的同情。」如果要簡短形容這個人，我會說他熱切地想了解他所生活的世界，並積極將之變成更美好的地方。有趣的是，他的非凡頭腦始終無法理解戰爭。他寫道：「我原以為人們最喜歡錢，但我發現他們更喜歡破壞！」

羅素一生都在反對他那個年代的戰事，並為此兩度入獄。第一次他被關了六個月，護照被拿走，還被劍橋大學三一學院開除，因為他支持那些一戰時的拒服兵役者。羅素不明白怎麼會有人寧死也不願思考，於是利用了這段苦窯期寫了一部關於邏輯學的著作。這當然不是他最後一次入獄。他八十九歲時又因領導核裁軍運動的抗議，再次被扔進監獄。

他參與調解美國、蘇聯與古巴政府之間爆發的古巴飛彈危機，還召集科學家組成委員會——包括了他的好友愛因斯坦——來阻止核武製造。據說（就算不是真實事件，也不得不說這故事編得真好）拳王阿里因為拒絕國家兵役的徵召而遭到逮捕時，接到了一通國際電話。羅素在大西洋對岸對他說：「恭喜！你讓我感到人性值得驕傲！」而且羅素可不只打一通電話而已，他非常支持這位拳擊手兼政治運動者，還特地寫了信鼓勵阿里：

接下來幾個月，華盛頓的領導人一定會用盡手段傷害您，但我相信您一定知道，您代表了挑戰美國權威的公民及全球受壓迫民眾的聲音。他們試圖摧毀您，因為您象徵著他們無法消滅的力量，也就是一種覺醒的意識，一種決心不再被恐懼和壓迫所摧毀的民族意識。我全力支持你！

越戰期間，羅素成立了一個國際法庭，審判美國軍隊犯下的戰爭罪行。他為世界和平而奮戰，成為他這一代與日後年輕人的榜樣。他不是個天真的和平主義者，他知道應該支持同盟國介入二戰，因為法西斯主義是對自由和民主的最大威脅。他在九十八歲去世前宣稱他的一生充滿價值，如果能選擇，他願意再活一次。如果你有機會參觀劍橋大學三一學院，你會在牆上看到他的紀念碑寫著：

第三代羅素伯爵，這所學院的教授，以數學邏輯的闡釋者而聞名。人類的苦難使他不知所措，雖然年長卻以年輕人的熱情全心致力於維護國家和平。他獲得來自全球的榮譽和尊重而聲名遠揚，在八十九年的努力後，於一九七〇年安息此地。

羅素最讓學生和同事欣賞的性格就是幽默感，這為我們留下不少精彩的軼事。某次在一場邏輯原則的辯論中，羅素表示，類似「如果你考五分就是及格」這類條件式陳述，只有在前提為真且結論為假的情況下，才是錯誤的。由此可見，當前提條件為假，我們可以確定該陳述為真。結果對方問他：你的意思是，如果二加二等於五，那麼你就是教宗？

羅素立刻給了對方一個酸溜溜的有趣回答：「如果我們假設二加二等於五，那麼你一定也會同意等式的兩邊各減去二，我們將得出二等於三。等式易位之後得出三等於二，接著兩邊各減去一，則得出二等於一。教宗和我是兩個人，既然二等於一，所以教宗和我可以視為一體，因此我就是教宗。」

接下來要介紹維根斯坦，我跟你們說說他與羅素第一次見面的情況。

維根斯坦在劍橋第一學期結束時就跑去找羅素，問他：「您是否願意告訴我，我究竟是不是白癡？」「我親愛的朋友，我不知道。」羅素回答，「你為什麼這麼問？」維根斯坦說，「如果我是個白癡，那我就去讀航空工程。如果我不是，我會念哲學。」最後羅素請維根斯坦利用假期寫一些關於哲學的文章來瞧瞧，再來判斷他到底是不是白癡。下學期一開始，維根斯坦果然帶來了作業。羅素讀完第一句就對他說：「不，你不該是個航空工程師！」

維根斯坦也是個不同凡響的人。他出生在億萬富翁的家庭，不過他深信金錢使人可鄙，因此放棄了大筆遺產而過著簡樸生活。大學畢業後，他決定遠離塵囂，跑到挪威峽灣蓋了一棟小木屋。他的首部哲學著作就是一邊發射砲彈一邊寫就的，因為他於一戰期間參加了奧地利的炮兵部隊，他將筆記本隨身攜帶以便記錄想法。後來他被義大利人抓住，便利用被關在戰俘營的時間整理筆記，並且寄給羅素。這份在戰爭筆記就是《邏輯哲學論》，日後成為重要的哲學著作。這位年輕的哲學士兵認為，所有哲學問題都已經在他的書中得到解決了（謙虛從來就不是他的美德）。

後來，他在一所修道院當園丁並取得教學資格，跑到鄉村小學當老師。他還當過建築師，幫姐姐蓋房子，該建築至今仍是國際風格建築的典範。在朋友的堅持下，他重返劍橋教授菁英學生。一九四七年他辭去大學職務搬到愛爾蘭海岸，專心撰寫第二本巨作《哲學研究》，不料他在這段期間因癌症過世。據說，逝世前他對醫生說的最後一句話是：「告訴他們，我已經擁有了非常精彩的人生。」

只有你明白

介紹過兩位哲學家，現在我們先請教羅素，你心愛另一半口中的「我也是」，到底是什麼意思。這位英國哲學家研究語言的邏輯和結構，發現語言與世界的結構是相同的。語言就像一面鏡子，可以用來反映世界。你所使用的每個詞彙都有特定的指涉對象，每個謂詞都有一個屬性。

與弗雷格不同的是，在羅素的認知裡，詞彙的意義只是作為參照。當你講話時，你描述的是世界上發生的事。如果你描述的事情是以事實為參照，那就是真的，如果不是以事實為參照，你的陳述就是假的。舉例來說，「現任法國國王是禿頭」是假陳述，因為不符合現實。相信從剛才舉的範例中，你們也能歸納出「哲學老師擁有高薪」也是假陳述。

對羅素而言，知識分為「個體之知」和「命題之知」兩種類型。「個體之知」是透過直接接觸已知物體而獲得熟悉與理解。例如：「我的朋友瑪麗亞認識梅西。」我的意思是，瑪麗亞認識這位足球員。你應該看的出來，這類型的知識需要感官來提供輔佐資訊。而另一種「命題之知」則透過某個來源或推論而獲得，當我說：「我朋友胡安知道梅西是阿根廷人」時，我並不是說胡安有這個榮幸親自見到這位球員，而是表達胡安知道他的陳述是正確的。OK，我知道現在不是聊足球的時候，我保證，我們快要講到你另一半回答的涵義了，真的。

在語言中，一個詞彙的意思，是它所指涉對象的直接知識。也就是說，是你對該物體或對象在記憶中的觀感、資訊，以及你印象中的經歷和體驗。比如當你說到「扁豆」這個詞，你會賦予它你對這道菜的回憶：如果你很喜歡，你就會把它吃完；如果你不喜歡，嗯……不管，你還是給我吃完。

讓我們繼續討論扁豆，很快你就會知道為什麼了。大家都知道每道扁豆味道都不太一樣，如果你曾在朋友家吃過這道菜，會發現他家煮的跟你家味道不一樣。甚至可能兩個人吃到同一道菜，一個覺得沒味道，另一個人卻覺得調味剛剛好。又或者，假設我對這道菜有陰影（或許我小時候在學校食堂被逼著吃掉它），那麼扁豆對我來說就是「創傷」的代名詞。

當「我愛你」從你的口中說出，唯一能了解它真正的涵義的人，只有你。你的語言描述了只有你本人才能理解的內在體驗。所以請做好準備，因為在一段正常關係中，無論多麼相愛，彼此也不會以同樣方式理解「愛」，很可能會牛頭不對馬嘴。如果你們為此爭吵，請記住，就算使用相同的字彙，也可能指涉截然不同的情況。

當另一半對你說「我愛你」，他指的是對你的某種感覺，包含了他過往成長的經歷。出於良知，我們不該回答「我也是」，因為這麼回答彷彿我們的經歷理所當然是一樣的。另一方面，如果關係惡化，對方指責你沒有回應同樣的愛，請記住，你永遠可以在羅素的這套理論中找到完美的理由。不過要小心，你得先確認對方沒有讀過**維根斯坦**的著作，這位羅素的學生可不是那麼認同他老師「個人語言」這套理論。

對於維根斯坦來說，語言不單純由說話者才能理解的詞彙所組成，也不單純出於當下個人的感覺，如果真是如此，那怎麼可能透過語言互相理解？個人經驗的存在，並不代表個人語言的存在。如果用這種方式定義感情，那麼我們在交談時根本無法互相理解，但現實並非如此。

用文字作畫

為了理解語言的運作，他發展了意義的「圖像理論」。意思是，語言是對世界上事物的象徵，就像照片象徵了人物，地圖象徵了地區，或樂譜象徵了旋律。象徵是一種現實，替代或反映了另一種現實。

超現實主義畫家馬格利特（René Magritte）在名為《形象的叛逆》系列作品中，將這個概念發揮得很好。馬格利特在作品中畫出一支煙斗，底下以法文寫上「這不是菸斗」。沒錯，這不是菸斗，而是菸斗的象徵。而說話，就是利用語言描繪出現實的模型。維根斯坦會有這種想法，是因為他在偶然間讀到一則巴黎法院使用玩具車重演交通事故的新聞。他問自己：「人類到底是如何用語言描述世上發生的事？」他認為，語言的邏輯結構和世界的邏輯結構相似。

所以，沒有任何邏輯的形象不能象徵任何事物，就好比波洛克（Pollock）的抽象畫。當你對親愛的說「我愛你」時，發生了什麼事？你用語言描繪了對他的愛意。而當他回答「我也是」時又發生了什麼事？他用聲帶震動所發出的聲音，雕刻出他內心深處對你的愛意。

別玩弄感情

你喜歡維根斯坦的「圖像理論」嗎？如果不怎麼喜歡，別擔心！維根斯坦可以提供另一種選擇。經過了漫長思考，加上他在小學教書的經驗，他放棄了早期的意義理論，提出另一種說法（當然也是理論啦）。這位奧地利哲學家發現，語言不僅可以用來表達世事，還可以用來講笑話、諷刺、祈禱、說謊和講故事。維根斯坦發現語言就像作坊裡的工具，我們得先知道它們的用法，才能知道它們的意義。

語言的本質不是邏輯結構，而是功能。這次維根斯坦是用新的形象「遊戲」來解釋他的想法：遊戲是由規則和用途來定義的。你可以把語言與西洋棋做個比較。好比說，棋子的定義並不取決於材質、大小或顏色，而取決於遊戲規則和如何移動。語言也是如此。

而且，維根斯坦提醒我們，你可以拿西洋棋的棋子去玩別的遊戲或者發明新遊戲；同理，詞彙也一樣，我們可以賦予一個詞彙不同的用法。如果「我也是」這句話是在你告白親吻之前就冒出來，你應該先評估一下，這個回答是否含有說謊、諷刺、敷衍、同情……等成分在內，否則你很可能遭對方轉頭閃避，錯開你的吻，搞得你超級沒面子！

#哲學挑戰24 不小心懷孕了，妳會墮胎嗎？

Adela Cortina 阿黛拉・科蒂納
Julián Marías 胡立安・馬里亞斯
Judith Jarvis Thomson 茱蒂絲・湯姆森

妳已經噁心想吐好幾天，經期也晚了，所以妳去看醫生。檢驗結果顯示妳懷孕了！妳根本搞不懂怎麼會發生這種事，明明妳做了該做的保護措施，一定是哪裡出了錯。妳的世界快要崩潰，排山倒海的壓力湧來。妳還這麼年輕，要怎麼當個母親？妳非常害怕，不知所措。妳覺得「墮胎」可能是一種解決方案，但是妳很疑惑：妳有權力這麼做嗎？妳該如何證明妳有這項權利？什麼情況下墮胎在道德上說得過去？妳必須自己做選擇嗎？是妳自己決定就好，還是胎兒的父親也有權干涉？

辯論規則

「墮胎」在西班牙社會一直是嚴重的哲學議題，也是高敏感問題。如果妳想跟朋友展開這類對話，一定得制定規則，才會出現理性而有效的辯論。西班牙哲學家科蒂納（Adela Cortina）的建議說不定可以幫上忙：

- 在這個議題上與你意見不同的，不代表就是壞人。
- 不要辱罵他人。不要在談話中指責對方反對生命權或不尊重女性。或許有少數例外，但是大多數支持墮胎的人並非如此。
- 不要貼標籤。這個議題中既沒有倒退的保守主義者，也沒有不負責任的進步主義者。這類型的標籤通常會被用在當你不想聽對方說話的時候。
- 男性也可以表達意見，別把他們排除在討論之外。懷孕是兩個人的事，把決定權和責任都放在女性身上，也算一種性別歧視。
- 必須試著去想，對方可能表達了一個合理的觀點，就算你不贊同。
- 觀念可能會存在分歧，但你不必放棄你的信念。
- 你必須設法達到共識，也就是規範所有人的道德標準的最低要求。

說完了討論規則，我想介紹兩位哲學家，他們都提出了很有趣的論點，可以作為你決定時的參考。第一位是西班牙思想家胡立安．馬里亞斯，第二位是美國哲學家茱蒂絲．湯姆森。

身體裡的人

馬里亞斯因為批評了佛朗哥政權被逼到山窮水盡。為了繼續教授哲學、發表思想，他不得不離開西班牙。他原本可以用沉默低調換取馬德里大學的教職，但是他年幼時跟哥哥約定好要為真理而戰。這位哲學家從那天起，再也沒有說過謊，而且非常討厭謊言。

他於一九七七年西班牙民主轉型時期在制憲議會被任命參議員，被認為是自由和民主的捍衛者。他對電影充滿熱情，實際上，他用電影來教授哲學，就像他的老師奧特嘉說的——觀看就是用視覺來思考。馬里亞斯非常喜愛女演員嘉寶（Greta Garbo），甚至當他居住美國時，經常在中央公園待上很長的時間，因為嘉寶時常到那兒散步。馬里亞斯被描述成一個善良又和藹的人，有著睿智的笑容，湛藍的眼睛加上濃密的眉。

如果睿智的馬里亞斯陪你站在這人生的十字路口，他不會挑些你想聽的說，只會給你真誠的建議。對馬里亞斯而言，如果我們想在墮胎議題上達成共識，首先要做的就是放下宗教信仰和意識形態，因為如果有人把個人對道德的定義硬是套用在你身上，那就太糟了。我們可以嘗試從科學角度解決問題，不過，並非每個人都了解科學知識，所以有些人無法參與辯論。更何況，科學被某些人當成是一種宗教在崇拜，他們認為：如果某件事稱得上科學，就一定有道理，沒有必要檢驗。

所以呢？馬里亞斯建議我們從觀察到的生活經驗來看待墮胎這件事，睜開眼睛，說出看到的事實。讓我們先拋開宗教、意識形態或科學偏見，用語言來分析。隨便哪個人都可以區分在各種情況下，我們應該用「東西」或「人」來指涉對象。如果有人將這兩個詞彙混淆，我們會覺得非常不舒服。

不信妳想像一下，房間外響起了有人敲門的聲音。房內的學生（很明顯是外國來的交換學生）回答：「那是什麼東西？」如果我們想指導這些外國學生正確使用西班牙文，我們會告訴他：你應該要問：「是誰」喔！

而在妳的身體裡的不是「什麼東西」，而是「誰」；不是物品，是人。有朝一日我們會稱他為「你」，因為他會用「我」來自稱。胎兒不是妳身體的一部分，只是被置入並寄居在妳的身體裡。懷孕與腫瘤不同，這種根本上的區別會影響妳的用字遣詞。例如，妳絕不會說「我要生腫瘤」或「我懷了腫瘤」。腫瘤在妳的身體裡，屬於妳身體的一部分，不是個獨立的存在。但是子宮裡的胎兒卻是個存在，雖然還沒有生命徵象，但只要我們不終止其發展，他就會成為一個生命體。反觀腫瘤，無論我們如何任其發展，腫瘤都不會有生命。

有些人可能會覺得胎兒不是「人」，因為他不能溝通、思考、認知或做決定，加上他尚未有生命徵象，因此不能算是個「人」。如果按照這個原則，那麼剛出生不久的嬰兒不也是同樣的情況？我們也可以中止幾個月大嬰兒的生命嗎？或者是一個陷入昏迷的成年人，或手術期間被全身麻醉而失去意識的病人，都是一樣的情況。如果妳覺得只有還在肚裡那個看不見的孩子，你才有權利殺死他，那未免也太缺乏邏輯了。

這個尚未出生的孩子是一個即將到來的生命，如果妳不殺了他，他會成為真實的存在。以「胎兒還不是人、還在進化中」這種理由來合理化將胎兒殺死的行為，是不合邏輯的。我們當中有誰進化完成了？是誰決定進度到哪裡的？我們所有人不是都藉由生命的累積，建構出「人性」嗎？

無論妳做什麼，都應該用事物的本質去稱呼事物，別老是用些虛偽的表達方式，例如用「中止妊娠」這種詞彙來指代「墮胎」。妳看，支持死刑的人就沒那麼多拐彎抹角，他們直截了當多了，不會在實施絞刑時宣稱「中止犯人的呼吸」，彷彿過一陣子犯人就會回復呼吸似的。當問絞時，犯人的呼吸不是被「中止」，他是被「殺死」。如果妳選擇墮胎，妳也不是中止妊娠，而是殺死了某個人。

此外，妳跟孩子的父親商量過了嗎？因為決定權不完全掌握在妳手上。如果妳決定墮胎，父親卻不能對孩子的死亡發表意見，這是不公平的。妳肚裡的孩子並不是屬於妳的物品，不是可以切除的器官或腫瘤。胎兒不是妳身體的一部分，而是暫居在妳體內。此外，妳也沒有權利隨心所欲處置妳自己的身體，好比說妳決定自焚，帶著一桶汽油出現在廣場中央，我想在場每個人都會想盡辦法阻止妳，警察也會用武力阻止妳。更不用說如果妳想燒的不是自己，而是別人，政府又是什麼態度了。

墮胎的問題在於不把胎兒當人。就好像支持奴隸制的人把奴隸的人性剝除，當成物品來對待。但是，如果妳不把孩童當成東西或腫瘤，而是用「你」、「我」來稱呼，那麼任何意識形態都會消失，剩下的就是一個可怕的事實：墮胎等於殺人。一個接受墮胎的社會不是進步的社會，而是人類發展史上的倒退，就像再次容忍酷刑或奴隸制。

選秀節目歌手實驗

現在讓我們來聽聽茱蒂絲．**湯姆森**的觀點。這位麻省理工學院的哲學教授參加了美國墮胎法的辯論，她的著名文章《一個支持墮胎的論證》引起了不少討論。如果湯姆森能提供意見，她會告訴妳，即便妳肚裡的胎兒暫且算是個「人」，而且擁有生命權，妳也沒有義務保留胎兒。只要妳滿足某些條件，而且有意願，妳就可以墮胎。湯姆森依據馬里亞斯反對墮胎提出的論點，提出以下論述：

- 胚胎從受精卵開始就算是「人」了。
- 每個人都有生命權。因此，每個胎兒都有生命權。
- 妳擁有身體自主權。
- 生命權比身體自主權更重要。

• 因此，不能殺死胎兒。

湯姆森說，這些論述乍聽之下很有說服力，但仔細分析會發現它實際上是無效的。她以知名的思想實驗來說明。所謂「思想實驗」是哲學家和科學家用來瞭解並解釋現象的方法，藉由設計假想情況來測試邏輯和結果。不過還好，妳應該很快會看出來這些實驗不需要真的執行，只會用來證明或反駁某種理論。這個「選秀節目的歌手」的思想實驗是這樣的：

你在一個美好的早晨醒來，發現自己身在醫院病房，病床旁躺著最新一季音樂選秀大賽冠軍。這位歌壇新星被發現患有嚴重的腎臟病，再幾個月就會死亡。歌手的粉絲調查了醫療紀錄，發現你是唯一一個條件相符，可以幫助他的人——因此你被粉絲綁架到了醫院。

他們把歌手的循環系統連結到你身上，所以你的腎臟除了淨化你自己的血液，同時也能淨化歌手的血液。現在你醒了，醫院院長對你說：「很抱歉，歌手的粉絲竟對您做出這種事。如果我們事先知道，不會允許這種情況發生。但現在事情都這樣了，歌手也已經連結到您身上。如果我們現在拔掉連結，他必死無疑。但別擔心，這種不便的情況只會維持九個月。九個月後再拔掉連結系統，我們就可以確保歌手的生命安全，不會對他造成任何危險。」

我的問題是：你有道德義務接受這種情況嗎？當然如果你真的答應，那你絕對是位大善人。但是，你有這個義務嗎？如果今天院長對你說：「您真不幸，這一切令人遺憾，我為您感到難過。但現在您必須在床上躺上九個月，以保持與歌手的連結，因為您要知道：

- 歌手是人。
- 每個人都有生命權，所以歌手有生命權。
- 您有身體自主權。
- 生命權比身體自主權更加重要。
- 因此您不能切斷與歌手的連結。

那麼，你就會知道院長強迫妳這麼做有多麼荒謬，這也證明了「妳沒有墮胎的權利」這個論述存在著邏輯上的缺陷。無論如何，我們至少可以確定一件事，那就是，如果妳不願伸出援手，而決定切斷與歌手的連結，妳也不會因此變成殺人兇手。就算歌手需要用妳的腎臟九個月才能存活，並不代表他有資格這麼做。除非妳允許，否則沒有人有權利使用妳的身體。如果妳願意讓歌手使用妳的腎臟以保全他的性命，那只能說明妳是非常慷慨的好人，但沒有人會主張這是必須的。

擁有生命權，不代表他人可以使用妳的身體，即使他沒有妳的身體可能活不下去。胎兒和妳並非因為某個令人遺憾的錯誤（例如一個房子同時租給兩個房客），才不得不住在一起。妳才是屋主！因此，主張生命權，不代表妳沒有墮胎的權力。

讓我們仔細研究一個問題：擁有生命權，是什麼意思？許多人將生命權定義為「獲得生命所需最低限度之權利」。那麼如果有人的生命所需最低限度，是他無權獲得的東西，那該怎麼辦？我們來分析另一個思想實驗：**馬里奧．卡薩斯（Mario Casas）**[30]**的手**。

想像一下我病重垂危，只有靠馬里奧．卡薩斯冰冷的手輕撫我的額頭，才能救我一命。假如他願意跨越大西洋來拯救我，那他可真是慈悲善良。但如果我的至親好跑去綁架可憐的卡薩斯，那就不怎麼美妙了。就算我需要他的手來救命，但從各方面來看，都不代表我對他的手有任何權利。我不是說人沒有生命權，我只想申明，生命權並沒有賦予使用他人身體的權利。

我想妳一定聽過以下說服妳無權墮胎的說法，例如「妳應該事先想清楚」、「妳都大到可以發生性行為，也足夠當媽了」、「妳發生性行為時就該想到可能會懷孕，所以應該對肚裡的胎兒負起責任」。對於這些言論，我有個類推論證[31]，我稱之為「小偷論證」。

假設我把房間的窗戶打開，導致一個小偷爬窗進來偷竊。如果有人對我說：「小偷進入我家偷東西，我得負責任，因為我在開窗時就該預想到小偷可能跑進來……」那未免也太荒謬了！另外，有人說我打開窗戶，就是給了小偷進屋的權利，而且我還不能將小偷趕出去……這種主張也很蠢。尤其很可能我家已經安裝了保全系統，卻由於系統無法正常運作而導致遭小偷。這種情況下我還不能將小偷給趕出去，那真是蠢到家了！

所以湯姆森最後的結論是，墮胎當然是允許的，儘管不是所有情況都適用。比方說，妳在懷孕七個月時決定墮胎，是因為突然出現了某個夢幻之旅，而妳不想錯過機會才決定墮胎，那麼這就是很不人道的。但我想妳的情況並非如此。因此，沒有人能夠要求妳犧牲健康、人生計畫和九個月時間，來維持另一個人的生命。

30 作者注：湯姆森教授的原始實驗是「亨利・方達（Henry Fonda）的手」，但這位美國演員已於一九八二年過世，他的手可能比葡萄乾還要乾扁。而且在此不方便拿過世的人做實驗，就算只是舉例，我也盡量避免。

31 作者注：「類推論證」是將有問題的案例與另一個毫無疑問、不會引起爭議的案例作比較，以得出結論。但要讓它們發揮作用，案例之間必須有相似之處。

#哲學挑戰25　歌唱選秀節目算是藝術嗎？

Aristóteles　亞里斯多德
Gorgias　高爾吉亞
Theodor Adorno　狄奧多・阿多諾

啊！選秀節目總冠軍賽的盛會總算來臨！你已經期待了整整一年。你把電視接上音響，檢查過確保一切都正常運作。你的朋友陸續抵達你家，你們會一起交換心得、預測冠軍，分享緊張的心情。此時片頭音樂響起，主持人徐徐走上舞台，打手勢讓所有人安靜下來。你崇拜的歌手在舞台上演唱你最喜歡的歌曲，你在電視機前也跟著合唱。他的音符疊和著你的聲音，每個旋律，每句歌詞都悠揚了你的生命。一切都有了意義。你情緒非常投入，感覺靈魂在飛揚，這一刻彷彿沒有明天一般，除了盡情舞動，沒有更重要的事了。

所有人都陪著你享受這場狂歡……只除了你朋友的男友。那個讀音樂學院自以為很厲害，其實根本是個白癡的眼鏡仔抱怨了一整晚，一下說什麼這首歌的原版比較好聽啦，一下又說改成這樣不適合他啦，或者批評什麼音色不優之類的。你非常後悔今天請這個白癡來家裡，但你還是盡量冷靜，因為你不想讓他毀了你期待了一整年的夜晚。不過，當他開始在你家客廳大放厥詞：「喔，這個選秀節目還算不錯啦，不過歌劇比這好多了，那才是真正的藝術！」你的理智斷線了，你的怒氣有如萬馬奔騰。

你男友非常了解你，眼明手快地把你手邊可以丟的東西都拿走。你的手緊緊捏著塑膠杯（因為掐在那個白癡眼鏡仔的脖子上是違法的），問他這麼說是什麼意思。這位仁兄首先告訴你，他在音樂學院讀了幾年書（可是沒有人問他），然後回答你的問題：「嗯，你知道，這個選秀節目還算可以，有人喜歡也還算有趣。不過，藝術是另一種境界。」

這個音樂品味標新立異的傢伙說的有理嗎？不是所有音樂都是藝術嗎？一首歌該如何才能成為「藝術」？藝術是什麼？功能為何？為什麼總有人稱那些不好玩或不刺激的東西為藝術？我的喜愛能讓歌曲成為藝術嗎？我不喜歡的東西有藝術價值嗎？一首歌一定要有美感嗎？歌曲的藝術價值是客觀還是主觀的？

選秀節目與模仿

如果亞里斯多德也在你家客廳，他也會喜歡節目中的歌曲，還會告訴你那位朋友一些關於藝術的道理。這位希臘哲學家認為藝術是一種「摹擬」，也就是說，藝術是將原物完成或改善的複製或模仿。因此，藝術的不同之處在於——是用什麼方式模仿的。詩人用文字模仿，畫家用圖畫模仿，而這種人類與生俱來的本能使得人類與動物有所區別。例如，你可以觀察到我們是如何透過模仿來獲得知識。或者，你不見得喜歡某幅畫，但如果它看起來非常逼真，你還是會欣賞，可見我們有多喜歡模仿。

亞里斯多德指出，越忠於原始，越被視為精美的藝術。有些人就是抱持這種「亞氏藝術觀點」，所以他們喜歡宜家家居裡的假植物擺設，因為看起來「跟真的一樣」。藝術的最高境界會表現在當我們對虛幻的創作信以為真，而要達到這個境界，藝術家必須將技術掌握得十分精湛，就像選秀節目中的歌手那樣。

古羅馬歷史學家老普林尼告訴我們一個故事，說明了這種「摹擬即藝術」的觀念。古希臘最有名的兩位畫家宙克西斯（Zeuxis）和巴赫西斯（Parrhasios）有一場著名的競賽。據說他們都熱烈地企圖爭奪第一，於是兩人各自畫出最好的作品，由一名公正的裁判決定誰才是最好的畫家。比賽當天，他們帶著被布簾覆蓋住的畫作出現。裁判要求宙克西斯先揭開畫布，他帶著獲勝的自信展示了作品。在場所有人驚訝地看到一串非常完美的葡萄，彷彿美味到連小鳥都以為是真的，飛下來朝著畫面啄食。眾人為宙克西斯鼓掌歡呼，以為他贏定了這場比賽，因為沒有畫作可以超越這種真實感。

此時，裁判令巴赫西斯展示作品，但他卻充耳不聞。宙克西斯迫不急待的想看個仔細，他走近這幅畫，想拉下畫布，卻發現簾幕是用畫的！沒等到裁判宣布結果，他就承認自己輸了。他解釋：

「我騙過了小鳥，可是巴赫西斯卻騙過了我。」宙克西斯的繪畫技巧可以欺騙動物，但巴赫西斯的技巧卻可以騙過希臘第二優秀的畫家。

娛樂和欺騙

古希臘人認為，藝術的作用就是娛樂眾人。而對於哲學家**高爾吉亞**來說，藝術應該帶來快樂和熱情。如果你帶這位哲學家去看藝術電影——某部佳評如潮卻無聊至極的片子——他會告訴你這不是電影，還強迫你把電影票的錢還給他。對高爾吉亞來說，必須付出龐大的努力和腦力，甚至是少數人才得以理解的，並不叫藝術。

我們去電影院是為了找樂子，不是去學習或磨礪心志。藝術應該是每個人都能欣賞的，如果要事先閱讀「指導手冊」才能了解作者想傳達的內容，根本毫無意義。真正的藝術能夠觸動任何類型觀眾的情緒。所以高爾吉亞一定會欣賞選秀節目，因為它能打動眾多聽眾。對希臘哲學家高爾吉亞來說，一件作品被認為是藝術的另一特徵，就是能「欺騙公眾」。因此騙術越高，越是厲害的藝術家。注意囉，如果你偷腥被抓到，你可以辯稱你是出於對藝術的熱愛才這麼做的。

為了證明高爾吉亞的論題，你可以從「看電影」這件事來分析。一部你認為糟糕的作品，必定是你無法被劇中的故事說服。同理，當我們不相信演員的詮釋，我們也會說他的演技很爛。另一方面，在一部好作品中，雖然我們知道那是虛構的，但整體故事架構非常好，讓人有種身歷其境的真實感，以至於我們被電影給迷惑了。當選秀節目的歌手演唱了一首情歌，我們絲毫不在意他是否真的戀愛了，因為我們欣賞的是他讓我們體會到愛是如此真實，而他的歌聲宛如讓人陷入愛情那般美妙。葡萄牙詩人佩索亞（Fernando Pessoa）的詩句可以說明這種藝術觀：

詩人是偽裝者。
如此有模有樣。
甚至裝作痛苦時，
彷彿真的感受到疼痛。
而字裡行間，
讀者逐漸感受，
那不是詩人曾經歷的痛苦，
而是他不曾有過的心痛。
生命就是如此，
分散理性的注意力，
有如迴旋的玩具火車，
那是所謂的心。

許多電影都探討了什麼才是藝術，我特別推薦導演威爾斯（Orson Welles）最後一部作品《贗品》（*F for Fake*）。這部影片敘述三名騙子的故事，包括一位假自傳作者、專門偽造假畫的畫家，以及奧森．威爾斯本人，這三個人讓觀眾幾乎無法辨別真假。在這部電影中，威爾斯對那些幫其他人決定什麼是藝術的所謂「專家」，提出嚴厲的批評。對這位導演來說，任何人都能對作品發表意見，不過一旦有人主張自己的觀點才「正確」時，問題就來了。

這些所謂的「專家」試圖將析賞藝術的方法強加於他人。例如，某位「專家」認為選秀節目的歌曲不怎麼樣，如果你不同意他的意見，他就認定你是個完全不懂藝術的傻瓜。同樣的事也會發生在相反的情況：如果白癡眼鏡仔覺得華格納（Wagner）的作品是歌劇史上最偉大的創作，而你只覺得那是無聊的折磨，眼鏡仔就會指責你對音樂一無所知。

藝術作品的價值取決於我們對它的看法，而我們的看法又取決於專家的意見。威爾斯要對抗的就是這種菁英主義。他在電影中展示了所謂「專家」如何被偽造者耍得團團轉，並鼓勵我們思考一個問題：專家是誰？無知的又是誰？

商品不是藝術

當然不是所有人都同意選秀節目的音樂是藝術。德國思想家**狄奧多．阿多諾**的想法就跟那位朋友吻合。阿多諾不但是個對音樂充滿熱情的哲學家，同時也是作曲家。事實上，早在他出生前，他母親已經是個歌劇演唱者，而他的阿姨是鋼琴演奏家。他在一篇隨筆——〈四手聯彈〉中憶起他的童年時代，母親和阿姨兩個女人坐在一起彈鋼琴的情景。對阿多諾來說，這幅景象就是人類如何共存的象徵：無須犧牲獨特的存在方式，可以共同創作[32]。

歌手和鋼琴家的組合提供了阿多諾扎實的音樂訓練，他年僅十九就發表了專業的樂評。這位德國哲學家對一九二〇年代創造的前衛音樂充滿熱情，儘管當時這種創作受到了嚴厲批評，他還是展現了絕對的支持。阿多諾喜歡的音樂是十二音列和無調性音樂，這種音樂風格只有受過廣泛的音樂訓練才能夠欣賞。所以如果你不想毀了你的社交生涯，我建議你下次參加聚會時，千萬別撥放這種風格的音樂。

阿多諾另一個愛好是哲學，不過他從未遠離音樂。他寫下了《新音樂哲學》、《電影與音樂》等作品。他是法蘭克福學派哲學的一員。各位還記得嗎？這個學派是一群利用社會科學來分析資本主義社會的思想家。法蘭克福學派哲學家試圖找尋下列答案：為什麼我們的社會破壞了可以產生「自由公民」的能力？為什麼我們允許像資本主義這種壓迫的制度獲勝？為什麼像你我這樣的普通人會認同支配[33]，甚至為其辯護？為什麼我們不知道自己被控制了？掌權者如何透過大眾文化——特別是媒體——來操縱我們？為什麼科技不但沒有解放我們，反而成為控制和支配的工具？為什麼科學成為一種為權力辯護的意識形態工具？

阿多諾的思考集中在美學——即以藝術、美和倫理為目標的哲學。在他數千篇關於該主題的著作中，有一句話流傳後世並且時常被引用：「奧斯威辛（集中營）之後，寫詩是野蠻的。」阿多諾並不是指藝術家必須放棄事業，終身保持沉默。他不是在建議別人停止寫書或做音樂，但是人們必須反思一個事實：「奧斯威辛集中營是西方文化的產物」。而阿多諾深切關注的重點是：死亡集中營的恐怖，再也不能重演！

這就是為什麼他認為大屠殺之後的文化應該要從根本上改變。在數百萬人被殘殺後，繼續歌頌愛情、美麗或善良，簡直是場難以忍受的鬧劇。新藝術不單要能滿足大眾娛樂，還要反映人類的痛苦，譴責不公和壓迫。這句壓倒性的話語背後的觀點是：藝術不應淪為為權力服務的工具。

納粹主義時代利用電影、文學或音樂作為宣傳手段，導致文化淪為法西斯和極權國家的工具。但阿多諾認為，藝術不能以這種方式運作，它必須擔負起質疑和批評社會的責任。比起一張選秀節目的專輯，一首RAP饒舌歌曲所包含的藝術批判性可能更多。阿多諾邀請所有藝術家創作出一種能讓我們反思，以免野蠻行為重演的新藝術。

對阿多諾來說，選秀節目中的音樂不是藝術，而是文化產業創造出來的消費品。我們身處資本

32 作者注：這幅阿多諾所描繪的景象，同樣可以應用在分析夫妻關係。

33 作者注：你可以思考一下，例如時尚產業不但決定了我們應該如何穿衣服，還成功讓我們變成行走的活廣告（我們身穿印有商標的衣服，就像古時的奴隸在皮膚上印有家主標誌一樣）。但最令人驚訝的成就，是他們成功在我們心中創造了「自由感」的假象，讓我們相信該產業是為我們服務的，而不是與之相反的事實——我們才受制於該產業。

主義社會，大眾的主要活動就是消費。我們活著是為了工作，工作是為了消費，並藉由這兩種行為的循環鞏固了整個制度。我們購買服裝、科技、食物、文化，在本章這個案例中，我們購買音樂。

一個產業生產標準化的產品，為的就是盡可能賣給更多的人。科技業銷售新產品時，會利用電視、電影、廣播、網路等大眾媒體對我們產生影響。例如，它們想賣新款手機，廣告就會激發我們想去擁有的欲望，誘使消費。文化產品並非以美學為目標，到了後來才轉化成一種販售商品，而是從一開始，就是為了銷售而設計的。

就這樣，藝術作品不斷受到文化產業的操縱，以消除觀眾思考的能力。節目總冠軍賽只不過是一場大型廣告，目的就是要你消費該產業大規模生產出來的音樂。而且，這整個系統設計得非常好，因為它是在公共電視上播放，花費的可是你繳納的稅！選秀節目的歌曲對音樂界而言，就像麥當勞漢堡之於美食界。

不過，這還不是最糟的一點。阿多諾一生都為建立一個沒有暴力及統治的社會而奮鬥，但選秀節目的音樂卻是種被權力利用的工具，為的就是操縱大眾，讓我們失去獨特性。如果你去分析這些歌曲的歌詞，會發現只剩娛樂性，這些歌都是專門用來阻止你發展批判性思考而創作的。你是否納悶，為什麼沒有一首選秀節目的歌曲會質疑現代社會的制度或生活？節目參賽者有沒有可能表演一首反文化歌曲，來質疑這個令節目贊助商受益的制度，並引發大眾思考？為什麼大多數演唱歌曲的主題，都脫不了「愛情」這類沒有顛覆性的東西？

選秀節目的歌曲就是為所有人設計的文化產品，讓每個人以同樣方式思考和生活，傳遞著這個制度熱中的價值和生活。各位可以看看好萊塢電影是怎麼教育我們應該過上什麼樣的生活、相信什麼價值觀、甚至用什麼語言來表達自己。你會發現所有電影都按照同樣模式剪輯，呈現相同的套路，為的就是把我們變得一模一樣。

社會利用媒體來操縱我們的良知，並強調特定的思考方式。納粹主義掌權時，阿多諾逃亡到美國，他在那段時間研究資本主義對電視、廣播和大眾媒體的利用。他在著作中警告，如果我們不想被洗腦，不想淪為龐大壓迫機器的一員，就必須請謹慎對待電視上的內容或音樂。

沒錯，文化產業確實將文化給大眾化了。以前音樂只為宮廷而創作；如今，科技讓所有人都可以透過手機觀賞任何歌曲或電影。不過，並非所有人因此變得幸福美滿！我們必須意識到這種進步是要付出代價的，也就是說，一種文化越流行，它就越沒有批判能力。藝術家為了擴展受眾，必須販售更多作品，也必須盡可能減少對體制的質疑，要做到「政治正確」，而被市場馴化了。

選秀節目中，一群才華橫溢的年輕人接受了對歌唱內容和方式的培訓。透過實境秀的運作方式確保了兩件事：第一，讓觀眾購買並收聽特定的音樂；第二，取消藝術具有的反思和改造能力，破壞個人自由。面對選秀節目這種讓我們不去思考的產品，我們需要真正的藝術來促進批判性思維。

如果你把電視遙控器交給阿多諾，他絕對立刻轉台！這位哲學家或許會喜歡像《水晶球》（*La bola de cristal*）這類兒童益智節目，那是八〇年代西班牙公共電視台專為兒童設計的節目。這個節目把兒童當成聰明的成年人，教他們思考和質疑他們生活的世界。這個反文化、反體制的節目，充滿了尖酸刻薄的嘲諷：節目中壞人巫婆的戰鬥口號是「邪惡萬歲！資本萬歲！」

這個節目也採訪了政界人士、作家和新聞工作者，甚至穿插古典戲劇。所有設計都在邀請觀眾反思，甚至帶起了不少流行口號，例如「獨木不成林？有朋友就行！」「你為什麼不試試？」「不想跟他們一樣，就去讀書吧！」「你有十五秒時間可以思考……如果什麼都想不出來，你該少看點電視！」阿多諾會聽取《水晶球》的建議關掉電視，並且告訴你，如果你不想成為羊群之一，就該停止消費這種大眾藝術，學會享受「真正的藝術」，幫助自己思考。

哲學挑戰 26

患有亞斯症的同學有更多時間寫考卷，公平嗎？

Platón 柏拉圖
Aristóteles 亞里斯多德
Locke 洛克
Ayn Rand 艾茵・蘭德
John Rawls 約翰・羅爾斯

西班牙的教育法訂立了一些規章來幫助有特殊需求的學生。面對這類型的學生，教師必須做出各種調整，除了確保他們不受到歧視，確實接受平等的教育，也有責任幫助他們融入社會和正常化。這就是為什麼你那患有亞斯伯格症的同學可以有比你更多的時間來寫考卷。亞斯伯格症候群是一種影響神經發育的疾病，這類患者雖然智力正常，但認知方式（包括感知、學習或推理方式）與常人不同。此外，他們可能有社交障礙，做出奇怪的行為，或給人不適當的觀感。

有些學生雖然對於亞斯症同學的障礙感到同情，卻認為這種措施對其他學生並不公平，同時也代表了對亞斯症同學的歧視。在西班牙，一個高中生畢業後必須參加入學考，才能進入大學，其中百分之六十的成績取決於教育階段的平均分數。這種制度使得競爭非常激烈，因為某些學科的錄取名額很少，但想進去念的人很多。

這些學生對於特殊措施持抱著批評的態度，因為他們認為沒有在平等機會下競爭，並要求考試應該比照體育競賽的最高指導原則：對所有人一視同仁。例如，在一場籃球比賽中，患有亞斯症的同學不會有比別人有多的控球時間。體育運動鼓勵的是卓越和尊重，卓越是一種自我要求，在比賽和專業領域發揮出最好的自己，而尊重是指尊重你自己、你和別人的身體，以及規則；這些在在強調了公平競爭和與反體育禁藥的精神。因此，在高中這個非義務教育的階段，對有特殊需求的學生給予特別的優惠措施，就像體育禁藥一樣。

這麼說有錯嗎？積極的歧視措施是否有助於建立一個公正的社會？接下來，我將提供你兩種對立觀點，也就是兩種不同理解正義的方式，然後你們自己決定，哪一方才是正確的。

菁英主義

古希臘人才不會同意實施「有效平等措施」，因為對他們而言，平等是不公平的。柏拉圖、亞里斯多德等哲學家認為，社會應該依據個人的才能與努力，才能給予社會地位、職位或利益。這個術語來自社會學家邁克．楊（Michael Young）《英才制的崛起》（*The Rise of Meritocracy*）這部著作。這本書提出了一種未來社會的模式：國家只重視年輕人的才智和能力，並以此選擇未來的菁英。在這種社會中，最有價值的人在早期就被挑選出來，給予適當的強化教育。有才華者有機會晉升到與其能力相襯的社會階層，相對的，社會底層則由那些能力較差或不願努力的人組成。

雅典政治家伯里克里斯（Pericles）被奉為「民主制度」的發明者，他解釋了主宰雅典人的英才社會是如何運作的：「政府是為多數人的利益而成立，所以稱為民主政體。每個人在法律上都有平等的權利以捍衛自身利益。至於榮譽，以任何方式脫穎而出的每個人，都可以擔任公職，因為選拔是以能力為考量，而非社會地位。」[34]

對柏拉圖而言，僅僅因為一個人的出身或所擁有的財富而獎勵他，是不公平的，應該獎勵他的才能和努力。教育體制應該挑選最優秀的人才，培育他擔負重責大任，如此才能促進公平和正義。而柏拉圖的弟子亞里斯多德則認為，應該依照每個人的才能給予獎勵。而且，教育不應該促進平等，而應該促進卓越。

努力使我們與眾不同

自由主義之父約翰·**洛克**是最早主張才智和努力是扭轉社會不平等的基石的學者。任人唯才的精神，也就是憑藉努力工作來獲得成功，這種觀念使人類不同於其他動物，也使得某些事物更有價

34　作者注：這是伯里克里斯為紀念伯羅奔尼撒戰爭陣亡的士兵葬禮上的演講內容。演說中，伯里克里斯提醒同胞，這些士兵會拋頭顱灑熱血的原因，正是因為捍衛民主。

值。英才制度重視工作上的努力，所獲得的回報不只個人的滿足，也使得社會更加進步。如果我們獎勵那些努力工作者，全體社會都將受益，因為我們將擁有最好的醫生、教師、警察或工程師。

洛克就像大多數的自由主義者，他反對任何積極平權措施[35]和可能阻擋自由競爭的措施。無論教育還是其他領域，都該以機會均等為原則。自由主義者對於西班牙教育法中的「有效平等措施」可能會有不同的理解，因為對自由派而言，平等代表著規則對所有人都應該一致。

自私才合理

艾茵・蘭德是堅決支持自由主義的思想家，她對任何多元文化和積極平權措施做出憤怒的回應。她的哲學理論總是批評那些用犧牲自由來作為平等代價的社會主義價值。這位反社會主義哲學家從蘇聯逃到美國避難，之後歸化為美國公民，並強烈支持美國的社會模式和資本主義體系。對蘭德來說，美國是個由自由人民組成的國家，每個公民的自由都有神聖的界線，無論政府出於何種善意，都不會越界。

北美的政府模式有點類似警察：確保尊重所有公民的權利，當一方權利侵犯到另一方會進行調解，但政府很少介入。反觀蘇聯體制是人民為國家服務，因為「我們」比「我」更重要。蘇聯介入了人與人之間的關係，消除了自由和權利，創造了一種形式上的平等，扼殺了功績主義和努力上進的文化。

蘭德自稱她的哲學是「客觀哲學」，還發展了一套至今備受爭議的倫理學理論。以下是該理論的原則：

- 你必須是理性的。理性才是人類的真實本性，讓人類跟動物有所區別。理性是你察覺對與錯的唯一手段。你必須始終將理性置於情緒和情感之上。
- 為生存而奮鬥。理性告訴我們的第一條道德規範，就是比起其他存在，我們最該關心的是自己的生存。
- 自私是一件好事。為了生存，你必須自私。自私一直被視為邪惡的同義詞，因為自私者總是先想到自己，然後才想到別人。但是你如果理性分析，會發現這麼想是不對的。關心自己是種美德，而非是缺點。如果先把感性放一邊，你會發現你必須自私，也就是為了自身的利益而努力，為了個人的幸福而奮鬥。我們的責任是關心和享受生活，為錯誤負起責任，並對成功感到自豪。我們不必為他人的錯誤或不幸負責。
- 任何形式的利他主義都是反常的。傳統道德使我們相信正確的做法是為他人犧牲，並且照顧弱勢群體。因此，任何為他人利益所採取的行為都是好的，而為自己利益產生的行為，則都是壞的。事實上，這種利他的要求是一種暴行，相當於讓你把一生努力奉獻出來，讓別人去

35　譯注：又稱肯定性行動、優惠性差別待遇、平權法案、矯正歧視措施等，是為防止少數族群或弱勢群體遭到歧視，而給予這些群體的優待作為（大部分是就業、教育、工程承包和醫療方面），從而達到讓該族群享有平等的權利。

獲得幸福，或者成為他人的奴隸。沒有人應該成為他人目標的工具，也不該為了別人犧牲自己。每個人都應為自己而活，關心自己的人生目標。

- 沒有人能強迫你幫助他人。我們可以幫助他人，但絕非被迫，而是出於自願。我們是自由地做了這個決定。

如果基於上述原則來分析教育措施，你會發現那些公平措施並不道德，因為它迫使我們執行利他主義。蘭德不贊成積極平權措施的另一原因，是它破壞了英才主義和努力的價值。蘭德主張建立一個金字塔結構的社會，根據能力和努力來決定每個人的社會地位，這才是對所有人都有利的。

那些才能位於金字塔頂端者，對低才能者的福祉出了最大貢獻，因此必須處於社會頂端。好比說，一個發明網路的工程師，他的才能使得所有人都因此受益；又比如說，一個積極的企業家創造了財富，同時也創造了工作機會，這才讓那些低才能者不至於自生自滅，餓死街頭。因此，如果一個無能者對於能力在他之上的人沒有任何貢獻，卻從比他有才能的人身上得到了所有好處，那完全是不公平的！所以鼓勵強者和弱者之間的「競爭」，其實對大家都有利。

對蘭德而言，諸如「特殊受教權」這種平等措施本不該存在，因為這種社會權利很矛盾，往往成為其他人的義務。為了實施這種能讓你同學擁有「特殊受教權」的平等，老師、其他同學和納稅人就會被強迫為了這些特殊孩童的權利繳稅。蘭德認為只存在著一種消極權利，那就是，只要不影響他人生活，自己的權利就不該被干涉。

無知之幕

美國哲學家**約翰．羅爾斯**強烈批評英才主義，認為它是非常不公平的觀念。在他投身哲學之前曾在美國陸軍執行情報任務，但當兩枚原子彈投向了廣島和長崎，他放棄了軍事生涯。他的餘生都在哈佛教授哲學，一九七一年出版了一本徹底改變政治思想界的著作《正義論》。

對羅爾斯來說，一個理論無論多麼優雅，如果它不能成立，我們就必須拒絕它。而當某個規則無法維持正義原則，我們也該採取同樣的作法。但是，要怎麼知道規則是否公平？羅爾斯提出了一個思想實驗「無知之幕」作為判斷的標準。這個實驗要我們處於一種原初狀態，假設所有人都不知道會出生在何種環境，在這種情況下去考慮政治或社會問題。以我們之前提到教育法案中的「族群多樣性」為例。想像我們被「無知之幕」所籠罩，所有人都不知道自己是何種性別、經濟狀況、種族、才能，或健康狀況。

羅爾斯認為，在我們討論政治時，幾乎沒有人尋求正義，多數人所支持的「公平」追根究柢只是個人或階層利益。如果我出生在一個富裕家庭，我通常會認為比別人繳納更多稅金很不公平。但如果我出身卑微，我一定會堅持擁有更多財產者要繳納更多的稅金才合理。所以，一旦我的經濟情況改變，想法也會跟著改變——但按理說不該如此。為了避免在「正義」觀念上出現偏差，我們在討論稅收問題時，可以事先設想自己不知道會生在一個有錢人家還是窮人家，以此來判斷。

好啦，現在把「無知之幕」套用在教育法案「族群多樣性」，看看會發生什麼事。在無知之幕前，你不知道會抽到什麼樣的原初條件，說不定你會抽到「亞斯伯格症患者」的角色。現在，想必你一定覺得確保「特殊受教權」這類平權措施很合理！免得哪天輪到你需要這類措施。所以，只有套用「無知之幕」，才能保證我們擁有真正自由、公正和公平的協議。

羅爾斯堅信，一旦透過這面布幕確保社會更公平，我們會對以下幾點達成共識：

- 每個人都有權享有最自由的制度，而且該制度不應與他人的自由制度相抵觸。
- 在下列情況允許經濟和社會的不平等：一、它為弱勢族群創造了更大的利益。例如，給醫生高薪是有利的，因為這會讓有醫學才能的人更努力工作，進而確保所有人都能擁有一定水準的醫療品質。但要明白一點，醫生的薪水與一般人有差別，不是因為他的工作很困難，或是他有特殊才能，而是因為他產生了社會效益。二、尊重機會均等。每個人都必須能夠獲得任何職位。就這點來講，不久前才取消的禁止同性戀加入美國軍隊的法條，就非常不公平。

事實上，我們會發現，社會上多數不平等現象的原因與個人努力無關。許多人在事業上成功，並不全然因為自身的努力，還包括了諸多因素的影響，例如出生的家庭或是國家。舉例來說，歐洲首富、也是西班牙服裝巨擘奧蒂嘉（Amancio Ortega）事業有成，並不全然歸功於他的才能和努力。如果他出生在敘利亞，活在難民營，那他永遠無法建立印地紡集團（Inditex）這樣的大企業。

每個社會都有它所重視的才能。假設你是板球天才，剛好又出生在印度，你很可能會聲名大噪甚至賺大錢。萬一不巧你生在西班牙，那你可能不得不去從事你最沒天分的工作來謀生。我們所獲得的成就，很大程度取決於是否幸運，所以才需要這一系列的措施來削減不平等。

要確認一個社會是否公平，應該審視最弱勢公民的處境。如果我們的教育系統能確保患有亞斯症的學生能像其他學生一樣完成目標，並且施展他們的才能，那麼，我們就成功打造了一個公平的教育體系。

哲學挑戰 27 你應該吃素嗎？

Pitágoras 畢達哥拉斯
Peter Singer 彼得・辛格
Peter Carruthers 彼得・克拉德
Tom Regan 湯姆・雷根
Descartes 笛卡爾
Kant 康德

你在食堂排隊，你前方的同學把金屬餐盤移到點餐櫃檯，檯子上正盛放著燉牛肉。輪到他時，他宣稱自己吃素，並詢問櫃臺有沒有不含動物肉的替代餐點。當你坐在他身旁大快朵頤，忍不住問他為什麼不吃肉。他的回答是告訴你可食用動物被飼養的環境和過程：工業化農場中，小牛被看成是商品，因此飼主會讓小牛盡快增肥，以獲得更大的利潤。小牛先是放養戶外，享受幾個月的自由，之後就被關進飼舍育肥。舍飼環境對動物來說很不健康，牛隻必須要跟牠們的糞便處在一起，而且被餵食含動物性成分的飼料。由於牛不是肉食性動物，這種飲食導致牠們產生嚴重的消化問題。牠們體內充滿生長激素和抗生素。

當犢牛長到十四個月大，體重已重達五百多公斤（兒童的年紀卻擁有成年人的體重），牠們被運送到屠宰場。運送途中不會餵食和飲水。到達目的地後，牛隻會被引至「暈眩箱」，隨後操作人員開槍將子彈送進牛的腦袋。牛會痙攣著轟然倒地。此時有個大勾子勾住牠的後腿，將牛的身體倒掛，然後屠宰人員在牛的脖子上劃一刀放血（有些牛會在此時恢復意識），然後支解身體，包裝在無菌的生鮮托盤中。當然，盤中絕對看不到一滴血。最後牛肉被烹飪盛進你的盤中，就好像這些肉是從超市貨架上長出來的一樣。

這位同學說，「我吃素，因為吃肉讓我覺得參與了人類對其他物種的系統性迫害。」你盯著盤裡的燉牛肉，心想該怎麼辦？這會是你吃的最後一塊肉嗎？動物有權利嗎？

素食數學家

在這個年代，選擇吃素似乎很時髦，不過，這可不是什麼新鮮事。西元前五世紀，畢達哥拉斯的追隨者就已經是素食主義者了。畢達哥拉斯在克羅托內（位於義大利南部）建立了一個聚會所，某種程度上類似藏傳佛教的寺院。他的弟子追求精神和身體的淨化，過著與一般人截然不同的生活。他們遵循的一系列規範中，有一項就是不吃動物。畢達哥拉斯是出於同情和精神上的觀點而吃素，他主張，一個精神高尚而仁慈的人，如果有其他飲食選擇，就不該為另一種生物帶來痛苦。

古羅馬詩人奧維德（Ovidio）在代表作《變形記》中引用了畢達哥拉斯反對屠殺動物和吃肉的演講：「停止吧，凡人！別再用褻瀆的盛宴玷汙身體。穀物和水果的重量壓低了枝枒，大地已經提供了不需殺戮也不會流血的美味佳餚。」有人認為書中這段話是畢達哥拉斯說的：「只要人類繼續屠殺動物兄弟，大地的戰爭和苦難就會盛行，因為種下疼痛和死亡種子的人將無法收穫歡樂與和平。」「不要拿你的麵包去搭配跟你同類的動物的血淚！」

物種歧視

彼得．辛格於一九七五年出版的《動物解放》一書，極大程度影響了大眾對動物權利的看法。對這位澳洲哲學家來說，與歧視的對抗尚未結束。這場鬥爭始於黑人解放運動，接著是同性戀解放和婦女解放。我們設法用更周全的觀點來與種族歧視、反同和大男人主義對抗，但這條路還很遠，因為還有一種歧視有待消除：物種歧視。現在我們要做的是面對最後的解放：動物。

什麼是物種歧視？英國哲學家彼得．克拉德在著作《動物問題》中提出了一個思想實驗，來說明物種歧視：「我們知道約百分之十的人類夫婦是不孕的。假設我們發現不孕是因為實際存在著兩個物種的人類，這兩個物種只能靠基因是否相容，是否能繁殖後代來區分。在這種情況下，若多數物種僅因為另一個物種與自己不同，就剝奪了另一個物種的道德權利，那麼，這種行為顯然應該受到譴責。」

為了對抗物種歧視，彼得．辛格從基本道德出發，主張我們應該避免痛苦。也就是說，我們必須接受「痛苦就是痛苦，無論是什麼物種在受苦。」人類和非人類動物都有感受痛苦的能力。如果你忽略了其他物種也會痛苦，那麼你的思維就和三K黨一樣；3K黨專門折磨、私刑、致殘、焚燒和絞死黑人。正如種族歧視和沙文主義主張「非我種族／性別者，不具有跟我一樣的道德地位和權利」，而三K黨也認為那些對白種人來說不道德的行為，放在黑人身上，並不算不道德。

有些人認為歧視動物很合理，因為動物不像人類會思考。不過按照這種邏輯，有些人類同樣缺乏思考能力，但我們並不會讓他受苦。只要有一丁點道德良知，你都不會把嬰兒關在籠裡育肥、殺害並吃掉，只因嬰兒無法進行高層次思考。我們也不會容忍在化妝品上市前，讓智能障礙者來測試化妝品是否有毒（除非你為納粹德國工作）。

我們對非人類動物的所作所為表明了一種偏見，這對有優勢的群體來說是有利的。「智人物種成員應該優先考量」的說法，完全沒有道理。所以，在一個道德高度發展的人類社會，動物必須擁有權利。你當然可以繼續吃肉，但道德上完全說不通。西班牙歌手沙比納（Joaquín Sabina）熱中鬥牛活動，但他也意識到這個問題。他坦承從未與反鬥牛人士爭論，因為他們說的有理。

動物律師

和彼得．辛格一樣，美國哲學家**湯姆．雷根**同樣認為不該吃肉。不過雷根雖然在法庭上為動物權做了諸多努力，有段時間他不僅吃肉，還賣過肉——他是個屠夫。他接受採訪時承認：「我上半輩子可沒意識到我會提出『動物自我意識』。除了跟我共同生活的動物，其他動物對我來說就像塊木頭。我的意思是，我早年甚至當過屠夫，而我也曾是一名木匠。所以，其他動物對我來說就像木匠眼中的木料。」

對雷根而言，賦予動物尊嚴的關鍵不在於牠們有能力感知痛苦，而是牠們具備精神意識。動物能意識到自己活在這個世界，是因為牠們能從某些事物中體驗快樂，或從某些事物中感受痛苦。牠們能表達自己的欲望、快樂和悲傷。牠們可能感到害怕，也可能覺得被安慰了，這些在在意味著我們不能把動物當作「東西」來對待。這也是嬰兒或智能障礙者也是有權利的個體的理由，因為就算他們沒有高等智商，也擁有完整的精神存在。承認人類嬰兒的生命權，而不承認犢牛的生命權，完全是物種歧視。

法律應該納入非人類動物的權利，就像對待人類一樣。反對者經常使用的論述是：動物不能擁有權利，因為他們也沒有義務。不過，雷根認為這個論述無效，因為法律也保護了沒有義務者的權利——例如兒童。享有生命權這種基本權利，根本不需要盡義務。擁有權利，只代表法律能保護自己不會被任意對待，這些規範只是對他人的自由做了限制。也就是說，沒有人有權在行使自由權時折磨我，即使我患有阿茲海默症而無法承擔任何責任義務。

吸塵器也有權利

如果**笛卡爾**看到辛格和雷根的觀點，他會認為這兩位哲學家錯得離譜！對這位法國思想家而言，制定動物權利法案就像刻意去保障上班時幫我們打掃房間的掃地機器人的權利，有夠荒謬。動物就像智慧掃地機，是一種簡單的機器，以力學驅動，由自然指令操作。對笛卡爾來說，只有人類才擁有雷根所謂的「精神意識」。

笛卡爾認為主張一隻狗有意識，或說牠也會感到難過或愉悅，是一種錯誤想法。當一個小孩子看到由天才工程師設計的機器人，可能也會誤以為機器人有感情，因為它被設定為當某行為發生，會做出與人類相似的反應。就算工程師成功將機器人設定成「被打的時候會哭泣」，機器人也不知何謂痛苦。動物的痛苦呻吟就像汽車發動發出的尖銳噪音，或手機快沒電時所發出的嗶嗶聲。

笛卡兒對動物的這種看法，在一部稱為《西方極樂園》（*Westworld*）的影集中表現得淋漓盡致。「西方極樂園」是個主題樂園，裡面有許多高度擬真的機器人。這些機器人被設定成行為舉止具有人性，能滿足每個訪客——包括暴力和殺戮的欲望。

這些機器人做的事跟真人沒兩樣（事實上，該影集有時會讓觀眾困惑到分不清真人訪客和機器人接待員），但它們不是有意識的存在：它們沒有感情、感覺、欲望、意願或信念，尤其沒有最重要的——感知痛苦的能力。機器人接待員由一堆金屬、齒輪和電線所組成，外表覆蓋一層像人類的皮膚。但它們不是人，是物品，因此法律允許人們按照自己的意願對待它們。

如果我決定踹我的車，沒有警察會以「你無權這麼做」來阻止我。車子是我的財產，只要不影響他人，我可以隨心所欲的使用它。當然，事實上我不該蹂躪我的車——我把車子照顧得越好，越可能順暢地使用它。但照顧我的車，並非因為車子有尊嚴或權利。萬一某天我把我的機器給弄壞了，代表我可能有點白癡，而且非常粗魯。但是幫幫忙，別說什麼我的機器受苦了好嗎？

動物沒有意識，所以不知道什麼是痛苦。笛卡兒在著作《方法論》中說明他的觀點：無論看起來再怎麼愚蠢的人，都能把語詞組合起來，去建構並表達他的想法。反觀動物卻無法做相同的事。這並不是因為動物缺乏說話的器官，例如，鸚鵡可能會說些單詞。但牠們還是無法表達任何思想。更何況，天生聾啞的人士也會發明符號來傳達思想。由此可以證明動物的意識不是比人類低等，而是不具精神意識。

雖然有些動物某方面比人類還厲害，但是牠們在其他方面完全缺乏能力（就像我的掃地機器人，雖然清潔環境的功夫比我厲害得多，但它不能改哲學考卷或幫鄰居接生小孩）。因此可以推斷動物缺乏思維能力和智慧。動物的行為是出於自然本能，就像一個由齒輪和彈簧所組成的鐘，往往比人類更能精確的測量和計時。

專屬人權

康德是現代倫理學最具影響力的哲學家，被視為「人權思想」的先驅。這位德國思想學家認為，人類有特殊的尊嚴，使得我們無法將自己看成簡單的東西。也就是說，我們擁有權利。而當某物品對我們產生特殊價值，我們也會用特別方式去對待該物品，有別於其他物品。

好比說，對一名愛國者來說，國旗不僅僅是一塊布，所以他打完噴嚏，不會拿國旗來擦鼻涕。更不用說我們如何對待那些尊嚴遠高於世上所有物品的存在了。為什麼人類如此特別？因為我們擁有理性，能夠意識到自己的行為，可以自主行動。我們有能力決定要做個還是做那個，或什麼都不做。

動物並非一種理性存在，因此牠們沒有自主權和尊嚴。動物是「東西」，人類可以利用牠們來達到目的，包含食用、服裝或實驗藥物。至於人類本身則是目的，而非手段（無論你多麼支持皇家馬德里，用巴薩球員的人皮去製成靴子，就是道德上的殘暴行為）。

不過請注意，就算動物沒有權利，也不代表我們可以隨心所欲對待牠們。對康德而言，人類就算對動物沒有直接責任，還是有間接責任，例如說，不能虐待動物。殘忍的人才會殘忍的對待動物。此外，當動物作為他人的財產，我們也有尊重牠的責任。這種尊重就跟我們去別人家，也必須尊重別人的房子那樣。

康德認為，動物尊嚴無法跟人類尊嚴相提並論。以下情況就可以證明：一棟公寓突然發生了火災。你是一名消防員，正和夥伴共同營救困在火場的公寓居民。熊熊烈焰中你試圖最後一次搜查，確保公寓中沒有人留下。眼看兇殘的火勢就要控制不住，你打開某間房門，赫然發現嬰兒床上有一個小嬰兒，旁邊還有一隻貓。你只剩餘一隻空氣瓶，顯然無法同時救下兩者。你必須決定拯救哪一個。常識和理性告訴我們，如果選擇動物而不挽救人類，是不道德的。好的，辯論結束！（康德這麼覺得啦。）

哲學挑戰 28 你會在子女腦部植入監控器嗎？

Auguste Comte 奧古斯特・孔德
Hans Jonas 漢斯・約納斯
Herbert Marcuse 赫伯特・馬庫塞

網路徹底改變了我們的生活方式，創造了一個新社會——數位社會。網路革命的第一個結果就是民主化內容，也就是說，任何人都可以發表內容，而且只要透過手機搜索，就可以找到任何資訊。不過，由於未成年人大量使用手機和平板上網，因此有越來越多家長使用監護工具或鎖定裝置，確保孩子不會不當使用網路。其實多數電子產品出廠就有這種選項，讓父母可以保護孩童不受有害內容的影響。

在英國影集《黑鏡》第四季第二集《方舟天使》（*Arkangel*）中對觀眾提出一個問題：如果把智慧裝置上的家長監護工具轉移到現實生活，會發生什麼事？「方舟天使」是個將高科技晶片植入兒童大腦的公司。只要一個APP，家長就可以隨時監控孩子，包含迷路時的定位，掌握兒女健康狀況，甚至將不想讓孩子看到的景象打上馬賽克。無論父母或孩童都將擁有安全感。有了方舟天使，家長終於可以安心了。

雖然《黑鏡》影集讓人思考科技發展的可能，不過自二〇一一年播映以來，片中的許多預測已然實現。我們不妨想像，假如這項技術真的存在，你會用在你的孩子身上嗎？現在你必須解決的問題並非能不能做，而是「該不該做」。科學發展應該有界限嗎？科學為了什麼目的而存在？又該為誰服務？科學家的道德責任為何？公民的責任呢？

限制科學不會進步

法國哲學家**奧古斯特・孔德**很清楚一件事：如果做的到，就必須去做。孔德經歷了法國大革命的動盪歲月，他一貫的理念就是支持改革，他認為科學是社會進步發展的引擎，而且社會應該由科學家菁英來統治。

孔德思想叛逆，卻出生在傳統家庭。他的父母可說極端保守，而孔德卻是一個不信上帝、也不信國王的孩子（可惜在那個醫藥不發達的年代，沒有鎮定劑和抗憂鬱劑來幫助這對可憐的父母）。孔德年輕時在大名鼎鼎的巴黎理工學院接受科學和工程學教育，當時他已經對科學和政治抱持著高度熱情。起初，他擔任政治哲學家聖西門伯爵的秘書，但服務了七年之後，就和伯爵分道揚鑣了，因為他覺得聖西門太過社會主義和烏托邦，兩人的政治思想出現了很大的分歧。

孔德後來成為一位數學老師，並把所有時間用於發展「實證主義」。至於他的生平，除了他是為數不多的「已婚」哲學家，似乎沒什麼好說的。西班牙作家烏納穆諾（Miguel de Unamuno）評論說，「大多數哲學家都避免結婚」，包括笛卡爾、帕斯卡、斯賓諾莎和康德。但孔德不在單身漢之列。不得不說，他的真愛來自一段婚外情，一位名叫克羅蒂德（Clotilde）的年輕女孩。不過，這段戀情沒有創造美好的回憶，孔德因為克羅蒂德孩的突然過世而傷心不已。孔德最終創立了一個教派，主張以人性取代上帝，以牛頓、伽利略等偉人取代聖人。

孔德的政治思想影響了許多人，尤其是巴西共和國創始人。巴西共和國宣告成立後，新領導者最先做出的決定，就是將帶有君主制象徵的舊帝國旗幟改為象徵正在建設中的新社會旗幟，並決定在旗幟上加上孔德最不朽的口號：「秩序與進步」。

孔德認為只有科學才能使社會進步，而歷史也似乎證實了這件事——十九世紀確實是個令人難以置信的科學發展時期。那個時期發明或發現了X光、電、電磁、大腦潛意識、遺傳學定律和生命演化過程；新醫學甚至治癒了肺結核或霍亂等過往被視為致命的疾病；外科手術開始使用麻醉劑（各位能想像此前的手術是什麼樣子嗎？）。同時，那個時期發明了電話、摩斯密碼、收音機等。科技確實推動了經濟的進步和發展。

這位法國哲學家對科學高度熱中，以至於創立出一個專業學科「社會學」。他認為，希望社會進入現代化和改革，就必須了解社會的進化定律，才能將他名為「三階段定律」的概念運用在政治上。根據孔德的說法，所有社會體制的成熟都會經歷三個階段。社會之所以像個人類，因為兩者的知識發展的過程，都是從嬰兒期發展到青春期，再進入成熟期。

孔德的想法是，一個社會的知識發展會影響到其他領域的進步。知識最不成熟的是神學階段，這個階段是以想像力創造超自然生物，以找尋自然現象的原因。此時，權威具有絕對的權力，維持秩序的代價就是阻礙了進步。現今的伊斯蘭共和國就是顯例。

知識發展的第二階段是「形上學階段」。在這個階段，人類開始運用理性，而且知識的基礎是抽象觀念，而非神祇。就像是人類在青春期是個過渡階段，度過了這段時期，社會最終會走向完全成熟階段，也就是第三階段「實証」。

孔德認為宗教阻礙了科學，從而阻礙了人類進步。影集《蓋酷家庭》（*Family Guy*）第八季第一集就表達了孔德的觀點：葛屁和靈犬來西隨機穿越時空來到一個科技發展驚人的未來社會。「我們在哪？」靈犬來西問。「在我們鎮上」葛屁回答，「此刻我們身在同一年同一時期。不過在這裡天主教不存在，這裡沒有經歷中世紀的宗教迫害，因此科學順利發展，人類進步了一千年。」由於沒有宗教信仰，所以也沒有天主教啟發米開朗基羅，西斯汀教堂從未存在，取而代之的是天花板上貼著一大堆名人海報。

對於《蓋酷家庭》的導演或孔德而言，宗教和道德都是阻礙人類發展的絆腳石，只有科學才能令社會進步，因此孔德也倡導一個由科學家菁英統治的社會。而政治家的唯一作用，就是執行菁英科學家的指導方針。例如，在孔德的社會理念中，你所在的城市是否興建核電廠，是由最優秀的物理學家來決定。人民不能參與意見，就像黑格爾所言：「人民是一個國家中那些不知道自己需要什麼的那些人。」將建造核電廠或種植基因作物等需要專業知識的議題由全民公投來決定，是非常愚蠢的！普通市民對於核子物理或基因工程學一竅不通，公車司機或麵包販售員又該如何對這些專業做出正確的決定？

科技的進步不應該受到道德或宗教原則的限制。社會學將是唯一負責為其他科學提供標準的學科，以便根據社會效應來決定研究的方向。總之，如果你不是「西班牙高等科學研究理事會」最傑出的成員，你就沒有權利決定是否開發「方舟天使」技術。

為結果負責

德國哲學家**漢斯．約納斯**則認為，科學的進步必須受到倫理的約束。約納斯反對孔德的觀點是有原因的，因為他生在一個截然不同的時期。法國哲學家的時代特色是將所有希望寄託在科學輝煌發展的樂觀主義之上，而約納斯則身處二戰期間的原子彈時期。

納粹主義在德國獲勝後，這位猶太裔哲學家決定前往以色列參加猶太人自衛隊，成為一名砲兵軍官。二戰期間，他自願加入英軍對抗歐洲的法西斯主義。約納斯告訴我們那個時期發生了些什麼：

> 五年軍旅生涯，我在英軍服役對抗希特勒，遠離書本和研究有關的一切。我專注在更重要的事情上。末日般瀕臨崩潰的世界，死亡的臨近，都足以重新思考我們存在的基礎……因此，回到我的起源，我被拋回了哲學家基本使命和天性的行為，就是思考。

漢斯．約納斯對人類的破壞能力大感震驚。投放到廣島和長崎的原子彈，證明了人類擁有的力量已經對我們自身構成了威脅。研發第一枚原子彈的科學研究代號為「曼哈頓計畫」，這個計畫由核物理學家歐本海默（Robert Oppenheimer）領導為數眾多的科學家進行。第一顆原子彈於一九四五年七月十六日試爆成功，史稱「三位一體」核試驗。當歐本海默親眼見識到研究成果，他引用印度教經典《薄伽梵歌》中的一句話：「我現在成了死神，世界的毀滅者。」

因此，約納斯針對科技進步及不當使用提出了責任倫理。受康德「無上命令」的啟發，約納斯倡導一套能夠指引和限制科技發展的理論：「依據該理論，你的行為所帶來的影響應該確保生活能夠長久維持，不能危害人類在地球上的延續性。」約納斯描述的不像電影《惡靈古堡》——有間公司開發生物武器，結果研究翻車，搞到喪屍末世——中那種導致人類種族的毀滅，他想到的是人類和賴以居住的星球在「本質」上的毀滅。沒錯，我們確實應該保護人類生命安全；但你是否想過，戰爭下的難民營也有生命存在（當然！）然而，那些生命活得像「人」嗎？

我們應該對科技發展的結果負責。「考量不周」不足以用來為可怕的後果開脫罪責，也不能作為將發展技術使用在一般民眾身上的理由。「噢！不知怎的就失控了！」「不是故意的！」這些說法並不能免除造成毀損的責任。因此，最明智的做法就是，如果我們不知道某個研究會產生何種後果，就不要去研究它。

以「方舟天使」為例，約納斯的態度非常清楚：你必須證明這項技術不會改變人類的尊嚴，它能尊重生活環境，而且能隨時控制任何後果。只有滿足上述條件後，才能進行研究。但是，「方舟天使」真的無害嗎？

方舟天使的控制

德國哲學家**赫伯特．馬庫塞**會告訴你「不！」方舟天使跟許多其他技術一樣，都是控制的工具。這個系統賣給我們一些看似不值錢的小工具，讓我們相信有了這些，生活就會更加便利舒適，其實這是用來監視跟掌控我們的。技術讓我們感受到的自由，實際上是虛假的，真相是我們被科技所利用。馬庫塞非常了解間諜行動，因為他曾在美國國務院的特勤局工作過。

馬庫塞出生在柏林的猶太人家庭，家境堪稱富裕，但他沒有因此走向保守自由主義，相反的，他加入了左派。不過，後來發生一件事使他脫離了政治：哲學家和激進主義者羅莎．盧森堡（Rosa Luxemburg）遭受殘酷的處決。作為後來的德國共產黨創始人，盧森堡支持了一九一九年一月的柏林大罷工。當時政府對於罷工活動者的處置，是派出一幫暴徒壓制，用步槍槍托砸碎她的頭骨，並將這位女士——當時已經是有名的「紅玫瑰」[36]——的屍體扔進運河。

於是馬庫塞重回校園讀哲學，並加入法蘭克福大學的「社會研究中心」。可惜同年納粹就奪取了政權，關閉了研究中心。法蘭克福學派成員紛紛到美國發展學派，馬庫塞最後成為美國公民，並在哈佛大學、波士頓大學和柏克萊大學工作，成為質疑既定秩序和傳統文化的學生運動典範。

竟有老師鼓勵學生革命，真是前所未見！受到這位哲學家啟發的學生運動包括了「五月風暴」，也稱「五月革命」。一開始，這只是反對消費社會的學生所發起的一系列抗議，後來勞工也加入了抗議行列。這個始於學生運動的活動最後變成法國史上最大的一次罷工，獲得九百多萬人支持。

馬庫塞譴責民主看似自由，實際上卻隱藏著某種鎮壓和社會控制，為的就是不惜一切代價阻止革命。雖然我們自以為生活得很自由，但我們的時代是史上最受壓迫的時代。在古代，奴隸知道自己是奴隸；在中世紀，僕人知道他受到封建領主的統治。但現在呢？我們不僅像過去一樣受制於人，還對此毫無所覺！

當然，你可能會想「哪有？我才沒有被控制和壓迫，別聽馬庫塞胡說！」問題就在於，過去的控制非常明顯，因為用了高壓恐怖的手段，而現在的控制卻是隱而不顯的利用了科技。當你下載手機APP，你仔細閱讀過使用者條款嗎？你有沒有想過，你花錢買手機，讓生活更加便利，但其實買來的是監視你的工具？西班牙甲組足球聯賽推出了一個應用程式，它真正的目的不是提供你所有賽事資訊，而是把你當成「抓耙子」，為它掌控是否有酒吧未申請許可就播放球賽。

現在問問自己，為什麼很多東西是免費提供的（如社群網路）？或是，集點卡、虛擬助理軟體或類似「方舟天使」的科技，真正的作用是什麼？當你以為不花力氣換來了便利，其實只是增加了身上的鎖鏈。我們建立了一個「志願當奴隸」的社會，人們為了安全和舒適的生活，而出賣了自由。

對馬庫塞來說，無論共產主義或資本主義，都是一種極權主義。這兩種制度都使得自由被剝奪，生活被算計，個人思想被控制。而在資本主義制度下，現代人淪為純粹的消費者，馬庫塞稱之為「單向度的人」。資本主義不僅運用技術來創造產品，也創造了消費者，我們被塑造成相同的模樣，還把「自由」與「消費」混為一談。我們被灌輸虛假的需求，崇尚商品。當我們搶購一支

36 譯注：La Rosa Roja，盧森堡的名字「羅莎」，剛好是「玫瑰」的意思，而紅色是共產黨的代表色。因此當時的人以「紅玫瑰」來比喻她是「共產的羅莎」。

iPhone，買的不是手機，而是社會地位、時尚、青春、美麗和自由。在過去，有些宗教形象因擁有超自然力量而被人崇拜，現代人卻對消費產品展開了崇拜。

資本主義產生了必須處理的多餘生產，所以該體制利用技術讓我們產生消費模式，使我們變成齒輪的一部分。技術不是用來解放，而是用來征服人類。否則，身處科技先進的世界，我們不該減少工作時間嗎？我們不是應該把時間花在自我成長和提升，例如學習新知、培養技能、養育孩子、寫一本書、與大眾交流等？但是，看看技術幫我們省下了什麼——它讓我們從事我們所痛恨的工作，以製造出一堆我們不需要的垃圾。

哲學挑戰 29 講道理的藝術

你是否被別人用權威壓制過，某個你所不認同的意見被一句「我說了算！」給輕鬆打發？你想反駁卻不知該說什麼？你與人爭論，但你的論點不知不覺中被對方扭曲，你氣得七竅生煙，只好氣急敗壞地跟對方大吼大叫？

你想給那個試圖操縱你的人來個「必殺技」？本章中，你將學習有條不紊陳述自己的想法，並挖出那些把你當傻瓜的汙辱性謬論。在一個充斥假新聞和咄咄逼人廣告的世界，批判性思考可以幫助你擺脫愚蠢和順從。閱讀本章將使你擁有贏得任何討論的力量[37]。但是請記住，就像電影《蜘蛛人》（*Spider-Man*）中班叔叔死前對年輕的彼得．帕克所說的：「能力越大，責任越大。」

什麼是論證

英國詩人約翰遜（Samuel Johnson）曾用一幅美妙景象來描寫優良論證的力量：「證詞就像用大

37 作者注：如果你想要擁有更多、更強大的超能力，我會推薦你閱讀西班牙作家索拉納斯（Montserrat Bordes Solanas）的著作《喀耳刻的陷阱：邏輯謬論和非正式論點》（*Las trampas de Circe*）。

弓射出的箭，力道取決於握弓的手。而論證就像用弩射出的箭，就算射擊手是個孩童，也能產生相同的力道。」

「論證」一詞的西班牙文argumento源於拉丁文*arguare*，意為「曝光」或「把事情弄明白」。我們在爭論時會用其他沒有爭議的觀點（前提或原因），來捍衛一個有爭議的觀點（論題或結論）。一個好論證必須滿足的條件就是——完全根據理由和證據來說話。因此，當你和某人爭論，你應該始終要求對方提出能夠說服你的理由，並把他們的個人情緒、感覺、信仰或偏見放一邊。

舉例來說，你跟母親吵架，而她用感情勒索來對付你：「你怎麼能這樣跟我說話！你知道我生你的時候有多辛苦嗎？」你母親在辯論這門高雅藝術中堪稱高手！她意識到自己並沒有理由或證據來捍衛立場，就鋪設了一個陷阱，利用帶入情感轉移注意力的欺騙手段促使你投降，離開戰場。如果你無法迅速回到理性的辯論，她會以壓倒性的勝利打敗你。

有效論證必須滿足的另一條件，就是論題與前提之間存在著邏輯關係。在一個好的論據中，如果前提正確，結論必然也必須正確。不過，有些論點的結構錯誤，卻被許多人認為是有效的（你可別成為其中之一）。關鍵在於，就算論證的前提為真，但仔細分析它的邏輯結構，你會知道正確的前提並不能保證結論就是正確的。在這類偽論點中，就算提出的理由或證據是真實的，你所捍衛的論題也可能是錯誤的。如果你沒有意識到這點，那結果讓你再不滿意，你也只能忍氣吞聲了。舉個例子：「我為了這次考試非常用功的讀書。所以成績不及格是不公平的！」讓我們來分析一下邏輯結構：

- 前提：我非常用功讀書。
- 論題：不應該不及格。

就算你辛苦挑燈夜讀了好幾個禮拜，如果我們用放大鏡檢查你的論證，會發現一個明顯的事實——前提正確，不代表論題正確。你考試時可能不夠細心答錯了，或者你的確努力讀書了，但還是不夠努力。也可能，你有學習障礙。現在來看看良好結構的論證範例：

- 前提一：在授課大綱的評分標準中，有一條是：整數之後的小數點應該四捨五入。
- 前提二：我的分數為五十九點八分。
- 論題：我不應該不及格。

如果此論證的前提正確，論題也無懈可擊，教授將無法否認「你有道理」。如果他不是個誠實的人，或他以某種方式威脅你，請你提醒他艾西莫夫（Isaac Asimov）的睿智名言：「暴力是無能者的最後手段。」

隱藏的王牌：預設

有時我們在辯論時，沒有明確陳述所有的前提，不過有些被忽略的資訊，卻是讓該論證被視為有效的重要因素。「預設」通常不明顯，讓我們在沒有注意到細節時很容易被唬弄。當你不支持別人的觀點，在質疑對方之前，應該先問問自己：「他的預設是什麼？」一旦你發現了對方的「預設」，就可以將它說出來，並要求對方提供足以被接受為有效的證據。

舉例來說，在一場關於墮胎的辯論中，你的對手說：「我們必須清楚說明墮胎是什麼。墮胎就是直接殺害一個無辜的人類！衡量一個國家的文明程度，就是看它如何對待社會上最弱勢無助的群體，而子宮裡的胎兒正是最脆弱無助的族群。」在你反駁之前，先把對方的論證寫在紙上，問問自己，他的預設是什麼？你會意識到，它是建立在兩個前提之上，而且除非你要求，否則這兩個前提並不能證明對手說的是正確的：

預設一：胎兒是人類。
預設二：只要殺人就是殺人犯。

接著，你發言並要求對方提出證明這兩個假設的證據。如果對方做不到，你就沒必要接受該論證為真。另一個技巧是對對方的假設提出質疑。採取質疑的態度，你就不必費力證明你的論點正確，因為燙手山芋已經丟給了對方，現在得由他為自己的觀點提出證明。如果他無法說明，就會淘汰出局。例如，你可以分析他的論證，以類似這樣的問題反駁：

- 你的論點是基於「胎兒是人類」的假設，但是你能告訴我，人類生命確切從何時開始，以及，你是基於什麼道理得知的？
- 另外，你的論點還假設了「只要殺人，就是犯下謀殺罪的兇手」。你能證明這個說法合理嗎？自衛殺人也算殺人犯？在戰爭中殺戮的士兵，也是殺人犯嗎？

在辯論中最明智的做法是「聽」而不是「說」，要耐心仔細地分析對手的論證，提出合理的問題。記住，一個好問題比一句好的斷言更有殺傷力。例如，在知名廣播節目中，記者用一個簡單的問題赤裸裸暴露了受訪政客的言詞。

「我認為『性別暴力不存在』這種言詞非常可怕……就像說『所有男性都是施虐者』一樣可怕！」議員說。

「誰說的？是誰說過『所有男性都是施虐者』？」記者問。

「嗯……在許多不同的論述中似乎……」

「具體是誰？」

這位政客未能明確指出是誰，而他的論點嘛，也很明顯不能成立囉！

論證中的陷阱

謬誤或謬論（西班牙文falacia一詞源於拉丁文*fallacia*，意為欺騙）是個看似有效、實質無效的論證。它是錯誤的，就算很不明顯。謬論會偽裝成正確的論證，但實際上在論證過程中充滿了錯誤。因此，不包含謬論的論證，才是一個好的論證。

有時謬論是出於無知，因為提出者不知該怎麼做。但在廣告或某些政治言論中，則完全是故意的，目的是說服或操縱你，把你當白癡。那麼，無論你面對的是無能者或自以為聰明的人，你都不該讓他們用陷阱來說服你。在本章中，我會介紹一些有名的謬論，讓你輕鬆理解並擺脫謬論。

認真的進行思考，是我們行使和享受民主的必要條件。我會引述一些政治家的言論來說明，但請別誤會：並沒有謬誤的意識形態，因為謬論並非由意識形態所造成，而是由捍衛謬論的人所造成。你可以試著檢測看看，會發現整個政治圈都可以發現謬論。

發展批判性思維，意味著我們得正確思考。這並不是叫你和所有人的觀點唱反調，而是對自己及他人提出論證方式有所要求。因此，在你做出判斷前，花點時間仔細檢查這些論證，就像珠寶商檢查鑽石那樣小心翼翼。最後，正確思考也代表著你要態度謙虛，也要分析自己的想法，並接受「是自己的錯」的可能性。二〇〇四年七月二十一日，英國科學家霍金（Stephen Hawking）在八百位來自五十個國家的科學家面前承認，他那些關於黑洞的理論中，某個說法是錯誤的。唯有真正聰明的頭腦，才能愛真理勝過愛自己。

假兩難論證

這類型的論證提供你兩種選擇，並迫使你選擇其一。例如，爸爸在發現親愛的兒子被當掉六門科目後，他對兒子說：「如果你不讀完高中，你最後只能在超市門口當乞丐！」這個孩子面臨的二擇一選項，比一張十二歐元鈔票還要假，因為爸爸並沒有給他所有選擇的機會。其他選項可以是：更改高中組別、換一所學校、休學一年、改讀專業技校、進入社會工作等。在假兩難論證中會出現一個對方想逼迫我們選擇的選項，與另一個我們不想要的選擇。它的結構為「我，或者末日」。

假兩難論證在政治中經常被用來證明某項不受歡迎措施的正當性。執政者會試圖透過諸如「如果不這麼做，就會發生混亂」的言論，以逃避決策的責任。要破除謬論，你必須列出其他被遺漏的選項，並詢問對手為何不考慮它們。

另一種假兩難論證就是強迫你在兩個非排他的選項之間做出選擇。還記得某腦殘傢伙曾問你

「你比較愛誰？爸爸還是媽媽？」對，我就是指這種假兩難。而這類假兩難論證最常被用來為反恐政策辯護：「如果你不支持政府，你就是支持恐怖組織埃塔（ETA）。」這是謬論，因為批評政府並不會使你變成恐怖份子的支持者，你可以同時拒絕這兩種選項。

訴諸人身

西班牙記者米拉（Mercedes Milá）有次在電視上與科學家穆萊特（José Miguel Mulet）針對《不生病生活法：神奇酵素決定壽命》一書所提出的健康飲食假說進行辯論。穆萊特先生認為，此書內容不僅缺乏科學根據，甚至完全錯誤。記者回答：「首先我建議你，應該趕緊讀這本書，並且減肥，因為你很胖。你的腰身對心臟來說很危險。」

你可千萬別搞錯，這位記者的回答才不是什麼必殺技，而是一種被稱為「人身攻擊」的謬論。事實上，這種貶低對方的作法是一種策略，避免去回應對方的論點或證據。在辯論中最重要的就是理由和資訊，跟誰在說話或講話方式無關。而穆萊特先生對此的回應令人稱道：「妳這麼說很奇怪，因為所有我提出的論證中，妳唯一能批評的，就是我的腰圍。」

要擺脫謬論，最重要的是不失冷靜，也不要陷入「以另一種人身攻擊來反擊對方」的誘惑，否則相當於訴諸偽善。在拉丁文中，訴諸偽善這個詞（tu quoque）意為「你也是」。很多情況下，人身攻擊就是對手在沒有優勢贏得辯論時，就設下讓你緊張、放棄理性辯論的陷阱。就像那位記者沒有科學根據，就試圖把辯論推進充滿貶低和侮辱的泥潭。如果類似情況發生在你身上，請記得馬克．吐溫（Mark Twain）的明智建議：「絕不要和愚蠢者爭論，他會將你拉低到他的水準，然後用他的經驗打敗你。」如果這位科學家反嗆記者「妳才是白癡！」那麼他一定會輸掉這場辯論，因為在侮辱這門藝術中，記者顯然有更多的經驗。

在政治領域有另一種版本的「你也是」被廣泛使用，我們稱為「你更多」謬論。想像一場議會正在開議，反對黨向執政者提出質詢，批評電費不合理。然後，部長回答：「您無權質疑政府，因為當您掌權時，您也做了同樣的事！」其實這類場景確實在西班牙議會中每天上演。這種謬論被用在避免解釋自己必須負責的行為，議員前後立場不一致，並不代表部長就可以不用解釋他所做的決定，這是他的義務。

有時，「人身攻擊」謬論很隱諱，不一定是用侮辱的方式，而是以居高臨下的方式說話。試想你和一個成年人爭論，他對你說，你太年輕了，根本不懂這個問題有多難解決。這時你可以回答：「不然你想像一下，剛才那句話不是我講的，而是某某某（引用與你觀點相同，也被你對手認可的權威人士），你用什麼理由反駁他呢？」

高德溫法則

麥克．高德溫（Mike Godwin）提出一條以他名字命名的法則，來解釋網路文化常見的現象：

「在線上討論數量不斷增加的情況下，把用戶或他的言行與納粹主義或希特勒類比的機率會趨於一（也就是百分之百），然後討論就結束了。」例如，當時的教育部長無法發表演講，因為一群抗議教育法的學生對他大吼「法西斯主義！」結果部長把同樣的形容詞用在這群學生身上。高德溫法則一出，辯論還沒開始就結束了。如果你在辯論中被對手貼上「法西斯主義」的類似標籤，你可以提醒他們這條法則的內容，詢問對方為什麼企圖使用貶低的方式來退出辯論。

希特勒歸謬法

這條謬論是由哲學家施特勞斯（Leo Strauss）所發現，指的是企圖用「希特勒也同意」這種論述來反駁觀點。例如，有人對你說：「希特勒是吃素的」，試圖以這種理由來反對吃素。不過仔細研究這個論證，你會發現「吃素」和「毒氣室」完全沒有邏輯關聯。

在一場德國甲級足球聯賽中，梅因斯05對沙爾克04的比賽中，地主隊的球迷辱罵沙爾克的球迷是「納粹」。發生這起騷動的原因是希特勒不僅是種族滅絕者，同時也是一名足球迷，而且他支持的球隊就是藍白相間的沙爾克04隊。如果我們按照梅因斯隊球迷可怕的思考邏輯，就會得到「所有養寵物的人都是納粹」這種結論，因為希特勒與他們有著相同的愛好。

在西班牙，我們也有一個將該謬論在地化的版本「佛朗哥歸謬法」，代表某些人用下列方式總結：如果你與佛朗哥有某個共同觀點，就代表你同意他所有的觀點。如果佛朗哥支持某件事，那件事一定是不正確的，而如果佛朗哥反對某事物，那麼這件事立刻變成絕對的好事。

西班牙的右派政黨在馬德里舉行了一場以「團結西班牙」為口號的示威遊行，期間有一則附帶了舊報紙照片的推文風靡一時，陳舊的照片上可以看到獨裁者佛朗哥，新聞標題是「最重要的是西班牙的統一」。然而，遊行召集者用了與佛朗哥雷同的口號，並不代表他們認同佛朗哥的法西斯主義和集權主義的意識形態。

訴諸權威

根據羅馬哲學家西塞羅的說法，畢達哥拉斯的追隨者會用「教條主義」公式（例如「某權威說過」）來宣稱他們老師提出的所有論題為真。如果畢達哥拉斯都這麼說了，你就不用這麼麻煩去驗證論題真偽了。為什麼這種想法是錯誤的？因為一個陳述的真實性，並非取決於誰說的，而在於提出的論證。如果某人試圖以維基百科寫的、老師說的、紀錄片看來的……等理由說服你，是沒有意義的，因為他如果無法提供資訊以證明，你就可以不用接受該論證的有效性。

某次，西班牙的前總理宣稱他不相信氣候變遷，因為他堂兄曾擔任西班牙塞維亞大學的物理教授，他堂兄向他保證：「連明天的天氣，你都無法預測。」不過，這位善良的先生後來道歉並承認：「一個人犯了錯就該修正錯誤，我修正過許多次，因為我經常犯錯。」這位前總理犯下的錯，在於未提供任何資訊的情況下，就引用他堂兄的智慧。如果有人用這種謬論攻擊你，你有三個策略可以擊敗它：

- 請對方說明他所引用的人為什麼是這個議題的權威。
- 要求對方提出所謂「權威說法」的論證。
- 記住，沒有任何對象能用一句話解決討論，因為每個人都可能犯錯。你可以列舉知名科學家或偉人犯錯的例子。

這種謬論的另一種變體出現在把「管理者」和「專家」的權威性互相混淆的時候。如果警察對你處以罰款，那麼你最好不要質疑他的決定。團隊教練或公司老闆所下的指令，也不要去質疑。但專家的權威是不同的：專家的知識可以接受批評。而我們可以、也必須檢查他的說法是否屬實。

假權威謬論

數年前，西班牙電視台播放了一個廣告，廣告中，科普節目主持人普西特（Eduard Punset）變身客觀的科學專家，說服別人應該要吃麵包，而且如果是賓寶牌麵包就更好了，因為該產品是「百分百純天然，完全無人工添加」的麵包。這支廣告就像多數請名人代言的廣告一樣是「假權威」的例子。此外，這種類型也包括了「沒有參考價值的權威」：要嘛這人立場不公正，要嘛就是這人不是相關領域的專家。前述那位拍攝麵包廣告的普西特，他收到的廣告費完全用來維持他的演藝生涯，公正性實在令人質疑。

話說回來，網球好手納達爾（Rafa Nadal）對於「如何應對挫折」的意見，就很值得參考，因為他是這種事情的權威。但如果你問他「應該買哪輛車」，那麼他的意見跟你鄰居的意見只具備同樣的參考價值。所以，如果有人用這類型的謬論攻擊你，你只需劃定「專家」的領域，或者指出該專家缺乏公正立場。

訴諸群眾

訴諸群眾或「從眾」是宣稱大多數人都支持某個觀點，以證明正確性或公正性。在九〇年代，Trident口香糖公司基於這種謬論拍了一支廣告。廣告中有一個唇形完美的微笑，加上旁白：「你喜歡Trident口香糖的理由有三百萬個，現在我們只想提醒你三十二個（鏡頭拉到牙齒特寫）。Trident口香糖，千萬張嘴絕對不會錯。阿當斯生產，你會喜歡。」但是，千萬人說的就不會錯？這個論證的錯誤在於：論述的真實性，取決於支持此論述的人數。一件事情越多人相信，真實性就越高。

但是你要知道，大家都相信某件事，並不能證實這件事就是正確或是真實的。如果這種邏輯行得通，那我們會得到一個結論：貝倫・艾斯特班這位綜藝節目主持人比秘魯詩人巴爾加斯・尤薩更適合寫作。因為前者的書大為暢銷！如果一個人的觀點可能出錯，那麼集體觀點也可能出錯。論述的真偽與相信它的人數無關。

這種謬論經常用於讓我們閉嘴，阻止我們辯論：「大多數人都投贊成票，所以你可以閉嘴了！」你必須清楚，多數人贊成某項措施或投票給某候選人，並不代表就是正確的；更不用說你完全有權利提出批評。一九三二年德國大選，納粹黨以三分之一的選票成為得票數最高的政黨，希特勒被任命為總理。你能想像有人跟你爭論說：「你不能批評希特勒採取的措施，因為這是多數德國人想要的！」這完全不合理吧？

有時，這種謬論會出現雙重誤導，例如有人不斷聲稱多數人同意，卻沒有任何統計或調查來持來支持這個論點。下次你聽到「眾所皆知，大多數人……」時，請記得反問：「你怎麼知道大多數人都這麼想？」總之，如果有人用這類訴諸群眾的謬論攻擊你，你可以採取以下策略辯護：

- 要求對方引用資訊來源。問他：「你怎麼知道所有人的想法？」
- 提醒他，如果一個人的觀點會出錯，那麼集體觀點也可能出錯。你可以舉出哥白尼的例子：哥白尼是當時唯一認為地球不是位於太陽系中心的人。在那個年代，整個社會都不相信他的說法，因為真相只存在於唯一的觀點之中。
- 要求對方提出正確論證，並請他提供證據來證明他的觀點，因為論述的真偽與相信它的人數無關。

轉移舉證責任

小心這個謬論，因為如果你不留意，可能會在辯論時多了許多不必要的工作。理性辯論中有個稱為「舉證責任」的基本準則，這個原則決定了哪一方有義務證明自己的觀點：

- **主張的人**。《羅馬法》有一古老警句：「舉證責任在主張者身上」。所以如果有人主張某事，然後要求你證明他的主張不成立，那就是無效的。巴西大選中，當選的總統波索納洛（Bolsonaro）就是在競選活動期間使用該策略。他利用Whats App傳送有關對手的謊言訊息給選民，例如「勞工黨候選人寫了一本支持父母與子女之間可以有性關係的書」、「在勞工黨當選前，有窮人的孩子當上醫生，而勞工黨當選後，有工程師去開Uber」。不幸的是，巴西選民收到這類訊息時，他們沒有要求舉證，就將訊息大肆轉發出去。波索納洛的競選顧問成功轉移了「舉證責任」，讓對手候選人不得不證明該指控是錯誤的。所以記得，如果有人指控你什麼，那必須由對方提出證據。
- **提出與科學界認定事實相反主張的人**。《羅馬法》另一條警句是：「正常的已被證實，反常的才需證實」。若有某人的主張違反了常識或科學，那應該由他自己提出證明。西班牙喜劇演員坎沙多（Javier Cansado）曾如此聲明：「順勢療法又怎麼了？我就是用順勢療法啊！如果你認為順勢療法沒有效，那親愛的你就不要用，這不是很簡單嗎？你可以選擇不用。但它對我很有效！」這句「對我很有效」不能當作證據，只能當成「趣聞」看待。在海地，巫毒教對許多人也很有效。順勢療法跟巫毒教一樣建立在一系列與化學定律抵觸的原理之上[38]。坎沙多試圖扭轉舉證責任，如此一來，他就不必證明他所謂的「治療」的確有效。

訴諸無知

你會遇到一些人試圖用「目前為止，沒有人能證明它是假的」這種說詞，來證明某事為真。這種情況發生時，你一定要知道這是謬論，因為你沒有收到任何理由或證據來證明該主張是正確的。記得，舉證責任在主張者的身上。如果有人對你說「這是真的」，那麼他就該提出證據，用「沒證據說是假的」這種理由來搪塞是無效的。

西班牙電視台的晨間節目中，主持人蒙特羅（Mariló Montero）就是以這種方式提出反對器官移植的論證：「器官移植後，沒有科學能證明靈魂沒有跟著器官被移植走。」蒙特羅女士做的就是逃避舉證，試圖把責任轉移給科學界。她認為科學界才應該去證明靈魂是否不存在，以及可否移植的問題。如果對手不夠精明，就會落入她的陷阱。如果對手夠狡猾，就會反問這位主持人：「妳有什麼證據可以證明靈魂會被移植？」甚至，「有什麼證據可以證明所謂靈魂的存在？」

從典型的陰謀論（沒有證據表明人類真的曾登陸月球」）到所謂的另類療法（目前為止沒有人能證實靈氣療法無效）的辯護中，這種謬論經常被使用。這就是為什麼你必須非常小心，千萬不要被這種修辭給說服了。

既定觀點問題

這類型問題隱藏著未經證實的主張，所以是謬誤。藉由提問的方式，輕鬆而不負責任地使對方喪失立場。事實上，使用這種謬論的人事後都宣稱「我只是問問而已！」你要非常小心，因為這種謬論是死亡陷阱。如果你回答了對方的問題，就代表你接受了這個假設。

女友問你：「你在看那個女的嗎？」跟「你可不可以不要再看那個女的？」意思完全不同。第二個問題預設「你在看她」而沒有提供證據，這正是我建議你不要回答問題的原因，除非你的律師在場。這種謬論會在談話中巧妙地植入偏見，迫使我們接受原本不可能認同的前提。

不過，並非所有包含假設的問題都是謬誤，只有那些包含「未經證實的假設」的問題才算。如

38 作者注：準備勢療法藥物的神奇方法，是將一種物質兌九十九分水稀釋，然後搖動溶液（順勢療法的發明者哈內曼〔Hahnemann〕使用聖經敲打容器），這樣會得到1 CH（哈內曼百分位等級）之溶液。然後將此溶液提取一份兌以九十九分水再次稀釋。重複一百次上述過程，就可得到最終的藥物溶液。然而，化學定律證明：稀釋12 CH後原始物質的分子，連一個都不會殘留。所以，順勢療法並不是不能用於治療：此乃脫水良方。

果有人問：「西班牙要到什麼時候才能在《歐洲歌唱大賽》停止糟透了的表現？」那代表這個問題以「西班牙在《歐洲歌唱大賽》中表現不佳」為前題——很不幸，這是真的。

為了挖掘更多這類謬論，我們到眾議院議看看，這裡可是個巨大的寶礦！某次，一位加泰隆尼亞共和左翼（ERC）議員詢問當時是反對黨的工社黨（PSOE）主席一個既定觀點的問題：「你會在不給我們國家[39]發言權的情況下，放棄治理國家嗎？」應對這種謬論最好的方式就是不回答，因為對方並非真的在問問題，而是把他的主張包裝成問題。另一種方式是提出足以揭露出謬論的問題來反問對方，例如，下次你可以反問女友：你為什麼認為我在看別的女生？

竊取論點

此謬論由來已久，最早發現的是亞里斯多德。這類謬論是在論證時，把未經證實的論點預設為理所當然。一段精心準備的論述聽起來頗為合理，但沒有任何證據可以支持該說法。試想，上課時，你詢問老師關於他正在講解的內容。老師卻回答：「你應該多注意聽課，或重新考慮一下這堂課是不是對你來說太過困難了。我講的東西其實很簡單，你應該要懂才對！」老師的說辭乍聽下很有道理，卻隱藏了一個竊取論點：他在沒有任何證據的情況下，假設他正確地講解了上課內容，而且所有學生（除了提問者之外）都聽懂了。

惡性循環論證

你很容易發現這種謬論，因為他與上述的「竊取論點」非常類似。訣竅是在論證中包含了兩個前提，並以第一個前提證明第二個，再用第二個來反證第一個。例如，你對伴侶坦承偷吃，請求她原諒你，因為你很珍惜這段感情。她回答：「如果你真的愛我，就不會劈腿，因為愛一個人就會對對方忠誠。」這論點似乎很有道理，實際上它像一尾追著自己尾巴咬的魚：

- 前提一：忠誠者是愛。
- 前提二：愛是忠誠的。

在惡性循環論證中，你的伴侶避逃避了舉證「所有的愛都意味著忠誠」的責任，例如西班牙佛朗明哥歌手迪亞哥（Diego el Cigala）就不會同意你伴侶的想法，這位歌手在他經典的波蕾洛歌曲[40]中，描寫了你可以同時愛兩個人而不會瘋掉。

另外，用「因」解釋「果」，然後「果」又造成「因」，也是一種謬論。這種因果循環相生卻

---

39 譯注：這個問題的預設立場是「加泰隆尼亞」是個獨立國家。

40 譯注：Bolero是一種慢板的拉丁舞曲，同時也是舞蹈。

沒有提出證明。這種論證方式跟「雞生蛋、蛋生雞」是同樣的模式。試想，西班牙總理要求眾議院批准預算，因為該預算將用在使西班牙擺脫經濟危機。然後，一名反對黨議員問他要用何種方式讓西班牙脫離經濟危機，總理這麼回答：「用我們編列的預算。」好吧，你根本用不著想像，因為這種惡性循環論證也是西班牙議會中經常上演的謬論。

對抗這種謬論的訣竅是，拿一張紙把對手的結論寫下來，然後秀給對方看，並且問他：「你為什麼認為這是真的？」然後在另一張紙寫下他的答案，再問他一次「你為何認為這（另一張）是真的？」如果對方用結論回答你，你就把第一張紙指給他看，告訴他：「這才是你必須舉證的內容。你剛剛陷入了一個惡性循環論證。」

訴諸暴力

這種論證的特點是訴諸武力、恐懼或脅迫，使對方接受某個想法。如果你聽過這種論調：「因為是我說的！因為我是你爸！如果你不想睡前吃頓竹筍炒肉絲，就閉上你的嘴！」瞎子都看得出來這不是個有效論證，而是謬論。這種類型謬論的拉丁文是*ad baculum*，意為「上手杖」，手杖是在古代用來表示主人對奴隸的權力的東西，是一種主人懲罰毆打奴隸的工具。

讓我們看個例子：前美國總統川普試圖說服國會批准通過一筆資金，用來在美墨邊境打造一堵牆，理由是「國家安全有非常嚴重的問題。」他的策略是提出一系列據說是非法移民在美國領土犯下的罪行，向民眾灌輸恐懼。最後他說，「為了讓國會議員履行職責，還需要流多少美國人的血？」如果你仔細分析，會發現這種謬論本質上是「訴諸情感」的變體，因為這種情況下，他操縱了恐懼的情緒。

消除此類謬論的唯一方法就是提醒對手，恐懼或威脅並不能從邏輯上推斷出主張的真實性。讓我們看另一個例子：有些人試圖解釋西班牙販售武器給沙烏地阿拉伯（與葉門交戰、一個不尊重人權的國家）的理由是，「如果違反合約，就代表加的斯將會失去六千個工作機會！」這個情況剛好讓我們看到一個新謬論，害怕沒有工作，不代表向暴政出售武器的決定是正確的。

虛假原因

許多論證是基於兩種現象之間的因果關係，但當原因錯誤時，就會變成謬論。絕大多數廣告都是用這種方法來欺騙你，讓你相信他們的產品擁有某種令人渴望的特性。例如，可口可樂廣告聲稱這種飲料可以帶來快樂，廣告畫面出現了快樂喝著可樂的人，他們希望你得到的印象是：「喝可樂可以帶來快樂。」不要被騙了，你比任何飲料公司都聰明的多：兩種現象存在相關性，並不代表一種現象是另一種的起因。如果你在十二月二十二日[41]看到你鄰居欣喜若狂喝著可樂，他的快樂絕非

41 譯注：由政府發行的西班牙耶誕彩券於每年十二月二十二日開獎，至今已有兩百年歷史，據稱為全球獎金總額最高的彩券。不過彩券獎金雖高，分配規則卻與其餘標榜巨額頭彩獎金的彩券不同，以分享為基本概念，盡量以人人有獎為原則。不過由於一張要價二十歐元，所以常有許多人集資購買，並在開獎時一起對獎。

來自這個氣泡飲料，而是他手中的彩票中了大獎！

激進的行銷活動最常濫用這種謬論。這種謬論經常出現變體，使我們感到困惑，並說服我們認為發生某種效果的原因是單一的；實際上那是多種原因的結合，甚至關鍵的原因可能是別的！舉例來說，我的一個好友在街上被某慈善團體攔下，邀他加入會員。我朋友親切拒絕了對方的提議，於是該成員進一步想說服他：「難道你不關心兒童飢餓問題？」如果我朋友沒有發現對方暗示背後隱藏的謬論，而且堅持拒絕，那麼他難免會帶著極大的心理負擔回家。還好，他很清楚加入該慈善團體，並非解決兒童飢餓問題的唯一辦法，而且，他不願停下來與該成員聊天的原因，也不是因為他對人類面臨的重大問題缺乏同理心，因此他並沒有落入陷阱。

稻草人論證

稻草人是中世紀騎士用來練習兵器的一種人偶。也就是說，上戰場前先用容易被擊倒的東西來練習攻擊。這幅景象被用來描述一種謬論，這種謬論會扭曲你的論點，誇大或改變你話語中的意思，以利隨後的攻擊。你在辯論中必須非常小心，因為對手可能會使用以下策略來扭曲你原來的立場：

- 當你提到某種「可能」，你的對手會認為你的意思是「肯定」。

- 如果你提到「某些」，你的對手會扭曲成「全部」。如果你說「有時」，那麼他會說「總是」。
- 你的對手可能斷章取義，引用你的陳述來操縱其他意思。以一個故事為例：坎特伯里大主教於一九〇五年前往紐約。在動身前，秘書告訴他要小心美國媒體。抵達美國時，他在港口召開了記者會。一位記者問他：「大主教閣下，您如何看待曼哈頓東區的妓院？」大主教困惑了片刻：「曼哈頓東區有妓院嗎？」第二天，紐約報紙頭版標題寫道：「坎特伯里大主教抵達紐約的第一個問題是『曼哈頓東區有妓院嗎？』」

要毫髮無傷擺脫這個陷阱，你必須保持冷靜，將你的原話與他的引用方式做比較。然後問他為什麼要曲解你的話，以及問他想不想不失公允的繼續討論下去。

過度概括

從特定案例的分析結果中得到一般性結論，是正確的論證方法，但必須符合下列條件：

- 樣品必須具有代表性。舒酸定牙膏的廣告詞是：「每十名牙醫師中，就有九名使用並推薦舒酸定牙膏。」這種概括是有問題的，因為我們不知道牙醫的樣本總數。如果這項研究是只對西班牙近三萬五千名合格牙醫中的一百名進行訪問，我們就不該接受這種概括作為有效的論據。

- 不應含有「多數、很多、大部分」等含糊不清的術語。一定要對方給出準確數字和百分比。例如，有人聲稱「大多數的性別暴力案都發生在移民人口。」那麼我們必須要求對方提供準確的數字，並請他指出移民人口案件數及總案件數。當某人給你這種概括說法，你能做出的最好反應就是拿出你的計算機。
- 不應有反駁概括的例子。哲學家波普爾（Karl Popper）發現，邏輯上不可能從個別經驗的證據推論出一個全稱命題。即使我們已經看到數百萬隻烏鴉，也不能說「所有烏鴉都是黑色的」，因為我們並沒有窮盡所有觀察結果。相反的，只要我們找到一隻不是黑色的烏鴉，就足以明確地說「不是所有烏鴉都是黑色的。」波普爾的分析迫使我們軟化陳述的方式；例如，你最好別說「所有老師都很機車」。你應該修正說法：「到目前為止，我遇過的老師都很機車。」（這樣好多了，我們就停在這裡。）

這樣才對：有效論證

一、演繹推理

在這種論證中，結論必定來自前題。數學就是一種基於這類推理產生的知識。讓我們舉個演繹論證的例子：

- 前提一：如果三角形的內角總和始終為一百八十度。
- 前提二：在某特定三角形中，角度A為九十度，角度B為三十度。
- 結論：C角為六十度。

注意，由於論證的結構很好，所以不會出現「前提是真、結論是假」的荒謬情況。因此當你要反駁這類論證，你必須證明其結構有誤[42]（例如，結論並非基於前提之類的）或者某些前提有誤。福爾摩斯有一顆善於推理的腦袋。電影《出神入化》（*Young Sherlock Holmes*）中，有一幕是福爾摩斯和華生首次見面。華生初來乍到，福爾摩斯正在學校宿舍的床上拉小提琴。場景是這樣的：

「你是新來的」

42 作者注：形式邏輯是一門描述正確的演繹論證結構的學科，也就是說，它是從另一真理中推導出另一個真相的方法。其中最著名的結構是「肯定前件」（拉丁語：Modus ponens）。意思是：如果P和Q為任意兩個語句，如果P，則Q；且P為真，故Q為真。這對任何頭腦清楚的人來說都是直覺合理的。現在，如果P，則Q；且Q為真，因此就認定P為真，則是不正確的。

「對，我從另一間學校轉來的，我叫……」

「等等！讓我說……（注意！福爾摩斯推理結論即將出現）你的名字叫James華生，來自英格蘭北部。你父親是醫生，你閒暇都花在寫作上，對卡士達奶酪有特別的愛好。我有說錯嗎？」

「你說對了……幾乎。你是怎麼做到的？這是魔術還是什麼？」（華生要求他展現推理的前提）

「不，不是魔術，華生。這只是純粹簡單的推論。你床上標籤寫著J・華生，我從J開頭的名字開始猜，最常見的名字James或John中擇一，John是我另一選擇。這種鞋不是本地製的，我只在英格蘭北部短暫旅行時見過……」

「那卡士達奶酪呢？」

「簡單！你衣領上有明顯的黃色污漬，顏色看起來像那種東西留下的。而你的外表讓我覺得你吃了不少。」

二、歸納推理

歸納推理是觀察數據，識別模式，並基於後者進行概括的過程。讓我們舉個例子：兩個朋友相約聚會，隔天早上，一個全身不適地起床，他傳訊給另一個人：「老兄，我快死了！我覺得一定是我們晚上最後吃的沙威瑪害的」。另一個人回答：「不可能，我也吃了沙威瑪，但我一點事也沒。一定是啤酒啦！我整晚只喝兩瓶，我看你喝了十五瓶有吧？」

通過對具體案例的分析得出的概括論點，也算一種歸納。雖然這種方式論證是有效的，但要記住，我們得出的結論永遠都不是真實的，只是一種可能性。例如，氣象預測就是基於歸納法而來，你知道，我們無法完全確定天氣預報的準確性。

羅素曾用一個預言告訴我們簡單列舉的歸納有多麼危險：從前有個人口普查員，他的工作是登記威爾斯某村莊所有戶主的姓名。第一戶戶主姓威廉名威廉，第二戶也一樣，第三戶一樣，第四戶……最後，他對自己說：「這太麻煩了。很明顯，他們都叫威廉・威廉。我就這樣記錄，然後放自己一天假吧！」但是他錯了，這個村裡其實有個人叫約翰・約翰。羅素這個故事並不是說歸納是無效的，而是對這個方法過度自信，會導致錯誤。

透過一系列例子為某觀點辯護是常見的作法，但為了讓你的歸納成為強而有力的觀點，必須滿足以下要求：

- 數量：如果我們談論的是少數情況，最好把這些情況都驗證一遍。如果基於一個較大的數量，則需選擇具有代表性的樣本。

- 代表性：我們必須避免有偏見或不具代表性的樣本。
- 可靠來源：我們必須驗證數據的可靠性。因此你可以使用許多記者遵循的原則：至少諮詢三個不同的來源。
- 沒有反例。因為反駁此類論證的方法，就是提出一個反例。

三、類推

這種論證結構如下：若有兩件事在某些方面相似，那麼這兩件事在其他方面也應該相似。現在你知道了，要進行類推，「相似性」非常關鍵。這些事情的共同點越多就越相關，類比就會越強。如果你在比較事物時發現了明顯的差異，就可以反駁它。此類推理的例子可以參考哲學家湯姆森在墮胎那章所提出的論證。

四、因果論證

因果論證是建立在「一件事是另一件事的原因。」墨西哥女高音薩巴萊塔（Susana Zabaleta）就用這種方式提出對雷鬼動音樂的看法。她說：「這些厭女情結的歌曲正在摧毀我們的價值觀。昨天有個小女孩走近我，她用父親的手機聽歌，歌詞唱著『要帶她去汽車旅館，脫下她的褲子』，小女孩聽得興高采烈。等小女孩十三歲時會如何？會被帶去汽車旅館？被脫下褲子？你認為她會怎麼做？當然是照她父母教的去做啊！這樣你們還覺得有趣？我們怎麼會讓一個小女孩聽到這種詆毀的言詞後，還覺得好笑？『哈！我女兒最好變成超級騷的婊子！』這就是我們想要的？」

為了讓這類論證變得有效，只宣稱某件事是另一件事件的原因是不夠的，還需要展現並解釋該原因事件如何觸發了另一個事件。

五、歸謬法

歸謬法是一種在反駁對手論證時非常好用的辦法。你必須做的是讓對方所支持的觀點或前提成立，然後證明該論證會推理出荒謬、矛盾、非法、不道德或與科學真相衝突的結果。《布里丹之驢》就是有名的歸謬法範例，它可以證明「必然會選擇更大的善」論述是錯的。這個故事是說一隻驢子剛好處於兩堆等量等質的乾草的正中央；而亞里斯多德的版本則是一個又渴又餓的人坐在兩張桌子之間，一張桌子有水，另一張有食物。如果「必然會選擇更大的善」的觀點正確，那麼驢子跟人都會餓死或渴死，因為他們沒辦法做出「哪邊最好」的決定。

如何展示想法：論述

在哲學中，有一種方法可以有序而理性地闡述我們對某個特定問題的思考，那就是論述。在法國，這是進入大學最重要的考試，但它的實際價值遠超出大學入學考，甚至可說是一種國家優勢。

而且，將高中畢業生面臨的哲學考題作為頭條新聞已經成為法國媒體的傳統。例如，文化使得我們更有人性嗎？所有真理都是最終的嗎？我有權做的一切是否公平？之類的。如果你想寫出一篇好論述，你應該遵循以下步驟：

一、界定問題

你要做的第一件事，就是縮小範圍，並解釋你要談論的問題。你可以藉由一系列提問來組織、說明得更詳細。例如，你正處理經典的「自由」問題，那麼你就可以提出以下問題：人類是自由的嗎？換句話說，人類真的擁有「一生都能按自己意願行事的能力」？我們的選擇是基於自由意志，還是我們的意志已經事先被「編寫」，以選擇某些特定選項？如果是這樣，編寫的是誰或是什麼？上述問題都可以幫你定義問題中的概念（請記住，每個詞彙都有多重含意，你必須定義清楚）。以上述例子來說，你應該事先定義何為自由、意志、選擇……等。

二、正題

在這個部分，你必須闡述和解釋為何贊成某個立場。如果你要從一個論證轉到另一個論證，你可以提問，如此一來，這個問題的答案就是你的論證。

你還可以舉證，證據會讓論證變得更為可信，包括統計數據、新聞、權威意見、歷史事實或科學研究。舉證就是要讓對方同意我們的看法，也就是讓他最後說出「這是真的」。例如，你可以引用對手熟悉的影像來比較類似的案例，列舉出實例會使得你的論證在別人腦海中顯得更加清晰。但請記住，雖然舉證或舉例通常有幫助，但你也可以不靠它們就提出完美的論證。更何況，單純只有一堆例子的論證，只能算得上某種範例的目錄，並非一個好的論證。

三、反題

現在是時候提出和解釋另一種選擇的論證了。

四、合題

到了這個階段，你必須在兩個選項中擇一，然後說出理由。不要忘記反駁另一方的論點。你也可以用舉證和反例。你的結論有可能是在正題和反題間找到中間立場，證明兩個立場並不矛盾，反而可以相輔相成。

五、結論

最後一步，你必須列出練習過程獲得的結果，也就是對整個思考程序的過程和你所獲得的確切答案，做出簡短明瞭的總結。記住，要解決問題，並清楚回答問題。

六、撰寫簡介或引言

只有完成上述所有步驟，你才有辦法準備一個出色的介紹。你無法事先完成它，因為這就像電影預告，還沒寫劇本又該怎麼拍預告？在簡介中，你應該說明想討論的問題，簡單陳述立場，利用一些修辭來吸引注意力。為了完整性更高，你應該有始有終。例如，你在開頭說了一個故事，過程中可以再次引用，並在結論時把故事給說完。

結語——洞穴之外的生活

如果你已經看到這裡，很有可能這一連串的思考練習已經把你從枷鎖中解放出來了，讓你走出了洞穴外。柏拉圖的寓言告訴我們，當被釋放的那個人想起洞穴中其他的俘虜，總會為他們感到難過，覺得有必要回去與同伴分享他的發現。不過洞穴裡的同伴拒絕質疑他們所生活的世界，每個人都認為他瘋了，還取笑他。請注意，你可能會像那個被釋放的人一樣被質疑：為什麼堅持什麼都要問？為什麼要質疑顯而易見的事？幹嘛換個角度思考？在暖呼呼又有同伴的洞穴，誰想要出去？還有，「哲學有什麼用？」

如果有人問你「哲學何用？」請以誠懇的態度回答：「完全沒有用。」因為哲學不是「有用」，而是「有價值」。開瓶器很有用，但能在傍晚時分那個似乎一切都靜止的片刻，與你所愛之人小酌一杯共同聊天，這種事情是有價值的。任何能讓你成為一個能幹的商品生產者的知識，都是有用的（儘管你該問問自己：對誰有用？）但能幫助你了解世界，讓你享受生活，使你接近美好或真理的知識，無庸置疑才是有價值的。

有些人認為「教育」是創造勞工的工具，我認為這種想法錯誤而且危險。正如哲學家杭士基

（Noam Chomsky）所言，我們應該自問：我們要的是一個由自由、有創造力且獨立的人所組成的社會，能欣賞並學習過往的文化成就，並且為之做出貢獻；還是希望人們增加GDP？因為兩者不一定相同。

法國哲學家德勒茲（Gilles Deleuze）說，每當有人問「哲學何用」，一定要用挑釁的態度回答，因為這個問題既諷刺又帶有惡意。哲學不為任何人所用，哲學對國家或教會來說毫無用處。哲學不服從既定權力，也不接受理性本身以外的權威。這位思想家甚至說：「哲學只會讓人難過。」德勒茲所指為何？實踐哲學時，誰會難過？是那些不希望你獨立思考，希望你聽話又順從並保持愚蠢的人嗎？哲學是對愚蠢的憎惡。哲學使得愚蠢變成一件可恥的事。

哲學的價值為何？他會教你提出一些問題，這些問題可能無法保證你幸福，但肯定會增加你的生活深度。哲學首先教你去質疑一切，包括最神聖的事。它會激勵你反抗迄今認定所有理所當然、已知、真實、善或美的事物。

這就是為什麼有些人試圖將哲學從教育系統中去除，因為對當權者來說，這非常危險。其實他們這樣想也沒錯：思考一直很危險。漢娜・鄂蘭認為「沒有危險的想法」，思考本身就是一件危險的事。但如果你不害怕這種危險，如果住在洞穴裡的那些人無法成功灌輸你恐懼，如果你想成為一名哲學家，你就必須意識到生命是多麼短暫，你應該義無反顧拋棄陳腐的觀念，盡一切努力思考人生。

因為哲學一開始雖然是種質疑的藝術，最終卻變成了生活的藝術。正如我們在本書章節中提過的，對海德格而言，絕大多數的人都過著沒沒無聞的生活，活在一種「據說」、「從眾」的態度之中。也就是說，他們說的話，是因為大家都這麼說；他們做的事，也因為大家都這麼做。

但你不是那種人，你想擁有真實的存在感，並且學會了獨立思考。你已經是抵抗軍的一分子，已經屬於那些冒著生命危險，住在洞穴之外的人。

視覺思考——跟主題相關的電影清單

西班牙哲學家奧特嘉說，「觀看就是用視覺思考。」他最偏愛的學生胡立安．馬里亞斯認同了這句話，因為馬里亞斯不僅是位哲學家，同時也成了西班牙最優秀的影評家。哲學和電影經常互相連結交織，甚至難以區分界線。在以下清單中，除了每個章節出現的電影和影集，我還收集了其他有助於理解該章節主題的影片。這份目錄也是哲學電影俱樂部的推薦清單。

1　對另一半應該完全坦白嗎？

- 《惡棍特工》（*Inglourious Basterds*，昆汀塔倫提諾執導，二〇〇九年上映）
- 《再見列寧！》（*Good bye, Lenin!*，沃夫岡．貝克執導，二〇〇三年上映）
- 《父女情》（*Music Box*，科斯塔．加夫拉斯執導，一九八九年上映）
- 《美麗人生》（*La vita è bella*，羅貝托．貝尼尼執導，一九九七年上映）

2　你應該服從權威嗎？

- 《國定殺戮日》（*The Purge*，詹姆士・狄莫納哥執導，二〇一三年上映）
- 《瘋狂麥斯》（*Mad Max*，喬治・米勒執導，一九七九年上映）
- 《勇闖禁區》（*Paths of Glory*，史丹利・庫柏力克執導，一九五七年上映）
- 《米爾格倫實驗者》（*Experimenter: The Stanley Milgram Story*，麥克・阿爾默瑞德執導，二〇一五年上映）
- 《惡魔教室》（*Die Welle*，丹尼斯・甘塞爾執導，二〇〇八年上映）
- 《卡里加里博士的小屋》（羅伯特・威恩執導，一九二〇年上映）

3　另一半偷看我手機，有關係嗎？

- 《逍遙騎士》（*Easy Rider*，丹尼斯・霍珀執導，一九六九年上映）
- 《Take My Eyes》（*Te doy mis ojos*，伊希亞・波拉因執導，二〇〇三年上映）
- 《愛得太狂》（*Sólo mía*，賈維耶・巴拉格爾執導，二〇〇一年上映）
- 《皮囊》（*Skins*，傑米・布里坦、布萊恩・艾斯利編劇，二〇〇七年首播的影集）

4　為何霸凌？

- 《漢娜鄂蘭》（*Hannah Arendt*，瑪格麗特・馮・卓塔執導，二〇一三年上映）
- 《疤面煞星》（*Scarface*，布萊恩・狄帕瑪執導，一九八三年上映）

- 《冰與火之歌：權力遊戲》（*Game of Thrones*，大衛・貝尼奧夫、D・B・魏斯編劇，二〇一一年首播的影集）
- 《黑獄亡魂》（*The Third Man*，卡洛・李執導，一九四九年上映）
- 《上帝也瘋狂》（*The Gods Must Be Crazy*，傑米・烏亞斯執導，一九八〇年上映）

5 千載難逢的機會，不作弊是傻瓜嗎？

- 《銘謝吸煙》（*Thank You for Smoking*，傑森・瑞特曼執導，二〇〇五年上映）
- 《以父之名》（*In the Name of the Father*，吉姆・謝里丹執導，一九九三年上映）
- 《梅岡城故事》（*To Kill a Mockingbird*，勞勃・莫利根執導，一九六二年上映）
- 《刺激》（*The Sting*，喬治・羅伊・希爾執導，一九七三年上映）

6 自殺可以解決問題嗎？

- 《春風化雨》（*Dead Poets Society*，彼得・威爾執導，一九八九年上映）
- 《大獨裁者》（*The Great Dictator*，查理・卓別林自導自演，於一九四〇年上映）
- 《時時刻刻》（*The Hours*，史蒂芬・戴爾卓執導，二〇〇二年上映）
- 《生活多美好》（*It's a Wonderful Life*，法蘭克・卡普拉執導，一九四六年上映）

7 禱告有用嗎？

- 《聖戰奇兵》（*Indiana Jones and the Last Crusade*，史蒂芬·史匹柏執導，一九八九年上映）
- 《人神之間》（*Des hommes et des dieux*，札維耶·波瓦執導，二〇一〇年上映）
- 《萬惡之根源？》（*The Root of All Evil?*，羅素·巴恩斯導演於二〇〇六年製作的紀錄片）
- 《萬世魔星》（*Monty Python's Life of Brian*，特里·瓊斯執導，一九七九年上映）
- 《宗教的荒謬》（*Religulous*，拉里·查爾斯導演于二〇〇八年製作的紀錄片）
- 《最後十二天的生命之旅》（*Oscar et la dame rose*，艾力克·埃馬紐埃爾·史密特執導，二〇〇九年上映）
- 《教會》（*The Mission*，羅蘭·佐夫執導，一九八六年上映）

8 毒品很糟嗎？

- 《週末夜狂熱》（*Saturday Night Fever*，約翰·貝德漢執導，一九七七年上映）
- 《猜火車》（*Trainspotting*，丹尼·鮑伊漢執導，一九九六年上映）
- 《極樂大餐》（*La Grande Bouffe*，馬可·菲萊利執導，一九七三年上映）
- 《巴貝特之宴》（*Babette's Feast*，蓋布里爾·亞斯里執導，於一九八七年上映）
- 《遠離賭城》（*Leaving Las Vegas*，麥克·菲格斯執導，一九九五年上映）

9 當個怪咖，還是普通人？

- 《神奇大隊長》（*Captain Fantastic*，麥特・羅斯執導，二〇一六年上映）
- 《飛越杜鵑窩》（*One Flew Over the Cuckoo's Nest*，米洛斯・福曼執導，一九七五年上映）
- 《小太陽的願望》（*Little Miss Sunshine*，夫妻檔導演強納生・戴頓和維萊莉・法瑞斯執導，二〇〇六年上映）
- 《普通人行為指南》（*Requisitos para ser una persona normal*，蕾蒂西亞・多萊拉執導，二〇一五年上映）
- 《象人》（*The Elephant Man*，大衛・林區執導，一九八〇年上映）
- 《沈默》（*Silence*，馬丁・史柯西斯執導，二〇一六年上映）

10 可以要求別人替你選擇嗎？

- 《北非諜影》（*Casablanca*，麥可・寇蒂斯執導，一九四二年上映）
- 《倒帶人生》（*Mr. Nobody*，賈柯・凡・多梅爾執導，二〇〇九年上映）
- 《深夜加油站遇見蘇格拉底》（*Peaceful Warrior*，維克多・沙爾瓦執導，二〇〇六年上映）
- 《駭客任務：重裝上陣》（*The Matrix Reloaded*，拉娜和莉莉・華卓斯基執導，二〇〇三年上映）

- 《楚門的世界》（*The Truman Show*，彼得．威爾執導，一九九八年上映）

11 考不上理想志願怎麼辦？

- 《愛的萬物論》（*The Theory of Everything*，詹姆士．馬許執導，二〇一四年上映）
- 《雲端情人》（*Her*，史派克．瓊斯執導，二〇一三年上映）
- 《火線大逃亡》（*Seven Years in Tibet*，由讓-雅克．阿諾導演執導，一九九七年上映）
- 《希臘左巴》（*Zorba the Greek*，米高．卡柯楊尼斯執導，一九六四年上映）
- 《七武士》（七人の侍，黑澤明執導，一九五四年上映）

12 課本裡為什麼沒有女性、同性戀和移民？

- 《羅生門》（*Rashōmon*，黑澤明執導，一九五四年上映）
- 《黑色追緝令》（*Pulp Fiction*，昆汀．塔倫提諾執導，一九九四年上映）
- 《記憶拼圖》（*Memento*，克里斯多福．諾蘭執導，二〇〇〇年上映）
- 《辛普森家庭：荷馬切斷拇指篇》（*The Simpsons': Trilogy of Error*，二〇〇一年播放）

13 如何度過分手情傷？

- 《哲學：幸福指南》（*Philosophy: A Guide to Happiness*，艾倫．狄波頓主持，二〇〇〇年播

放的節目）

- 《神鬼戰士》（*Gladiator*，雷利・史考特執導，二〇〇〇年上映）
- 《鐵達尼號》（*Titanic*，詹姆斯・卡麥隆執導，於一九九七年上映）
- 《當尼采哭泣》（*When Nietzsche Wept*，品沙斯・佩里執導，二〇〇七年上映）

14 如何面對所愛之人死亡？

- 《擁抱豔陽天》（*Monster's Ball*，馬克・福斯特執導，二〇〇一年上映）
- 《小活佛》（*Little Buddha*，柏納多・貝托魯奇執導，一九九三年上映）
- 《人間有情天》（*La stanza del figlio*，南尼・莫瑞提執導，二〇〇一年上映）
- 《螢火蟲之墓》（火垂るの墓，高畑勳執導執導，一九八八年上映）
- 《靈魂的重量》（*21 Grams*，阿利安卓・崗札雷・伊納利圖執導，二〇〇三年上映）
- 《酷瓜人生》（*Ma vie de Courgette*，克勞德・巴拉斯執導，二〇一六年上映）

15 為什麼死亡令人懼怕？

- 《第七封印》（*The Seventh Seal*，英格瑪・伯格曼執導，一九五七年上映）
- 《銀翼殺手》（*Blade Runner*，雷利・史考特執導，1982年上映的科幻電影）
- 《老爸的單程車票》（*Les Invasions barbares*，丹尼斯・阿坎德執導，二〇〇三年上映）

- 《美國心玫瑰情》（*American Beauty*，山姆．曼德斯執導，一九九九年上映）

16 要買多少東西才會快樂？

- 《鬥陣俱樂部》（*Fight Club*，大衛．芬奇執導，一九九九年上映）
- 《阿拉斯加之死》（*Into the Wild*，西恩．潘執導，二〇〇七年上映）
- 《電燈泡之預知死亡紀事》（*The Light Bulb Conspiracy*，克西瑪．丹諾里茨爾執導，二〇一〇年製作的紀錄片）
- 《當幸福來敲門》（英語：*The Pursuit of Happyness*，蓋布瑞．穆契諾執導，二〇〇六年上映）

17 為什麼總有人不快樂？你也不快樂嗎？

- 《復仇者聯盟》（*The Avengers*，喬斯．溫登執導，二〇一二年上映）
- 《極度空間》（*They Live*，約翰．卡本特執導，一九八八年年上映）
- 《宅男行不行》（*The Big Bang Theory*，二〇〇七年推出，二〇一九年完結的情景喜劇）
- 《薩利機長：哈德遜奇蹟》（*Sully*，克林．伊斯威特執導，二〇一六年上映）
- 《醉後大丈夫》（*The Hangover*，陶德．菲利普斯執導，二〇〇九年上映）
- 《經典老爺車》（*Gran Torino*，克林．伊斯威特自導自演，二〇〇八年上映的劇情片）

- 《大戰巴墟卡》（*The Man Who Would Be King*，約翰・休斯頓執導，一九七五年上映）
- 《教父》（*The Godfather*，法蘭西斯・柯波拉執導，一九七二年上映）
- 《夜長夢多》（*The Big Sleep*，霍華・霍克斯執導，一九四六年上映）
- 《紐倫堡大審》（*Judgment at Nuremberg*，史丹利・克萊瑪執導，一九六一年上映）
- 《郵報：密戰》（*The Post*，史蒂芬・史匹柏執導，二〇一七年上映）

18 該信任維基百科嗎？

- 《全面啟動》（*Inception*，克里斯多福・諾蘭編劇執導，二〇一〇年上映）
- 《四海兄弟》（*Once Upon a Time in America*，塞吉歐・李昂尼執導，一九八五年上映）
- 《駭客任務》（*The Matrix*，拉娜和莉莉・華卓斯基執導，一九九九年上映）
- 《黑鏡》（*Black Mirror*，查理・布魯克編劇，二〇一一年首播的影集）

19 下次選舉你會去投票嗎？

- 《摩登時代》（*Modern Times*，查理・卓別林執導，一九三六年上映）
- 《騙局》（*El reino*，羅德里哥・索羅格耶執導，二〇一八上映）
- 《1900》（Novecento，柏納多・貝托魯奇執導，一九七六年上映）
- 《V怪客》（*V for Vendetta*，詹姆士・麥克特格執導，二〇〇六年上映）

- 《林肯》（*Lincoln*，史蒂芬・史匹柏執導，二〇一二年上映）
- 《以祖國之名》（*Land and Freedom*，肯・洛區執導，一九九五年上映）

20 男性應該支持女權主義嗎？

- 《男人要自愛》（*Je ne suis pas un homme facile*，埃萊奧諾爾・普里執導，二〇一八年上映
- 《花神咖啡館的情人們》（*Les Amants du Flore*，由伊藍・杜朗・柯恩執導，二〇〇六年上映）
- 《金屋藏嬌》（*Adam's Rib*，喬治・庫克執導，一九四九年上映）
- 《生氣的她最美麗》（*She's beautiful when she's angry*，瑪麗・多爾執導，二〇一四年播出的紀錄片）
- 《茉莉人生》（*Persepolis*，瑪嘉・莎塔碧、文森・帕何諾執導。二〇〇七年上映）

21 你怎麼知道這種感覺是不是愛？

- 《午夜巴黎》（*Midnight in Paris*，伍迪・艾倫執導二〇一一年上映）
- 《單身動物園》（*The Lobster*，尤格・藍西莫執導，二〇一五年上映）
- 《樂來越愛你》（*La La Land*，達米恩・查澤雷執導，於二〇一六年上映）

22 偷竊很不好嗎？

- 《財產不再是竊盜》（*La proprietà non e più un furto*，艾利歐．派特立執導，一九七三年上映）
- 《欲潮》（*The Fountainhead*，金．維多執導，一九四九年上映）

23 「我也是」等於「我愛你」嗎？

- 《異星入境》（*Arrival*，丹尼．維勒納夫執導，二〇一六年上映）
- 《維根斯坦》（*Wittgenstein*，德瑞克．賈曼執導，一九九三年上映）

24 不小心懷孕了，你會墮胎嗎？

- 《鴻孕當頭》（*Juno*，傑森．瑞特曼執導，二〇〇七年上映）
- 《心塵往事》（*The Cider House Rules*，萊斯．霍斯壯執導，一九九九年上映）

25 歌唱實境選秀節目算是藝術嗎？

- 《贗品》（*F for Fake*，奧森．威爾斯執導，一九七四年上映）
- 《藝術家與模特》（*El artista y la modelo*，費南多．楚巴執導，二〇一二年上映）

- 《螢光幕後》（*Network*，薛尼．盧梅執導，一九七三年上映）
- 《水晶球》（*La bola de cristal*，蘿蘿．立寇製作，一九八四～一九八八年播放的節目）

26 患有亞斯伯格症的同學有更多時間寫考卷，公平嗎？

- 《進擊的鼓手》（*Whiplash*，達米恩．查澤雷執導，二〇一四年上映）
- 《金甲部隊》（*Full Metal Jacket*，史丹利．庫柏力克執導，一九八八年上映）

27 你應該吃素嗎？

- 《快餐王國》（*Fast Food Nation*，李察．林克雷特執導，二〇〇六年上映）
- 《迷霧森林十八年》（*Gorillas in the Mist*，麥可．艾普特執導，一九八八年上映）
- 《浩劫餘生》（*Planet of the Apes*，法蘭克林．沙夫納執導，一九六八年上映）
- 《西方極樂園》（*Westworld*，由強納森．諾蘭和麗莎．喬伊共同製作，於二〇一六年首播）

28 你會在子女腦部植入監控器嗎？

- 《黑鏡：方舟天使》（*Black Mirror «Arkangel»*，茱蒂．福斯特執導，二〇一七年播出）
- 《蓋酷家庭：第八季第一集》（*Family Guy*，葛瑞格．柯爾頓導演，二〇〇九年播出）
- 《浩劫餘生》（*Planet of the Apes*，法蘭克林．沙夫納執導，一九六八年上映）

- 《攔截人魔島》（*The Island of Dr. Moreau*，唐・泰勒執導，一九七七年上映）
- 《五月傻瓜》（*Milou en Mai*，路易・馬盧執導，一九九〇年上映）
- 《破・天・慌》（*The Happening*，奈・沙馬蘭執導，二〇〇八年上映）
- 《大都會》（*Metropolis*，弗里茲・朗執導，一九二七年上映）
- 《A.I.人工智慧》（*A.I. Artificial Intelligence*，史蒂芬・史匹柏執導，二〇〇一年上映）

29 講道理的藝術

- 《蜘蛛人》（*Spider-Man*，山姆・雷米執導，二〇〇二年上映）
- 《十二怒漢》（*12 Angry Men*，薛尼・盧梅執導，一九五八年上映）
- 《出神入化》（*Young Sherlock Holmes*，巴瑞・李文森執導，一九八五年上映）

街頭的哲學

Filosofía en la calle

作　　者　愛德華多·因凡特 (Eduardo Infante)
翻　　譯　黃新珍
封面設計　萬勝安
內頁排版　高巧怡
行銷企劃　蕭浩仰、江紫涓
行銷統籌　駱漢琦
業務發行　邱紹溢
營運顧問　郭其彬
責任編輯　李嘉琪
總 編 輯　李亞南
出　　版　漫遊者文化事業股份有限公司
地　　址　台北市103大同區重慶北路二段88號2樓之6
電　　話　(02) 2715-2022
傳　　真　(02) 2715-2021
服務信箱　service@azothbooks.com
網路書店　www.azothbooks.com
臉　　書　www.facebook.com/azothbooks.read
發　　行　大雁出版基地
地　　址　新北市231新店區北新路三段207-3號5樓
電　　話　(02) 8913-1005
訂單傳真　(02) 8913-1056
初版一刷　2021年11月
初版四刷(1)　2024年6月
定　　價　台幣480元

ISBN　978-986-489-5373

國家圖書館出版品預行編目 (CIP) 資料

街頭的哲學/ 愛德華多. 因凡特(Eduardo Infante)著; 黃新珍譯. -- 初版. -- 臺北市 : 漫遊者文化事業股份有限公司出版 : 大雁文化事業股份有限公司發行, 2021.11
面；　公分
譯自 : Filosofía en la calle
ISBN 978-986-489-537-3(平裝)
1. 哲學 2. 問題集
100　　110016708